Festivals and Tourism Culture of the World

세계의 축제와 관광문화

고종원 주성열 김경한 조문식
임선아 이혜승 김민경 공저

신화

prologue

새로운 저서가 출간될 때마다 새로운 작품이 나온다는 기대감과 설렘이 다가온다. 한편으로는 제대로 완성도를 갖추고 저서가 출간되었는가에 대한 걱정과 책임감도 함께 갖게 된다.

여러명의 저자가 참여하다 보니, 내용보다도 형식적인 측면에서 통일성이 미진하다는 차원에서 향후 보안을 해 나가야 한다는 점 그리고 다양성이라는 차원에서 한편으로는 긍정적으로 작용하지 않을까 하는 점도 고려하게 된다.

관광에 있어서 축제의 비중은 매우 높아가고 있다. 관광컨텐츠 가운데 축제는 가장 흥미롭고 지역주민과 관광객들이 함께 어울리며 지역을 특화하며 경제적인 기여를 한다는 차원에서 가장 바람직한 관광개발의 토대가 아닐까 생각해 본다.

그런 점에서 국내의 많은 축제가 차별화되지 않고 우후죽순식으로 나열하고 만들어지기에 부작용이 많이 보여져 왔다. 이러한 차원에서 세계의 주요축제들을 살피고 검토하는 것이 하나의 중요한 안건으로 이는 우리나라 축제가 가야 할 방향과 범위, 그리고 특화된 내용을 정리하는데 많은 도움과 시사점을 줄 것으로 기대된다.

본서는 이러한 맥락에서 세계의 대륙별, 국가별로 주요축제를 선정하여 축제를 정리하여 발간하였다. 축제는 관광과 문화가 접목된 융합적인 산물이며, 지역을 중심으로 특화한 관광과 문화의 산물이다. 이러한 차원에서 축제는 관광의 진정성를 실현화한 가장 대표적인 관광콘텐츠라 하겠다.

2015년 UNWTO 발표에 의하면 프랑스 8445만명, 미국 7750만명, 스페인 6820만명, 중국 5680만명, 이탈리아 5070명, 터키 3981만명, 독일 3300만명, 영국 3161만명, 러시아 2990만명, 멕시코 2984명의 관광객이 방문한걸로 집계되었으며, 2015년 미국은 2,045억 달러(한화 204조원), 스페인은 1141억 달러(한화 114조원)의 관광수입을 나타났다.

2014년 중국의 자국민 국외여행 관광지출 규모가 2,922억 달러(한화 292조원), 미국 1,129억 달러(한화 112조원) 그리고 한국은 253억 달러(한화 25조원)로 8위에 위치하였다. 우리나라는 OECD국가 GDP대비 관광산업 비중이 5%선으로 나타났다(UNWTO).

이러한 수치는 지속적으로 증가하는 해외여행객의 수요로서 국가별로 관광수입의 중요성을 인식하고 외래관광객 유치에 힘쓰고 있다. 우리나라도 관광지출액이 매년 증가하고 있으며, 이는 해외여행객 초과로 인해 매년 역조가 나타나고 있는 현실로 그만큼 관광여행에 대한 증가로 보여지고 있다. 또한 최근의 중국과의 샤드문제를 통해 관광산업의 비중이 얼마나 중요한지를 충분히 인식하고 있다.

이에 우리나라 관광내수를 확대하기 위해서 축제를 통해 외래관광객을 증가시키며, 국가경제에 기여하는 최고의 축제를 만들어 국가산업에 관광산업 가운데에서도 축제가 가장 큰 동력으로 성장해 나가기를 희망하며 본서가 작은 힘이 되었으면 하는 바램을 갖는다.

마지막으로 지속적으로 관심을 갖고 향후 교재를 보완해 나갈 것을 약속하며, 본서는 관광을 전공하는 학생, 축제에 관심을 갖는 분들에게 도움이 될 것으로 생각된다. 또한 본서의 출간에 협조해 주신 도서출판 신화전산기획 편집부의 수고에 감사를 표한다.

2018. 8. 23

전체 저자를 대표하여 고종원

contents

contents

Chapter 1. 축제

01 축 제

1. 축제의 정의와 의의

축제[1)]는 축하하여 벌이는 큰 규모의 행사로 문화축제, 거리축제, 개교기념축제 등이 가장 대표적이다. 축하와 제사를 통틀어 이르는 말로 정의 되고 있다. 표준국어대사전에서는 불특정의 사람들을 모아 놓고 개최하는 잔치, 기획행사, 행사를 축제로 정의하고 있다.

네이버 영어사전에서는 festival, festivities, carnival로 정의된다. 거리축제(a street festival[carnival]), 이천 도자기 축제(Icheon Ceramics Festival), 축제를 벌이다(throw[hold]a festival)로 예시하고 있다. 프랑스어로 축제를 보면 Gala(갈라)라는 용어를 사용하기도 한다. 갈라 콘서트는 축하하는 의미로 축제 콘서트라고 하겠다.

네이버 지식백과에서는 축제(祝祭)를 한자풀이로 빌면서(祝) 제사 지냄(祭)으로 정의하고 있다. 축제는 축하해서 벌이는 큰 규모의 행사로 기념하고 행사를 벌이는 축하와 제사의 총칭으로 정리할 수 있다.

축제는 축하하여 벌이는 큰 규모의 행사를 말한다. 현대에 있어서도 축제는 많이 사람들이 모여서 축하하며 행사의 규모가 크게 진행되고 있다. 예전에는 축하와 제사를 통틀어 축제라고 하였다. 그래서 우리나라 전통축제의 경우, 제사를 함께 병행하는 축제의 내용을 볼 수 있고 조선시대의 선비의 복장으로 예를 갖추고 축제의 행사에 제사를 포함시키는 경우를 보게 된다.

개인 또는 공동체에 특별한 의미가 있거나 결속력을 주는 사건이나 시기를 기념하여 의식을 행하는 행위를 말한다. 축제를 의미하는 festival은 성일(聖日)을 뜻하는 festivals라는 라틴어에서 유래한 말로, 축제의 뿌리는 종교의례에 있다는 것을

1) 축제(祝祭)는 축하하여 벌이는 큰 규모의 행사로, 제사의 의미를 지닌다. 개인 또는 집단에 특별한 의미가 있는 일 혹은 시간을 기념하는 일종의 의식이다. 그러한 점에서 사회 구성원들의 결속력을 강화하는 커뮤니케이션의 수단으로 의의를 지닌다. 농경시대에는 공동체의 번영과 안정을 기원하는 성격이 매우 강했다. 축제는 놀이 혹은 유희의 속성이 두드러지는 모습으로 나타나게 된다(네이버 지식백과).

의미한다. 종교적 기원으로서의 축제는 강력한 사회통합력을 지니며 성스러운 존재나 힘과 만날 수 있는 의사소통 수단이 되기도 했다. 해당 국가나 지역의 같은 종교는 생활의 기반이며 정서의 기둥 역할을 하므로 지역공동체의 형성과 축제에 매우 중요한 역할과 구심점이 될 수 있는 것이다.

한편 뒤르켐은 종교를 개인적이고 신비한 것이 아니라 사회적인 사실로 보며, 축제를 사회적 통합을 위해 기능하는 일종의 종교적 형태라고 규정하고 있다. 즉, 축제개념을 제의(rite)와 동일하다. 바흐친(Bakhtin)은 카니발을 축제의 가장 전형적인 예로 들고 있다. 카니발에서 보이는 전도적[2], 비일상적 성격을 축제의 가장 기본적인 성격으로 지적한다. 네덜란드의 역사학자 호이징가(Huizinga)는 '호모 루덴스'라는 저서에서 인간의 유희적 본성이 문화적으로 표현된 것이 축제라고 하였다. 권채린은 성스러운 영역이 세속적인 영역 속으로 편입되어 가는 현대사회에서 일상생활의 단절이라는 의미를 가진 축제들은 성·속의 구분에 기초한 일종의 의례적 사건이나 집단적 상징으로 해석 될 수 있다고 하였다.

그래서 축제를 보면 탈을 쓴다던가, 탈춤을 추는 등의 형식을 통해 일상적이지 않고 이러한 농작과 행위는 유희적이며 복장과 음악, 노래 등의 소리를 통해 문화적인 형태로 나타나게 되기도 한다고 하겠다.

2. 축제의 영향

(1) 지역의 문화적 정체성 확대

각 지역들은 축제를 통해 문화적 정체성을 확대 시킬 수 있다. 안동의 하회탈춤축제를 통해 안동이 한국정신문화의 수도라는 자부심과 세계적인 탈춤 하회별신굿탈놀이를 현대적으로 계승한 문화축제이다. 안동이 보유한 전통문화 유산을 창조적으로 계승하겠다는 취지로 안동 국제탈춤축제가 시작되었다. 이는 지역의 문화적 정체성을 축제를 통해 확대한 것으로 평가할 수 있다. 또한 베니스 가면 축제를 통해서는 이탈리아 북부도시 베네치아에 관련한 지역의 문화적 상황을 표현하고 계

2) 가치관 따위가 뒤바뀌어 원래와 달리 거꾸로 됨의 의미임.

〈베니스 가면축제〉

승하는 축제로 이해 할 수 있다.

지역 축제의 대부분은 지역의 문화적 자원, 즉 지역 내에 산재되어 있는 다양한 자연·생태 자원, 특산물, 역사, 예술, 전통문화 등을 소재로 활용한다. 각 지역은 지역만이 가지고 있는 특성을 축제로 구체화함으로써 지역의 문화적 정체성을 구축하게 된다.

스페인 뿌욜지방의 토마토축제3)는 지역 특산물인 토마토를 통해 세계적인 축제로 발전된 것을 알 수 있다. 국내에서도 화천의 토마토축제도 같은 맥락에서 이해하면 된다. 독일 뮌헨의 맥주축제, 프랑스의 망통축제, 경기도 이천의 도자기 축제도 가장 대표적인 특산물을 기반으로 한 축제라고 하겠다.

〈스페인 토마토축제〉

〈독일 뮌헨 맥주축제 행사장〉

(2) 공공재적 특성과 공동체 의식

축제는 일종의 공공재4) 특성을 지니게 되는데, 지역 주민들이 축제 개최의 준비와 진행에 직·간접적으로 참여함으로써 공동체 의식을 확인할 수 있기 때문이다. 축제는 지역에서의 문화유산을 전승하는 차원에서 공공재적인 문화재나 지역산업

3) 토마토 농사가 이지역의 주요한 수입원이었으나 가격하락으로 인해 시청에 몰려간 농민들이 화가나서 던진 것이 유래가 되어 유명한 축제로 발전하게 되었다.

4) 공공재(public goods)는 집합재(collective goods)로 모든 사람이 공동으로 이용할 수 있는 재화 또는 서비스를 말한다. 사유재(private goods)에 대립되는 개념으로 볼 수 있다.

관련 특산물를 기반으로 축제행사를 진행하게 된다. 즉 축제는 지역적으로 공공재적 특성과 지역주민의 참여를 통해 공동체 의식을 고양하게 되는 성격을 지닌다고 하겠다.

특히, 세계 3대 축제의 하나인 브라질의 삼바축제는 전국민이 관심을 갖고 적극적으로 참여하는 축제로 공동체의식이 깊게 반영된 축제의 성격을 보게 된다.

(3) 지역 경제 활성화

축제는 행사를 진행하는 과정 가운데 지역의 경제 활성화에 기여하게 된다. 또한 축제의 개최를 통해 고용 창출 효과를 얻을 수 있다. 축제에 관련된 인력을 필요로 함에 따라 취업률이 제고된다.

이는 단지 축제를 즐기기 위해 직접적으로 지불하는 관광지의 입장료와 부가 상품뿐 아니라 관광객들이 지역 내에서 소비하는 재화와 연관되는 파급 효과 그리고 지역의 이미지와 브랜드 제고를 통한 향후 지속될 부가적인 가치와 연관된다.

외국인이 가장 선호하는 국내의 축제 가운데 대표적인 것이 보령의 머드축제이다. 원래 대천해수욕장이라는 관광자원이 기존에 유명했고 현재는 축제의 발전과 함께 지역에 호텔 등 숙박시설과 음식점 등 많은 기반시설이 확대된 것을 볼 수 있다. 이러한 점에서 지역 경제 활성화를 위한 축제의 기여도를 보게 된다.

축제는 특히 지역특산물과 관련이 깊다. 지역의 꽃, 자연자원, 전통문화, 먹거리 등 지역 기반을 활용하여 경제적인 기여를 하게 된다는 점에서 경제를 활성화시키는 역할을 하게 된다는 점에서 매우 중요하다.

〈파리의 노틀담성당 : 세계최고의 방문객 내방〉

3. 축제와 이벤트

(1) 이벤트 정의

표준국어대사전에서는 일상적인 상황가운데 특별하게 발행하는 일을 이벤트라고 한다. 또한 서양에서는 시합을 뜻하고 마케팅용어로는 판매촉진을 위한 특별한 행사의 의미로 정의하고 있다.

또한 이벤트는 여러 경기로 구성된 스포츠 경기에서 각각의 경기를 이르는 말이다. 불특정의 사람들을 모아 놓고 개최하는 잔치, 기획행사, 행사를 의미 한다.

이벤트의 특성은 사람을 모이게 하기 쉽고, 다양한 프로모션이 사용된다는 점을 들 수 있다. 이벤트 가운데서도 특별하게 진행하는 것을 스페셜 이벤트(special event)라고 부른다.

Event 축제는 다양한 이벤트가 펼쳐진 것을 말한다. Event는 재미있는 프로그램을 의미한다. 또한 깜짝스럽고 놀라움의 의미를 지니고 있다. 보통은 이벤트를 스포츠 이벤트[5]로 인식하기도 한다.

호텔용어사전에서는 다음과 같이 이벤트를 정의하고 있다. 이벤트 어원을 보면 라틴어 E(out, 밖으로)와 Venire(to come, 오다)라는 뜻을 가진 Eventus이다. 발생(Occurrence)이나 우발적 사건(Happening)과 같이 일상적인 흐름 중에서 특별하게 발생하는 일을 가리킨다.

서양에서의 이벤트는 원래 사건, 시합을 뜻하는 말이다. 마케팅 용어로는 판매촉진을 위한 특별행사라는 개념으로 스페셜 이벤트(Special Event)라 불리어 사용된다. 공익, 기업이익 등 특정목적[6]을 가지고 치밀하게 사전 계획하여 대상을 참여시켜 실행하는 사건 또는 행사를 총칭하는 것으로 정의하고 있다.

이벤트에 비해 축제는 역사적 기원을 가지고 있으며, 공동체의 삶 속에서 정체성의 문제와 좀 더 연관되어 있다는 지적이다. 축제는 지역만의 특수성이 보편적인

---

5) 2018년도 평창 동계올림픽의 경우도 스포츠 이벤트(세계적인 메가 이벤트)라고 할 수 있다. 경기외에도 개막식과 폐막식을 보면 상기 전술한 바와 같이 깜짝스럽고도 놀라운 콘텐츠 공연과 행사들이 진행되는 것을 볼 수 있다.

6) 레저산업진흥연구소에서는 이벤트를 특별한 목적을 지니는 사건 또는 행사로 총칭한다. 여기서 특별한 목적이란 지역사회의 경제, 사회, 문화적 진흥과 관련산업의 발전 그리고 국제교류, 관광 등에 관련해서이다.

대중의 여가 활동으로 변형된 커뮤니케이션 행위이며, 그에 따른 지역 주민들의 주인 의식과 자부심이 반영된 콘텐츠로 정의한다. 그래서 축제의 경우, 지역주민 중심의 자발적이며 역사적인 행사가 대부분이라고 하겠다.

이에 반해, 이벤트는 상품 경제 시스템의 보편화와 더불어 그에 따른 다양한 상품과 기업 홍보, 지역 개발, 인력과 상품의 효율적인 국·내외 배치 등이 필요해지면서 인위적으로 만들어지는 장(場)이라는 점으로 규정한다.

즉, 이는 이벤트가 상업적이며 경제적인 연계를 지니고 있다고 평가할 수 있다. 이벤트는 축제에 비해서 주체가 국가, 기업 등이 많다. 그러한 이유에는 상업적이고 경제적인 결과를 창출하는 성격을 지니고 있기 때문이다. 자본의 투자가 이뤄져야 하는 차원에서도 주체가 다를 수 있다고 하겠다.

한편, 축제가 문화적인 욕구의 충족과 그러한 감성에 대한 소구를 염두에 두는 것에 비해, 이벤트는 그 개최 목적이 보다 분명하게 설정되어 있으며 그에 따른 생산자와 소비자 간 효과적인 커뮤니케이션을 강조한다는 점에서 축제와 차이가 있다는 지적이다.

예를 들면 세계적인 이벤트인 월드컵경기는 개최목적이 해당 국가의 제반 이익이 근저에 있으며 경기 시청과 진행이라는 소통이 강조된다는 점에서 이해될 수 있을 것이다.

〈파리의 개선문 : 2018년 월드컵우승 퍼레이드와 축제가 열린 곳〉

02 축제의 평가

1. 문화관광축제 현장평가

문화관광축제 현장평가시 콘텐츠의 중요성이 더 커지고 있다. 즉, 축제기획 및 콘텐츠 분야의 배점 비중이 다소 높아지고 있다. 연예인을 동원하는 등의 과도한 예산 지출과 부실한 축제진행에 대해서는 감점폭이 매우 커진 것으로 나타났다.

문화체육축제는 1995년부터 매년 지역의 다양한 축제 중 우수한 축제를 선정하여 국내 · 외 관광객이 즐기는 대표적인 관광자원으로 육성하고 알리고 있다.

2. 문화관광축제의 평가[7] 구조

현장평가와 서면평가가 각각 50%를 차지한다. 현장평가에서 대표 프로그램 차별성, 축제 기획의 명확성과 주제 관련성, 지역 특색문화 소재 활용성이 전체의 45% 선을 차지한다. 또한 축제운영[8], 축제발전 가능성[9], 축제 개최 효과[10] 등이 55%를 차지하게 된다.

(1) 현장평가요소

축제장 방문평가 40%, 온라인 설문 소비자 평가 10%로 한다.

---

7) 문화관광축제 진입을 꿈꾸는 신규축제는 100% 서면평가 실시함. 예비심사에 이어 1차(분야별), 2차(종합)심사과정을 거쳐 문화관광 유망축제로 선정된다(문화체육관광부 관광콘텐츠과, 2017).

8) 축제운영에는 인적 현장운영 우수성, 축제 홍보 등 관광객 유치 활동의 적극성, 물적 현장운영 우수성의 평가로 구성된다.

9) 축제 발전역량은 지역사회에 뿌리내림의 정도, 축제 추진 주체의 체계화 정도, 축제 자립 및 자생 가능성으로 구성된다(투어코리아&투어뉴스, 2017.2.21).

10) 축제 성과분석 객관성, 인근지역 관광활성화 기여도로 평가(문화체육관광부 관광콘텐츠과, 2017)된다.

(2) 서면평가

별도 평가단이 분야별 심사 20%, 종합심사 30%를 실시한다.

(3) 축제 평가단

종전에 3명에서 2017년부터 4명으로 증가되었다. 민간전문가 3명, 문체부 직원 1명으로 구성된다. 민간전문가 1명이 증원되었는데, 문화콘텐츠, 지역문화 등 관광유관 문화전문가를 위촉한다는 방침이다.

(4) 평가시 감점요인

감점요인은 연예인 동원 등 과도한 예산지출을 수반하는 프로그램, 주제와 무관한 의례 식순과 행사의 과도함, 홍보한 축제 프로그램이나 부스 등을 특별한 사유없이 진행하지 않거나 축소하는 경우 등이다.

(5) 선정 축제

2017년 문화관광체육부 선정 최우수 축제는 김제지평선축제, 문경전통찻사발축제, 화천산천어축제 등이 선정되었다. 우수축제는 10개, 유망축제 21개 등 총 41개의 축제가 선정되었다.

03 축제의 트랜드와 패턴

1. 체험 요구의 증가

현대의 축제는 정적으로 보고, 느끼고, 관람하는 형태를 벗어나 참여자들의 참여형태로 진화하고 있다. 세계적인 축제의 기본형태를 보더라도 이러한 참여형태가 각광을 받고 축제로서 발전하였다. 세계 최대의 축제인 독일의 뮌헨맥주축제를 보면 맥주라는 지역특산물이라는 매개체를 통해 참여하는 형태이다.

스페인의 토마토축제, 소몰이축제를 보면 참여자들이 적극적으로 참여한다는 특색을 보인다. 우리나라의 보령 머드축제의 경우에도 외국인과 내국인의 머드를 매개체로 적극적으로 참여하고 즐기는 모습을 볼 수 있다.

2. 지역의 특성 반영

축제는 지역의 특성을 반영하는 것이 가장 중요하다. 우리나라의 무주의 반딧불축제는 청정한 자연을 반영하는 축제의 성격이 있다. 오염되지 않은 자연환경이 축제의 중심에 있다고 하겠다. 풍기 인삼축제는 전통적으로 경북 영주의 인삼의 경쟁력있는 인삼이라는 지역특산물을 중심으로 한 축제로서 경쟁력을 갖는다.
금산 인삼축제도 같은 맥락으로 이해하면 된다. 일본의 세계3대 축제인 샷포로 눈축제의 경우에도 많은 눈이 내리는 겨울철 홋카이도 지방의 눈이 지역의 특성을 반영하여 발전된 축제로 이해될 수 있다.

국내의 단양 철쭉축제는 지역의 봄철 꽃을 활용한 지역의 특성을 반영한 단양의 대표적인 축제이다. 담양의 대나무축제, 초정약수축제, 양양군의 연어축제, 인제의 빙어축제, 태백산의 눈축제도 지역의 특성을 반영하는 축제의 예이다.

〈삿포로 눈축제의 눈조각상과 행사장〉

3. 프로그램의 한계성

최근 축제의 추세는 특성화된 축제 외에는 별도로 차별화하기가 쉽지 않다. 그만큼 비슷비슷한 축세들이 너무 많이 진행되고 있다는 점이 축제의 문제점 이라고 할 수 있다. 특히 국내의 축제들이 이러한 문제점이 많다. 다양한 프로그램을 강화한다고 하지만 차별적이거나 독창적이지 않다는 점에서 한계성을 지니고 있다. 일반적으로 축제의 기본 컨텐츠가 퍼레이드, 가수공연, 행사장 운영 등 색다르지 않다는 점이다.

4. 축제의 오락성과 상업적 성향

〈프랑스 칸느 영화제 행사장 입구〉

축제가 지역에 경제적인 기여를 한다는 점이 긍정적인 요소이다. 그러나 축제들의 오락성과 상업성이 강한 모습을 보게 된다. 축제장에서 판매되는 음식과 기념품 그리고 여러 가지 물품들 판매는 상업적이다.

또한 축제의 지역성과 독창성 그리고 문화적인 성격을 보여주기 보다는 인기 가수들의 공연이나 보여주기 식의 오락적인 내용이 축제의 고유성과 특징을 희석시킬 수 있다는 점에서 우려스럽다. 그러나 오락성[11]은 축제에 있어서 필요한 부문으로 중요성을 갖고 있다.

5. 문화 관광형 축제

이러한 차원에서 일본의 축제들이 전통복장을 갖추고 지역의 문화를 보여주는 차원에서 이러한 성격의 축제가 많다. 우리나라의 안동 탈춤축제, 영주 선비문화축제는 지역의 전통적인 양반문화 등을 보여 준다는 점에서 문화관광형 축제의 전형이라 하겠다.

6. 기분전환과 흥미 추구형 참여

〈삼바축제 행사장〉

가장 대표적인 축제가 세계3대 축제 중의 하나인 브라질의 삼바축제[12]라 할 수 있다. 전국민이 삼바축제에 참여하여 큰 비중을 차지 할 만큼 기분전환과 흥미를 추구하는 축제로 관심을 받고 있는 세계 최대 축제라 하겠다.

또한 태국의 송크란축제[13]는 물을 뿌리면서 즐기고 기분을 전환시키며 흥미를 추구하는 대표적인 축제라 하겠다. 우리나라 도심에서 열리는 이러한 축제로는 신촌의 물총축제로 시민들도 즐겁게 참여한다.

7. 공동체형에서 관람형 형태로 전환

국내 청도 소싸움축제는 예전에는 지역에서 공동체형태로 진행되고 참여하였으

---

11) 오락성을 나타내는 대표적인 축제는 라스베이거스나 마카오의 야간의 분수와 조명쇼를 예를 들 수 있다. 롯데월드타워의 불꽃축제도 이벤트성의 오락적인 쇼로 볼 수 있을 것이다. 서울 세계 불꽃축제도 오락성의 대표적인 축제라 할 수 있다.

12) 브라질의 삼바축제는 온국민이 3~4달 동안 이 축제에 참여 할 만큼 중요하게 여기며 온 국민이 축제의 기분으로 참여하는 축제로서 관심을 받고 있다.

13) 태국의 최대축제로 물을 뿌리는 것은 재미와 흥미를 일으킨다. 원래 의미는 새해에 축복을 빌어주는 차원에서 물을 뿌리며 축복하는 의미를 지닌 축제이다.

나 관심이 많아지고 내방객들이 늘어남에 따라 상설경기장을 만들 정도로 축제가 진행되어 많은 관람객들을 유치하고 진행하는 축제로 변환되었다.

8. 가족중심형

현대관광은 개인적인 비즈니스 보다는 가족중심의 참여형태가 주가 되고 있다. 그래서 가족형태의 참여가 대세라고 할 수 있다. 이러한 차원에서도 뮌헨의 맥주축제[14)]는 가족들이 함께 행사에 참여하는 축제로 자리 잡고 있다. 내방객이 800만명으로 많은 방문자중 가족들이 대세를 이루고 있다고 하겠다.

〈홍콩의 와인축제〉

9. 교육형

축제의 성격에 따라 자연을 이해하거나 문화와 역사를 이해 할 수 있다. 축제의 내용과 주제는 관광에 있어서 즐거움과 새로운 내용을 접하고 교육적으로 접근 할

14) 세계 최대 방문객을 유입하고 있는 독일의 뮌헨 맥주축제는 개별방문객도 많지만 가족들이 많이 참여하는 축제로 현지 행사장에는 놀이공원 등 가족들이 참여할 수 있는 시설을 갖추고 축제가 진행되는 것을 볼 수 있다.

수 있다는 점에서 긍정적이다.

10. 향토문화와 시민화합형

몽골의 나담축제가 여기에 속한다. 나담축제는 전통적인 문화를 보고 즐길수 있다. 몽골의 전통적인 씨름, 활쏘기, 말타기 등 용맹스럽고 세계를 제패했던 그들의 무예 등을 볼 수 있는 축제이다. 몽골의 많은 시민들이 자발적으로 참여하는 축제이다.

11. 테마파크형 축제

시설이 강조되는 현대관광에서 축제가 테마파크에서 상설화되어 진행되는 경우가 많다. 상설화된 퍼레이드도 이러한 테마파크형 축제의 주요내용이 된다. 에버랜드의 튤립축제, 롯데월드내의 퍼레이드 등이 여기에 속한다.

12. 비슷한 주제의 축제

봄철에 튤립에 관련한 축제는 태안 세계 튤립축제, 고양 꽃 박람회, 울산 장미축제, 신안 튤립축제, 에버랜드 튤립축제 등 많은 비슷한 축제들이 열린다는 점에서 동일한 주제의 축제들이 열리고 있다. 고인돌 축제도 강화와 화순 등에서 진행된다.

13. 상업적인 이벤트형 축제

이러한 형태의 축제는 카지노의 도시인 마카오의 매일 밤 열리는 카지노호텔의 야간 분수쇼나 실내의 쇼 등 카지노 고객을 유치하고 관광객을 유입하고자 하는 차원에서의 상업적이며 전략적인 이벤트형태의 축제로 쇼 형식을 말한다. 방문객에게 즐거움을 준다는 측면에서 이벤트형 축제라고 할 수 있다.

〈마카오 카지노호텔의 야간분수쇼〉

04 호주의 축제

1. 호주의 대표 축제

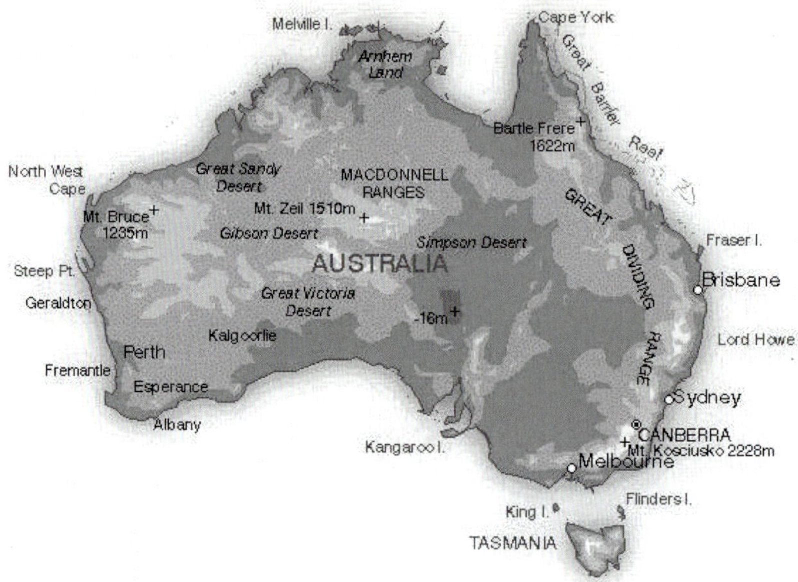

〈호주지도〉

(1) 로열 이스터 쇼

① 축제 개요

호주에서 매년 부활절 전·후로 열리는 축제이다. 매년 100만명이 넘는 관광객이 찾아온다. 세계에서 6번째로 규모가 있는 축제이다. 가장 호주 다운 호주를 발견할 수 있는 축제로 평가된다. 로얄 로데오 대회, 3천여명의 예술가들이 펼치는 길거리 공연과 쇼, 불꽃놀이와 레이디 캐논볼, 스턴트 쇼 등을 관람할 수 있다.

② 주요 내용

동물 쇼를 볼 수 있다. 그랜드 퍼레이드가 가장 볼만한 쇼로 꼽힌다. 야간에는 불꽃놀이를 감상할 수 있다. 로데오 쇼, 오토바이 서커스, 전국의 통나무자르기 챔피언 선발대회도 유명하다. 입장료는 보통 40$내외이다. Carnival 놀이기구는 추가비용으로 즐길 수 있다. 160가지가 넘는 다양한 요리를 즐길 수 있다. 호주산 고급와인[15], 모닝티, 호주명물 층층나무(dagwood) 핫도그를 맛 볼 수 있다.

2016년에는 3월 17일부터 3월 30일까지 시드니 올림픽파크 쇼그라운드에서 행사가 진행되었다. 케릭터 상품을 저렴한 가격대로 판매하는 쇼백[16]이 인기를 몰았고 양털 깍기, 소 젖짜기, 승마체험 등이 가능하다.

③ 축제의 성공요인

- 청정자연 농축산수산물 : 엄선된 호주의 청정한 자연산 농축산수산물이 전시되고 판매되고 있어서 사람들이 즐기고 있다.
- 다양한 즐길거리와 체험 : 통나무자르기 전국 챔피언대회 등 사람들의 흥미와 관심을 집중시킬 프로그램과 이벤트가 진행된다. 놀이기구도 100가지가 넘을 만큼 어린이들에게도 인기를 끌고 있다.
- 어린이를 위한 프로그램 : 어린이를 위한 다양한 프로그램이 진행된다. 어린이 눈높이에 맞춘 축제로 인기를 끌고 있다. 소젖 짜기 등 자연학습을 겸하는 다양한 체험이 가능한 것이 예이다.
- 다양한 먹거리 체험 : 과일, 채소 등 농수산물을 맛보고 구매가 가능하다. 1만여개가 넘는 최고의 품질을 갖춘 식품이 전시되어 있어서 내방객의 관심을 유도하고 있다.

15) 호주는 신세계의 대표적인 와인생산국가이다. 헌터 밸리가 가까운 시드니에서는 시드니로열비어 & 와인가든에 가면 수상경력을 갖고 있는 많은 와인과 수제 하우스맥주 시음이 가능하다.
16) 쇼백은 아이들이 좋아하는 장난감, 인형, 초코릿, 과자, 기념품, 의류 등을 가방에 넣어 300가지 이상을 판매한다.

2. 축제의 여행상품화

(1) 로열 이스터 쇼

① 상품 구성

한진관광에서는 호주의 로열이스터[17] 축제를 여행상품화 하였다. 호주 시드니 여행 6일, 시드니와 골드코스트 7일, 골드코스트, 멜버른, 시드니 여행 9일 상품이 있다. 한진관광 KAL투어에서는 2013년 2월말 기준으로 205만원부터 상품을 판매하였다.

수억 년의 자연이 만들어낸 블루마운틴 국립공원, 시드니의 시내명소 세인트 메리 대성당, 시드니의 랜드마크 오페라하우스와 하버, 코알라, 캥거루 등의 동물을 만나 볼 수 있는 호주 최고의 테마파크 드림월드 등을 관람할 수 있고 해안을 따라 광활한 자연을 한눈에 담을 수 있는 그레이트 오션로드 헬기투어는 특별한 경험을 선사한다는 평가이다. 본 여행상품은 즐거운 축제와 멋진 대자연이 어울어진 상품으로 평가된다.

(2) 비비드 시드니(Vivid Sydeney)

〈세계3대 미항 시드니 오페라 하우스 전경〉

2016년 5월 27일부터 6월 18일까지 시드니에서 행사가 개최되었다. 세계 최고의 디자이너와 아티스트가 모여 작업한 멀티영상예술축제이다.

시드니 전체가 화려한 캔버스로 변하는 축제로 2016년 8회를 맞았다. 매일 밤 6시 이후 화려한 조명이 밝혀지고 어울리는 음악이 시드니의 밤을 수 놓는다. 대표적인 시드니의 명소인 하버브릿지와 오페라하우스 등을 통해 작품이

---

17) Sydney Royal Easter Show : 호주의 최대축제로 부활절 전·후 2주간 열리는 축제이다. 1824년부터 시작되어 매년 열리고 있다. 1891년 영국 빅토리아 여왕에게서 Royal 칭호를 부여받으며 최고의 축제로 발전하였다. 농축수산물 경연대회에 기원을 둔 농축수산물 품평회로 호주의 정통 농경문화를 느낄 수 있는 축제이다.

표현된다. 23개국 150여명이 넘는 예술가가 참여했다고 전해진다.

(3) 호바트 목선축제

2월 중순에 3일 정도 열리는 축제이다. 타즈마니아의 주도 호바트(Hobart)에서 목선을 주제로 한 축제이다. 1994년 처음 시작된 60년 전통의 축제이다. 호주 최대의 해양축제라는 평가를 받고 있으며, 많은 자원봉사자들이 주축이 되어 축제가 이뤄진다는 점이 특별하다.

또한 호주에서 가장 오래된 보트 레이스인 로얄 호바트 레가타(Royal Hobart Regatta)와 함께 개최하기 위해 시기를 2월로 변경해 열리고 있다. 빅토리아 항구에 정박한 목선들의 각양각색을 볼 수 있다. 목선전시회, 항해 퍼레이드 등 다양한 행사가 진행되어 활기 넘치는 항구의 분위기를 느낄 수 있다.

(4) 고래상어축제

닝갈루(Ningaloo-해양공원)는 서호주 연안으로 엑스마우스(Exmouth)도시에서 열린다. 고래상어와 함께 수영도 가능하다. 3~4월이 되면 닝갈루 바다로 고래상어[18]들이 찾아온다. 엑스마우스 일대는 5월말부터 9월까지 고래상어가 입을 벌리고 유유히 헤엄치는 것을 목격하게 된다. 이 축제에서는 공연, 전시회 등 다양한 행사가 진행된다.

(5) 캔버라 꽃 축제

플로리아드, 즉 남반구 최대 꽃축제[19]로 알려져 있다. 우리나라와 기후가 반대인 호주의 봄 축제로 호주의 봄을 알리는 축제의 성격을 지닌다. 우리나라의 가을이 현지의 봄에 해당한다.

꽃밭 속 작은 놀이동산에서 어른과 아이들이 함께 축제의 재미를 즐긴다. 꽃의

---

18) 플랑크톤을 먹고 사는 순한 고래상어들로 고래상어길이는 15m, 무게는 20t에 달한다. 몸집과 달리 성질이 온순하다(www.ningaloowhaleshackfestival.com).

19) 100만 송이 꽃들의 향연을 한눈에 볼 수 있는 축제로 알려져 있다. 대관람차를 타고 많은 꽃들을 볼 수 있다. 가족들이 함께 방문해서 즐길 수 있는 축제로 추천된다.

영감을 얻어 만든 다양한 기념품도 사람들의 관심을 받는다. 이 축제의 유래는 호주의 건국 200주년을 기념하여 1988년 시작되었다고 한다. 현지의 봄이 시작되는 9월 중순부터 한달간 열린다. 매년 50만명의 관광객이 참여한다고 한다. 볼거리, 먹거리, 즐길거리가 다양한 축제로 싱그러운 호주의 봄을 느끼게 해주는 축제로 소개되고 있다.

(6) 퍼스 국제 예술축제

서호주에서 열리는 축제이다. Perth international arts festival은 매년 세계 최고 수준의 연극, 음악, 영화, 비주얼 아트, 문학과 무료 커뮤니티 이벤트를 개최하는 남반구에서 가장 오랜 역사를 자랑하는 축제이다. 1953년부터 축제가 시작되었다.

전 세계의 유명 예술인을 초청하며 100만명 이상의 관람객과 소통하는 축제이다. 코슬로우 해변 조각 전시회는 아름다운 인도양을 배경으로 호주와 전 세계 작가들의 작품이 전시된다.

(7) 다윈 프린지축제

노던 테리토리(NorthernTerritory)에서 열리는 축제이다. 주도인 다윈에서 2주 동안 열린다. 국제적인 예술인들이 지역 예술가들과 창조전인 실험과 교류차원에서 축제를 주도한다. Darwin Fringe Festival은 1974년 거대한 태풍으로 다윈 시민들은 삶의 터전을 잃게 되었다. 도시의 재건을 축하하는 축제로 1979년에 시작되었다.

〈비어 캔 레가타〉

호주의 가장 북쪽 끝에 위치한 아름다운 관광도시를 부활시킨 낙천적인 시민들을 묶어주는 구심적 역할을 축제가 담당한다.

맥주 캔 보트대회(Beer Can Regatta)[20]가 가장 인기 있는 행사이다. 그밖에 도시 일대에서 열리는 세미나, 공중 곡예, 원주민 영화, 백일장, 뮤지컬 스트리트 잼, 풍자극, 예술 전시회 등이 펼쳐진다.

---

20) 다윈 사람들은 맥주를 매우 좋아하며 이 대회에서 맥주 캔으로 보트를 잘 만드는 것과 물에 잘 뜨는 것이 대회의 평가사항이다.

(8) 맥주축제

〈남호주의 바로사밸리 포도축제〉

퀸즈랜드(Queensland)에서 열리는 맥주축제이다. 퀸즈랜드는 자연, 휴양, 도심 속의 라이프 스타일을 모두 즐길 수 있는 지역이다. 퀸즈랜드주는 주도인 브리즈번(Brisbane)[21], 케언즈[22](Cairns), 골드 코스트[23](Gold Coast), 그레이트 베리어 리프[24](Great Barrier Reef)가 속해 있다.

(9) 멜버른 국제 필름 축제

빅토리아주에서 열리는 축제이다. 매년 18만 5천명 이상의 관객이 참여하는 세계의 유수 영화제이다. 매년 겨울(현지는 8월경)에 17일 동안 열린다. 세계의 영화축제로 세계 50여국의 영화가 상영된다. 다양한 이벤트, 포럼이 열린다. 멜버른 축제의 아이콘으로 자리 잡고 있다.

(10) 멜번 컵(Melbourne cup)

멜버른의 최대 축제이다. 11월 첫째 주 화요일 연례 경마 행사가 열린다. 빅토리아주에서는 쉬는 날로 지정되어 있다. 각지의 레스토랑, 술집, 카페에서 경마를 보며 점심을 즐긴다. 직접 배팅할 수 있는 합법적인 도박이 가능하기도 하다.

(11) 뭄바축제(Moomba Festival)

멜버른, '뭄바에서 함께 모여 놀자'라는 취지로 열린 축제이다. 촌스럽고 투박한 카니발 등 다양한 프로그램이 열린다. 퍼포먼스 가운데 대표적인 것이 버드맨 랠

---

21) 주도로서, 현대적인 도시 건축물과 아웃도어를 즐기는 라이프 스타일이 있는 곳이다(www.queens-land.or.kr).
22) 세계자연 유산인 열대우림, 그레이트 베리어 리프 그리고 아웃백의 국제적인 관문지이다.(www.queensland.or.kr).
23) 황금빛 해변, 세계자연유산인 열대우림, 서핑과 워터 스포츠, 테마파크, 와이너리 등 호주 재미의 진수(www.queensland.or.kr)라고 평가되고 있다.
24) 세계자연유산으로 자연의 경이로운 아름다움을 만끽 할 수 있는, 우주에서 보는 지구상의 유일한 살아 있는 구조물이다(www.queensland.or.kr).

리[25)](Birdman Rally)로 사람이 나는 퍼포먼스이다.

참가자들은 자신만의 날개를 장착하고 날기 위해 도약한다. 많은 사람들이 성공하지 못하고 강으로 다이빙해서 실패하며 관중들은 폭소하며 즐겁게 바라본다.

축제의 하이라이트는 스키점프[26)]이다. 여름밤을 물방울로 수 놓는다.

⑿ 시드니 페스티벌

호주에서 열리는 가장 훌륭한 축제 중의 하나로 평가된다. 매년 1월에 20여일 동안 진행된다. 세계에서 손꼽히는 여름축제 중의 하나로 인정 받고 있다. 호주 최대의 연례 문화 축제[27)]이다. 세계 20여개국에서 1000명에 달하는 예술가들이 참여해서 150개 이상의 다양한 이벤트와 몇십여 개의 공연을 선보인다.

⒀ 애들레이드 프린지축제

전 세계에서 모인 수백명 이상의 뮤지션과 아티스트, 댄서가 보타닉 파크에 마련한 7개의 무대에서 전위적인 퍼포먼스를 선보이는 이색 예술축제이다. 애들레이드(Adelaide)는 호주에서도 손꼽히는 축제의 도시로 연간 1,000여개에 달하는 공연과 전시, 이벤트[28)]가 열린다.

애들레이드는 남호주 사람들의 축제에 대한 관심과 자부심이 큰 도시이며, 애들레이드는 영국풍의 매력을 간직한 도시이다. 도시는 토런스 강에 의해 남북으로 구분된다.

⒁ 에키타나 브리즈번 경마축제

에키타나 브리즈번(Eqitana Brisbane)에서는 말과 관련된 산업에 종사하는 사람들의

---

25) 많은 사람들이 응원하며 재미있게 관람하는 버드맨 랠리는 2017년의 경우, 참가자들이 암 환자를 위한 재능기부로 행사되었다.

26) 전 세계의 수상스키의 최강자를 선발하는 대회로 야라강을 나는 선수들의 모습을 볼 수 있다. 빅토리아주 수상스키연맹의 협력으로 대회가 진행된다(www.ohmynews.com).

27) 주로 이벤트, 댄스, 서커스, 오페라, 연극, 음악회, 예술전시회 등을 진행한다.

28) 애들레이드 프린지 축제가운데 '테이스트 더 월드'는 축제의 즐거움을 더해 준다. 남호주의 신선한 식자재로 조리한 요리와 와인을 선보이고 있다(festivalsadlaide.com.au).

교역전과 우량 말들의 전시회가 열린다. 말에 대한 다양한 강의도 진행된다. 마장 마술, 조랑말 대회와 같은 아기자기한 시합 등 말을 주제로 한 미술품도 전시된다.

축제의 백미는 사람과 말이 하나가 되어 음악과 함께 펼치는 퍼포먼스이다. 화려한 조명과 특수효과까지 어우러져 말들의 동작 하나에도 예술작품이 된다는 평가를 받고 있다.

(15) 멜버른 기타 축제

그리스의 문화와 음식을 즐길 수 있는 론스데일 거리(Lonsdale Street)에서 그리스 축제가 열린다. 이탈리아 와인푸드 축제, 터키시(Turkish) 시장축제, 사물놀이패 공연 등 한국의 문화와 맛을 전하고 패션, 영화, 코미디, 아트 등 다양한 내용을 소개하는 코리아 위크 페스티벌(Korea Week Festival 2017)에서 한국문화를 경험할 수 있다. 한편, 로레알 멜버른 패션 페스티벌이 있고 국제적인 패션축제이다.

05 뉴질랜드 축제

1. 뉴질랜드의 대표 축제

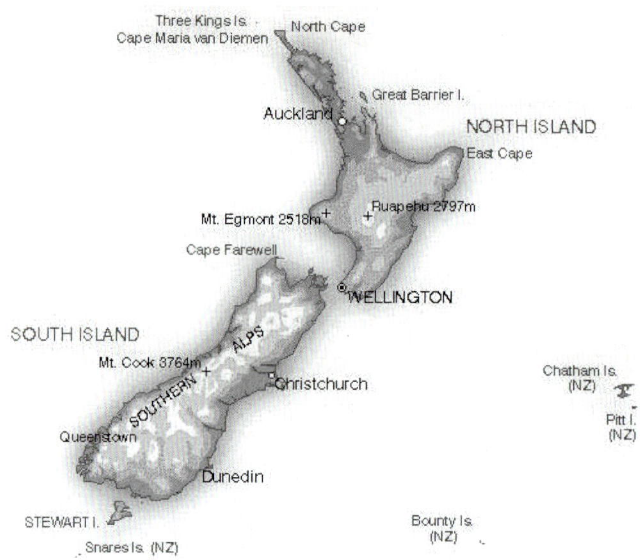

〈뉴질랜드 지도〉

(1) 산타 퍼레이드

연말연시 12월 20일이 넘어 가면 남반구인 뉴질랜드 오클랜드(Oakland)의 낮기온이 23~25도이다. 연말이 될수록 더 더워질 전망으로 보도되고 있다. 오클랜드의 1월은 우리나라 8월의 해운대를 닮았다고 한다. 우리의 여름기후가 현지에서 펼쳐진다. 더운 여름기후로 반바지를 입은 산타가 출현한다.

(2) 리듬 앤 드바인즈 음악축제(Rhythm and Vines Music Festival)

뉴질랜드 북섬 동쪽에 위치한 작은 해안 도시가 기스본(Gisborne)[29]으로 이곳에서 개최되는 다양한 장르의 음악과 해돋이를 감상할 수 있는 낭만적인 축제이다. 화창한 날씨가 이어지는 이스트코스트의 와이오히카에스테이트(Waiohika Estate)에서 진행된다. 푸른 포도밭 사이에 약 3만명의 인원을 수용할 수 있는 캠핑부지가 자리잡고 있다. 이곳에 설치되는 5곳의 무대에서 3일간 100회 이상의 다채로운 장르의 공연이 펼쳐진다(abd@heraldcorp.com)고 한다. 2016년에는 12월 29일부터 31일까지 진행되었다.

(3) 혹스베이 와인과 미식축제(Hawke's Bay Food and Wine Classic, F.A.W.C)

뉴질랜드를 대표하는 음식과 와인축제이다. 11월[30]초순부터 10여일 열린다. 혹스베이[31]의 주요 와이너리에서 피크닉, 치즈 만들기, 가든파티 등 프로그램이 다채롭다. 축제의 입장권은 프로그램에 따라 50달러 이하부터 200달러에 이르기까지 다양하다.

(4) 토스트 마틴버러(Toast Martinborough)

북섬 와이라라파의 음식과 와인축제이다. 2016년 25주년을 맞이하였다. 신선한 음식과 와인[32]을 즐길 수 있다. 다양한 음악공연과 함께 축제를 흥겨운 분위기로 이끈다. 축제 입장권은 88.40달러로 축제 프로그램 참가와 축제 구역 내부를 운행하는 셔틀버스를 이용할 수 있다. 뉴질랜드의 11월은 늦봄과 초여름이 공존하는 시기로 날씨가 화창한 가운데 미식축제를 권고한다.

---

29) 날짜변경 선 바로 앞에 위치해 세계에서 가장 먼저 해가 뜨는 도시로 알려져 있다. 특히 깨끗한 바다, 아름다운 금빛 모래사장, 서핑을 즐기기에 적합한 곳으로 알려져 있다. 와이누이 해변은 파도를 즐기는 많은 서퍼들이 몰려드는 곳으로도 알려져 있다. 또한 뉴질랜드에서 네 번째의 포도산지로 화인트 품종인 샤르도네의 뉴질랜드 수도로 불리고 있다. 다양한 와인너리 프로그램을 즐길 수 있는 곳이다. 와이너리에서는 카페, 레스토랑을 갖추고 있어서 와인과 식사를 포도밭을 감상하며 즐길 수 있는 곳(해럴드경제 ; 뉴질랜드관광청)으로 소개되고 있다. 기스본 지역은 샤르도네, 소비뇽블랑, 게브르츠트라미네(화이트 와인)도 잘 알려져 있다.

30) 우리나라와는 기후가 반대로 11월이지만 봄철로 보면 된다.

31) 혹스베이는 세계적으로 유명한 와이너리지역이다. 그리고 미식의 고장으로도 알려져 있다. 프랑스 보르도처럼 자갈밭이 많아 보르도 스타일의 레드 와인과 화이트 와인이 잘 생산된다. 70여개가 넘는 포도원이 있다. 축제에는 40여개의 와이너리에서 구내 레스토랑을 갖추고 와인 시음을 제공한다.

32) 마틴버러 지역에서는 피노누아, 소비뇽블랑 품종이 유명하다.

(5) 마오리축제

2월의 와이탕이 조약[33](The Treaty of Waitangi) 체결을 기념한 것으로 8월에는 여왕의 대관식 축제가 40여개 부족인 마오리족의 대표축제이다. 문화공연이 축제의 주요활동이다. 마오리인들은 생일, 결혼, 장례식에 큰 의미를 두지 않는 편이다. 축제 때 초청한 손님, 친구들을 환영의 의미에서 문 앞에 서서 기다리는 풍습이 있다.

〈마오리족〉

(6) 뉴질랜드 인터네셔널 필름 페스티발(Newzealand International Film Festival : NZIFF)

오클랜드, 크라이스처치, 넬슨, 웰링턴 등에서 열린다. 7~8월 열리며 1969년 처음으로 개최되었다. 뉴질랜드 최대 규모의 축제이다. 뉴질랜드와 해외의 많은 영화 제작자들과 관객의 입장에서 소통할 수 있는 장으로 유명하다는 평가이다. 유명 감독의 작품을 감상할 수 있다. 뉴질랜드의 많은 영화가운데 광활한 배경을 무대로 한 '반지의 제왕'이 유명하다.

---

33) 1840년 2월6일 원주민 마오리족과 영국이 체결한 건국의 기초가 된 조약이다. 영국의 직할 식민지의 계기로 평가하기도 한다. 주요내용은 다음과 같다. 뉴질랜드를 영국국민으로 권리를 인정함. 모든 마오리족은 영국여왕의 신민이며 왕권에 뉴질랜드의 주권을 양보함. 마오리족의 토지보유권을 인정하나 그 토지는 영국정부를 통해서만 판매됨(위키백과).

(7) 와이카토 열기구축제

웰링턴, 와이카토, 와이라라파, 헤밀턴에서 열린다. 뉴질랜드 최고의 열기구 축제이다. 년간 10만명 정도가 이용하는 것으로 보인다. 바람이 센 퀸스타운을 제외하곤 열기구를 탈 수 있다. 키위벌룬컴퍼니에서 예약을 하고 이용할 수 있다고 한다.

(8) 오크랜드 랜턴축제(Auckland Lantern Festival)

2월 중순경 인구 100만명의 도시 오크랜드에서 열리는 다문화 축제이다. 2017년에는 2월 9~12일 열렸다. 다양한 나라의 연극, 전시회, 음악회 등 공연이 열린다. 무술, 무용, 해외공연자의 라이브 음악 등 전통적이고 현대적인 중국문화의 공연이 열린다.

중국인[34]이 많이 참여하는 축제로 퀸스트릿, 오크랜드대학교 사이에 위치한 알버트 파크에서 열린다. 중국, 대만, 홍콩, 베트남, 싱가폴, 인도네시아, 말레이시아, 일본 등 다양한 음식을 맛볼 수 있으며 가격도 저렴해서 인기이다.

아시아의 진미를 맛보며 공예품 가게가 가득한 거리를 볼 수 있다. 클럽에도 많은 사람들이 몰린다고 한다. 특히 수제 중국어 등불 800여 가지의 화려한 등을 볼 수 있다.

〈세계3대 요트도시인 오크랜드 전경〉

(9) 오크랜드 디 왈리 페스티벌(Diwali Festival)

2017년 10월 16~17일로 10월 중순에 열린다. 2002년 처음 개최되었다. 인도전역, 전세계 인디언 공동체에서 기념하는 중요한 축제이다. 빛의 축제로 어둠에 대한 빛의 승리를 추구한다. 악의에 대한 선과 생명의 재생을 의미하는 축제이다.

불꽃놀이, 점토램프로 꾸며진다. 전통의상을 입고 인도의 과자, 선물을 교환하며,

34) 오크랜드에는 중국인이 많이 거주한다. 인구의 10% 정도라고 하니 10만명 내외로 추산하고 있다.

요리를 같이 하거나 노래와 춤을 즐긴다. 메인 스트리트에는 다양한 부스가 차려지고 엄청난 인파가 모여든다. 인도의 무용, 인형극, 민속예술적 행사로 거리공연과 음악이 도시 전역에서 들린다.

⑽ 오크랜드 해산물축제(Seafood Festival)

2017년 1월 29일부터 2월 1일까지 오클랜드의 할시와프(할시스트리트)에서 개최되었다. 식당들에서는 다양한 할인행사가 진행되고 가리비, 굴, 스캄피, 홍합, 생선 등 많은 메뉴가 제공된다. 전망좋은 비어가든, 와인바에서 음식을 즐길 수 있다.

⑾ 오크랜드 파시피카축제

세계적으로 가장 큰 규모의 폴리네시안 축제이다. 1992년부터 26번째 행사가 진행되어 오고 있다. 다양한 태평양 섬나라들의 문화와 정서를 느낄 수 있는 축제이다. 매년 30만명 이상의 사람들이 방문한다. 피지, 뉴질랜드, 키리바시, 하와이, 니우에, 사모아, 타이티, 토켈라우, 통가, 투발루, 쿡 아일랜드 등 총 11개 태평양 섬나라들이 참가하고 있다. 전통댄스, 음식, 공예품, 볼거리, 먹거리를 경험 할 수 있다. 사모아 마을의 문신, 투발루의 전통 혼례, 피지의 전통음식, 하와이의 화관 만들기, 키리바시(Kiribati)의 전통 예복 제작 체험 등이 인기를 끈다.

〈오크랜드 시내 전경〉

06 남태평양 이스터섬 축제

모아이석상은 세계7대 불가사의의 하나로 여겨진다. 13세기에 세워진 것으로 여겨진다. 이스터섬에는 900여개의 석상이 있다. 높이가 3~10m, 무게가 3~10톤의 석상들이 있다. 원주민들의 몸에 세긴 문신도 독특한 문화와 생활상으로 볼 수 있다. 새모양의 문신은 부족의 용맹성과 샤머니적 부족의 종교관을 보여준다. 또한 머리의 깃털 장식은 종교적 전통의 하나이다. 관광객의 참여가 가능한 열린 축제이다. 축제의 행사에는 썰매타기[35]가 있다. 얼굴과 몸의 각양각색의 무늬를 세기고 추는 역동적인 춤사위는 관광객들에게 축제 현장의 역동성을 느끼게 하기에 충분하다는 평가이다. 축제는 2주 동안 열린다.

35) 바나나 나무로 엮어서 만든 썰매로 출발선 언덕과 아래까지 300m의 거리로 80km의 속도로 사고도 종종 발생한다(블로그 문학과 산책길 ; postview.nhn).

07 피지 축제

피지축제는 문화적으로 다양성을 반영한다는 평가를 받고 있다. 각 지역의 개성과 피지 고유의 특징을 살리고 있는 것으로도 평가된다. 인구의 50% 이상이 기독교, 힌두교가 38%를 차지하여 종교에 관련된 축제들이 다양하게 열린다.

피지축제에는 사모아, 멜라네시아, 솔로몬, 바누아투, 뉴칼레도니아, 파푸아 뉴기니, 폴리네시아, 폴리네시아 등의 남태평양 국가들이 모여 축제에 참여하고 있다.

1. 피지 대표축제

(1) 불라 페스티벌

7월 중순 일주일 정도 열린다. 불라(Bula)는 피지어로 '안녕하세요'의 의미이다. 고유음식을 맛보고 피지 전통물품을 구입할 수 있다. 거리의 퍼레이드, 놀이기구 체험, 미스 불라 선발대회 등 행사가 진행된다. 피지의 난이(Nadi), 젯셋타운(Jetset Town)에서 열린다. 축제의 수익금은 불우이웃 돕기에 전액 사용된다고 한다.

(2) 하이비스커스 페스티벌(Vodafone Hibiscus Festival)

8월 중순부터 일주일 정도 열린다. 피지의 수도인 수바(Suva)에서 열리는 피지 최대의 축제이다. 각국의 춤과 예술 공연, 남태평양 지역 미인 선발대회, 대형 거리 퍼레이드가 열린다. 이대회의 특징은 피지인의 아름다움을 갖춘 '피지 스타일의 미녀'를 선정하는 것이다. 이 대회의 선발 기준으로는 까무잡잡한 피부와 곱슬머리, 매력적인 환한 미소의 미인이 선발된다.

(3) 슈가 페스티벌

피지의 사탕수수를 알리기 위해 축제가 1961년부터 시작되었다. 사탕수수는 피지의 대표적인 산업이다. 본 섬 비티 레부(Viti Levu)의 북서 해안가인 사탕수수 도시 라우토카(Lautoka)에서 열린다. 설탕축제에서는 거리 퍼레이드, 미스 슈가(Miss Sugar)선발대회 등이 진행된다. 질 좋은 피지 설탕을 저렴하게 구입할 수 있다. 놀이기구와 여러 가지 볼거리를 체험할 수 있는 축제이다.

(4) 디왈리 페스티벌

빛의 축제라고 불린다. 디왈리(Diwali Festival)는 원래 인도의 3대 축제 중 가장 규모가 큰 축제로 알려져 있다. 피지 인구의 절반 정도가 인도인으로 구성되어서 피지에서 디왈리 페스티벌이 열리고 있다. 반짝이는 전구와 폭죽과 불꽃놀이를 볼 수 있다.

빛의 축제는 빛을 환하게 밝혀 풍요의 여신인 락쉬미(Lakshmi)에게 자신의 집으로 찾아오는 길을 알려준다는 의미를 갖고 시작되었다. 축제기간 동안 '해피 디왈리(Happy Diwali)'라고 인사를 건네고 서로를 축복한다. 달콤한 인도의 전통과자를 이웃에게 나누며 인도여인들은 꽃단장을 하며 불꽃이 밤하늘을 수놓는 것을 볼 수 있다.

08 남아프리카공화국 축제

1. 남아공의 대표축제

(1) 고래축제

개최도시는 웨스턴 케이프 허마너스(Western Cape주 Hermanus)마을에서 열린다. 매년 남방참고래는 수천 마일을 헤엄쳐 케이프 남부 해안에 도착하여 짝짓기도 하고 새끼도 낳는다. 허마너스 마을 사람들과 어울려 다양한 행사가 가득한 축제를 즐길 수 있다. 허마너스는 육지에서 고래를 가장 잘 관찰할 수 있는 세계 최적의 장소로 유명하다.

(2) 가재축제(Lambert's Bay kreeffees)

매년 램버트 베이 지역에서 3월에 열린다. 싱싱한 자재를 맛볼 수 있다. 남아공 음악인들의 록 공연을 감상할 수 있다. Kreef는 아프리칸스어로 가재를 말한다. 피어스(fees)는 축제, 향연을 의미한다.

웨스턴 케이프 주 서쪽의 해안마을 램버트베이에서 열린다. 번지점프, 에어쇼, 반 거리 마라톤, 비어 천막 등 다양한 즐길거리가 풍성하다는 평가이다.

(3) 선인장(Prickly Pear)축제

매년 2월말에서 3월초 이스턴케이프주에 이텐하지 근교의 넬슨만델라베이에 위치한 카일러 호프스터어트(cuyler Hofstede) 농장 전시관에서 열린다. 진저비어, 팬케익, 포이키코스와 가정식 잼, 스핏 브라이와 생선 브라이, 버니차우와 홈메이드 푸딩 등 전통적으로 남아공 가정에서 즐기는 음식을 맛보는 날로 알려지고 있다.

(4) 그래함스타운축제

아프리카 최대 규모의 예술축제이다. 6월말에서 7월 초순경 까지 10여일 열린다. 코미디, 댄스, 신체극, 강연, 거리극 등 다양한 현지 예술을 볼 수 있는 축제이다.

(5) 어섬 아프리카 음악축제(Awesome Africa Music Festival)

남아공 더반의 앨버트 파크에서 열린다. 1999년 아프리카와 세계의 음악교류를 목적으로 시작하였다. 세계 20여개국에서 참가한 음악가들이 축제기간 내내 쉬지 않고 공연을 한다.

09 아프리카 축제

1. 이집트 축제

(1) 열기구축제

이집트의 남부 도시 룩소르에서 열리는 축제이다. 독일, 영국, 스웨덴, 노르웨이 등 유럽에서 온 관광객과 일본 관광객들이 참여를 많이 하는 축제이다. 룩소르가 고대 유적도시로 피라미드 등 열기구를 타고 하늘에서 내려다 볼 수 있는 매력으로 인기가 있다. 한동안은 열기구 사고, 테러, 납치, 여객기 추락사고 등으로 관광객이 급락함으로 열기구 여행의 인기가 줄었다.

〈기자 지역 스핑크스와 피라미드〉

이집트는 관광업에 종사하는 인구가 전체 노동력의 12%를 차지하는 관광산업의 비중이 높은 국가로 알려지고 있다. 열기구 축제로 침체된 관광산업을 부활시키는 계기로 삼는 상황이다.

2. 모리셔스 베르나르루아조 컬리너리 페스티발

모리셔스(Mauritius) 최대의 미식축제는 베르나르루아조 컬리너리 페스티발이다. 2017년 3월 25일부터 4월 2일까지 1주일간 열렸다. 영화 라따뚜이에 영감을 준 미슐랭 3스타의 비운의 천재요리사로 평가되는 베르나르루아조의 이름으로 12년째 명성을 이어오는 축제이다.

전 세계 미슐랭 가이드 선정 세프들과 콘스탄스 호텔 앤 리조트와 각 호텔에서 선발된 세프들이 모여 일품요리를 선보였으며, 모든 경연은 요리의 맛에 중점을 두고 모리셔스의 식재료를 활용한 요리의 미학을 보여준 팀이 대상을 받는 것으로 알려졌다.

3. 에티오피아 탐켓축제

에티오피아[36]에서 가장 화려한 축제로 알려지고 있다. 특별하고 인상적인 문화 여행을 원한다면 참여할 만한 축제로 뽑힌다. 에티오피아는 인구가 1억명인 세계 3대 커피 생산국이다. 에티오피아 최대 기독교 유적지이며 제2의 예루살렘으로 불리는 랄리벨라[37]에서 열린다.

기독교 문화유산 관련 축제로 탐켓(Timket)축제는 아디스아바바, 곤다르, 랄리벨라에서 열린다. 예수가 자신을 공적으로 드러낸 일과 요단강에서 예수의 세례를 숭배하고 기념하는 국가적인 축제로 알려져 있다.

TIP

카니발 킹스 앤 퀸즈
아프리카의 최대 길거리 축제이다. 한국의 봉산탈춤을 축하무대로 선보여 관객들의 환호를 받았다.

4. 말리축제

(1) 말리 팀북투 사막축제

아프리카의 주요축제이다. 세계유네스코 유산으로 지정되었다. 주위의 경관이 아름답다. 아프리카 특유의 토속성이 짙은 축제로 평가된다. 사하라 사막 내륙 깊은 곳의 원주민들끼리 개최하였던 축제에서 도시와 인접한 사막으로 옮겨 개최되고 있다. 유럽인들이 많이 참여하면서 접근성을 고려한 것으로 보인다.

---

36) 에티오피아는 마라톤의 나라, 론리플래닛 선정 2017년 꼭 가보아야 할 국가 TOP10에 선정된 나라이다.
37) 기독교 문화유산이며 기독교 성지순례지역이다.

⑵ 말리 낚시축제

반디아가라 절벽 근처에서 4월에 개최되는 낚시축제이다. 세계유네스코유산으로 지정되었고 아름다운 경관을 자랑한다. 아프리카 특유의 토속성이 짙은 축제이다. 말리 니제르강의 작은 지류에서 펼쳐진다. 아프리카의 여름 가뭄이 절정에 이르는 4월이 되면 강바닥이 드러나며 곳곳에 웅덩이가 생기는데, 여기에 갇힌 물고기를 잡는 축제이다. 최근 치안이 불안한 말리에는 여행의 위험이 높아 주의가 당부된다.

5. 나이지리아 아르군구 낚시 및 문화축제

매년 3월 15일에서 21일까지 열리는 문화축제이다. 아르군구는 전통적 어업과 농업이 주를 이루는 곳으로 이러한 성향이 축제에 반영되어 맨손으로 고기잡기, 오리 사냥, 수영 등 행사가 진행된다. 수상경기, 조종경기, 전통 레슬링 등 스포츠 경기도 진행되며, 50여만 명의 어부들과 마을 주민 등이 참여한다.

10 중동 축제

1. 이스라엘 대표축제

(1) 예루살렘 올드시티 빛의축제

예루살렘 올드시티 관광객과 주민에게 아름다운 빛을 선사하는 축제이다. 이스라엘과 전 세계에서 온 예술가들이 축제를 위해 화려한 3D 전시작품과 예술적인 조각, 구조, 영상 설치물 등 올드시티 건물과 벽을 장식한다.

〈이스라엘 예루살렘 전경〉

(2) 이스라엘 현대축제

이스라엘 고유문화와 국제 현대문화가 조화를 이룬 공연들이 준비된 축제이다. 예루살렘극장, 마시하우스 등 예루살렘 전역의 극장과 특별한 장소에서 열린다.

TIP

카톨릭교회 이스라엘 3대 축제

- **과월절(무교절)** : 하나님이 이스라엘 백성을 노예상태에서 구해 주셨음을 기념하는 유다역사상 가장 중요하고 극적인 축제이다. 유대교 축제 중 가장 오래된 민족의 축제로 니산달 14일 저녁에 성전에서 양과 염소를 죽여 그 피를 재단에 뿌리는 일을 하며 가정에서는 식사와 친교 그리고 역사적인 기념을 한다.
- **오순절** : 첫 수확을 바치는 농경생활의 추수감사제로 A.D 70년 예루살렘 성전 파괴 이후 시나이산에서 율법을 받은 것을 기념하는 축제로 거행된다.
- **초막절** : 포도, 무화과 등 수확기 가을에 지내던 이스라엘 3대 축제의 하나로 장막절, 맥추절이라하며, 이스라엘 사람들이 강가에 나뭇가지로 입시초막으로 생활하며 40년간 광야에서의 방랑을 기억하고 계약을 갱신하는 절기이다. 하나님께서 이스라엘에게 보여주신 놀라운 권능의 행적을 축하하는 축제이다.

〈이스라엘 텔아브비〉

2. 요르단

(1) 요르단 대표축제

① 제라시축제

요르단 수도 암만의 북쪽 고대 그레코로만 도시인 제라시(Jerash)에서 매년 열리는 축제이다. 제라시는 로마제국이 요르단에 남겨놓은 유적으로 요르단의 중요한 관광지 역할을 하고 있다. 로마가 중동까지 세력을 확장해서 남긴 식민지 중에 건축적인 웅장함이나 보존상태가 가장 훌륭한 곳으로 알려진 곳이 제라시이다. 이 축제에서는 로마 병정차림을 한 사람들의 개막식에 참여할 수 있다.

② 달 라마단(Ramadan)

라마단은 '더운달'이라는 의미이다. 라마단[38] 기간이 제일 덥다고 한다. 라마단 기간 동안의 단식은 자기정화의 기회라고 한다. 축복의 달로 한 달 동안 전 세계 무슬림의 축제의 달이다. 배고픔과 목마름을 느끼며 남들에게 베푸는 것이 라마단의 의미라고 한다.

요르단에서 라마단이 시작되면 이슬람 자선단체들이 물, 대추야자[39]를 무료로 나눠준다고 한다. 라마단 기간 동안 낮에는 단식, 해가 지면 가족이나 친구들이 모여 같이 식사를 한다. 라마단 기간 공공기관은 단축근무로 오후 1~2시에 근무가 종료된다. 라마단은 이슬람 신자들에게는 신념, 삶의 일부분으로 생활속에서 개인에게 일상의 축제로 여겨진다고 평가된다.

---

38) 천사 가브리엘이 이슬람의 창시자 꾸란의 편찬자인 무함메드에게 코란을 가르친 달을 말한다. 신성한 달로 여겨진다. 이것을 기념하기 위해 만들어진 날이 라마단이다(blog.naver.com/Yijuhw Redirect).
39) 건강식이며 활력충전에 효능이 있다고 한다. 중독성도 있다고 한다.

Chapter 2. 미주 축제

01 북아메리카 축제

1. 미국 전역의 주요 축제

1) 네바다 주 축제

(1) 버닝맨(Burning man, Black Rock City)

① 지역 특징

미국 서부에 위치한 면적 286,367km^{2}의 네바다 주는 대부분이 산지와 고원으로 이루어져있다. 북쪽으로는 오레곤 주, 아이다호 주와 맞붙어 있고, 남서쪽으로는 캘리포니아 주와 맞붙어 있다. 애리조나주와 경계를 이루는 콜로라도 강 유역이 있어서 내륙 수계에 속한다. 대중적으로 잘 알려진 지역인 라스베이거스는 네바다 주의 남동쪽에 위치하고 있고, 미국에서 가장 건조한 사막기후이다. 일부 사막지역을 제외한 대부분의 지역은 500mm의 강수량을 나타내고 있다. 사막과 산림지역, 눈이 많이 와서 스키가 성행하는 지역 등 다채로운 기후와 지역이 공존하고 있어 매력이 가득한 주다.

네바다 주는 1900년대 중반 제2차 세계대전으로 인해 납, 망간, 텅스텐, 구리 등의 군사용품을 만들기 위한 원자재를 매입하면서 광업이 발달하였다. 하지만 전쟁이 끝난 이후, 광업은 현격이 줄어들어, 1950~60년대를 기점으로 관광업이 발달하기 시작하였다. 현재 네바다 주는 인공적인 관광이나 오락시설을 만들어 관광산업을 활성화시키고 있다. 호텔과 카지노를 이용하기 위해 매년 수천 만명의 관광객이 전 세계에서 네바다 주로 온다. 뿐만 아니라 매 달 전 세계의 유명 뮤지션의 공연과 이벤트 등 볼거리가 풍성하다. 공연과 이벤트에 대한 정보를 사전에 살펴본다면 더 유익한 여행을 즐길 수 있다. 카지노에서의 도박이 합법이기 때문에 많은 사람들이 일확천금의 꿈을 가지고 도전하는, 홍미진진하고 아슬아슬한 곳이다. 그러나 도박으로 인한 세금은 네바다 주 지역 발전을 위해 쓰이기 때문에 중요한 재원이기도 하다.

네바다 주는 호텔과 카지노 등 관광산업이외에도 금융업이 다른 주보다 더 빠르게 성장하고 있다. 대표도시로는 리오와 라스베이거스가 있으며, 많은 사람들이 네바다 주로 이동하면서 인구가 급격하게 증가하였다. 이를 계기로 금융업이 성장할 수 있는 발판이 마련되었다. 1960년대에 28만 명의 인구수가 1990년대에 120만명으로 약 5배 급증하면서 민족과 인종이 다양해졌다. 현재는 270만 명이 넘는 수가 네바다 주에 살고 있다. 이러한 인구 증가의 요인은 라스베이거스 관광업의 성장으로 인한 것으로, 네바다 주 전체에 생기를 불어넣는 중요한 역할을 하였다. 관광업의 성장은 금융업, 거주자들을 위한 교육업, 제조업, 경찰, 소방 등 다른 서비스요소의 동반성장을 이루었다.

〈미국 네바다 주〉

사진 출처 : 구글 지도 검색

② 축제의 탄생과 역사

1986년 시작된 버닝맨(Burning Man)은 히피들과 아티스트들이 샌프란시스코 베이커해안에서 작은 모닥불을 피우는 것으로부터 시작되었다. 아주 작은 규모로 시작한 이 행사는 불을 이용해야 했기 때문에 외부로부터 제재가 많았고, 외부적 요인을 피해 1990년대에 네바다 주의 사막으로 장소를 옮겼다. 버닝맨이라는 이름은 행사 기간 중 토요일 밤에 나무로 만들어진 인형을 불로 태우는 의식으로부터 유래되었다. 현재 네바다 주 북부에 위치한 블랙록 사막에서 매년 8월 마지막 월요일부터 9월 첫째 월요일 노동절에 일주일간 행사가 개최된다.

버닝맨을 이해하려면 먼저 히피문화의 역사를 이해해야 한다. 히피문화는 사회적 구조에 순응하지 않고 자신만의 독특한 감성과 행동양식의 가치를 정립하여, 그 안에서 자신들의 자유와 독립성, 창의성을 추구한다. 이러한 문화는 자칫 반항과 오류의 길로 비춰질 수도 있지만, 지배문화에 대한 대안을 제시하여 문화의 다양성을 갖게 했다. 히피문화는 다양한 인종과 계층, 세대간에 서로의 문화를 존중하는 다문화주의의 발판이 되어 주었다. 버닝맨의 시작은 아티스트들과 히피족들이 사회적인 통념과 이념 등 자신들을 옥죄는 많은 것들로부터 벗어나 창조적 영감을 받기 위한 것으로부터 비롯된다. 억압된 것으로부터의 자유는 인간에게 삶의 활력을 불어넣고, 창조적 사고와 의식을 갖게 한다. 역사 속 아티스트와 히피족들은 그것에 대한 갈급함이 있었고, 이것이 작은 의식으로 표현되었던 것이다. 이렇게 탄생한 버닝맨은 단순히 축제 그 자체로 끝나지 않는다. 구글의 기업문화인 '실리콘밸리 정신'은 버닝맨에서 비롯된 것이다. 구글의 창업자인 래리 페이지와 세르게이 브린은 광활한 사막 위에서 새로운 무언가를 창조해 내는 축제를 보고 창업의 영감을 얻었다고 한다. 또한 테슬라 모터스의 창업자인 엘론 머스크는 버닝맨 축제에 참가하였다가 화석연료를 줄일 수 있는 방안을 떠올려 '솔라시티'라는 미국 1위의 태양광패널업체를 설립하였다. 이처럼 버닝맨은 그저 즐기기 위한 축제의 의미로 국한되지 않고, 많은 사람들에게 창조적 영감을 떠올리게 하는 매력적인 행사이다.

그러나 이러한 긍정적 효과 이면에 부작용도 나타나고 있다. 억압을 통제하고 자유를 추구하는 축제의 특성 상 범죄나 마약복용에 대한 문제가 대두되고 있어, 축제 본질의 의미를 훼손하는 경우도 종종 발생한다. 대부분의 참가자들이 자체적으로 의상을 만들고 장소를 선정해 거처를 마련해야 하는 자본주의적 구조에 의해 부유한 사회계층의 커뮤니티처럼 비춰질 수도 있다는 지적도 뒤따른다. 개인용 비행기를 이용하여 화려한 파티를 여는 부유층의 모습 또한 버닝맨 축제의 한 단면이기도 하다. 그러나 모두가 그 안에서 자신만의 영역을 확보하고 축제에 참여하는 것이 축제를 즐기는 하나의 방법이 아닐까 생각한다.

③ 축제 소개 및 일정

매년 여름이 끝나면 미국 네바다 주 블랙록 시티(Black Rock City)로 수만 명의 전 세계인들이 모인다. 바로 버닝맨 축제에 참가하기 위해서다. 네바다 주의 북동쪽에 위치한 큰 부채형 시가지의 블랙록 시티는 약 5만 명의 인구가 살고 있다. 이 도시에서 일 년 중 딱 일주일에 걸쳐 진행되는 이 축제 기간은 8월 마지막 월요일부터 9월 첫 번째 월요일(노동절)까지다. 참가자들은 태우는 자들이라 하여 자신들을 '버너(Burner)'라고 지칭한다. 축제 기간 동안 '버너'라는 이름으로 축제에 참가했다는 소속감을 공고히 한다.

축제의 진행방식은 모든 버너들이 일주일간 모든 숙식을 스스로 해결해야 한다. 이곳에서는 인터넷을 사용할 수도, 외부에서 무언가를 조달 받을 수도 없다. 다만 축제에 참가한 버너들은 필요한 것을 서로 물물교환하면서 자급자족해야 한다. 이곳에서는 모든 것이 자유롭다. 자신이 만들고 싶은 구조물을 만들어 많은 사람들에게 소개할 수도 있고, 새로 사귄 버너들과 함께 술과 음식을 곁들이며 유유자적 할 수도 있다. 이곳에서는 억압과 제약으로부터 자유로우며, 버너들이 추구하고자 하는 예술성과 창의성, 독창성을 마음껏 발휘할 수 있다. 초창기 축제에 참여했던 사람들은 주로 예술가 혹은 환경 운동가들이었다. 그들은 사막 위에 자립적인 공동체를 만들어 도시를 건설하려는 프로젝트를 하며 버닝맨을 알렸고, 현재는 수없이 많은 분야의 종사자들과 연예인 등 다양한 직업군이 참여하여 다채로운 창작물이 만들어지고 있다.

자아에서 탈피하여 모든 인종과 성별, 세대를 편견 없이 받아들이며 모든 것을 공유하고 존중하는 이 축제의 묘미는 자신이 경험하지 못했던 여러 종류의 경험을 할 수 있다는 것이다. 예술가나 건축가의 도움을 빌려 자신의 아이디어로 구조물을 만들 수도 있고, 성 역할에 갇혀서 해보지 못했던 독특한 경험도 자유롭게 할 수 있다. 마치 다른 세상에 와 있는 듯한 유토피아를 경험하게 된다. 밤에는 화려하게 빛나는 조형물과 더불어 멋진 음악이 더 없이 환상적이며 많은 버너들은 잠들지 못하고 밤이 지나가는 것을 아쉬워하기도 한다.

〈불꽃놀이로 수놓은 밤〉

출처 : www.flickr.com/photos/74551611@N00/8080827817

축제의 하이라이트는 바로 토요일 자정, 사람 모양의 나무 인형을 불 태워 완전히 소각하는 것이다. 축제의 마지막 행사로써 사막의 한 가운데 나무 인형 주위로 사람들이 거대한 원을 형성하며 모여든다. 공들여 만든 것들이 한꺼번에 불에 타버리는 이 순간, 축제에 참여했던 모든 사람들은 자신들이 가지고 있었던 억압과 편견, 부정적인 생각들을 모두 태워버리고자 하는 의식을 갖는다. 나무 인형이 불에 타 완전히 소각되면 사막은 아무 일도 일어나지 않았다는 듯 예전의 고요했던 모습으로 돌아간다. 분명한 것은, 버닝맨은 우리에게 개방과 자유, 공유와 혁신을 배울 수 있게 해 줄 유일무이한 축제일 것이다.

〈사막 위에서 펼쳐진 퍼포먼스〉

출처 : www.flickr.com/photos/40615055@N00/160649578

〈나무 인형을 태우는 행사〉

출처 : www.flickr.com/photos/55893585@N08/14953556249

2) 뉴멕시코 주 축제

(1) 앨버커키 세계 열기구축제(Albuquerque International Balloon Fiesta, Albuquerque)

① 지역특징

뉴멕시코 주는 미국 남서부에 위치하고 있으며, 전체 면적은 315,194km^2 이다. 뉴멕시코 주의 남쪽으로는 멕시코, 북쪽은 로키산맥이 위치하고 있고, 최고봉인 휠러산이 4,011m에 이르며, 뉴멕시코 주는 전체가 고원지대로써, 선선하며 습기가 없어 주거하기에 훌륭한 환경을 갖고 있다. 주로 화창한 날씨를 보이며 7월과 8월에 집중적으로 비가 내린다. 가장 더운 7월의 낮 평균 최고 기온은 36°C, 고지대는 낮 평균 26°C 내외이다. 주도(州都)는 샌타페이(Santa Fe)로, 1607년 스페인인들이 샌타페이에 도시를 건설하고, 노란색 바탕 위에 원형 무늬를 사용하여 태양을 상징하는 주기를 만들었다. 현재 샌타페이는 역사가 가장 오래 된 주도이다. 뉴멕시코 주에서 가장 큰 도시는 앨버커키로, 뉴 멕시코 주 인구의 절반 이상이 앨버커키에 거주하고 있다.

뉴멕시코 주는 오랜 기간 아메리카 원주민의 거주지였으나, 에스파냐인들이 금을 발굴하기 위하여 이곳에 모여들면서 도시가 발전하기 시작하였다. 16세기 후반에는 스페인의 식민지로, 18세기 멕시코 주를 거쳐 1848년 미국과 멕시코 전쟁이 발발하면서 멕시코가 패하고 미국령이 되었으며, 1912년 미국의 주로 편입되었다. 한 때 스페인의 식민지였기 때문에 히스패닉계 인종(46.3%)이 가장 많고, 아메리카 원주민과 인디언의 비율(9.4%)도 매우 높다. 여러 인종이 뒤섞이면서 독특하고 다양한 문화를 만들어내고 있다. 언어는 주민의 약 82%가 영어, 28.8%가 스페인어를 사용한다.

뉴멕시코 주는 강수량이 적어 건조농업을 하고 있으며, 관개시설이 잘 발달되어 있어 밀, 옥수수, 목화, 채소나 과일을 재배하기에 좋으며, 낙농업도 발달되어 있다. 천연가스와 석유가 풍부하여 주 외로 수송하면서 경제적 이익을 창출하고 있다. 특히, 제2차 세계대전 당시 평지가 넓어 이 곳에 공군기지를 만들었는데, 평지와 더불어 계곡이 굽이져 있어서 비밀유지가 필수인 원자탄 개발 연구소가 만들어졌다. 남부 사막에서 최초로 원자폭탄이 제조되어 원자탄을 터뜨리며 핵 시대를 예고하기도 하였다.

문화로는 크게 히스패닉과 인디언, 앵글로의 세가지 문화가 접목되어 있는 도시이다. 뉴욕과 로스엔젤레스의 뒤를 이어 미술품의 거래 액수가 세 번째로 높아 미국 3대 미술시장으로 손꼽는다. 가장 큰 도시인 앨버커키에 100여개의 미술갤러리가 있고, 뉴멕시코 주 안에 300개가 넘는 미술갤러리를 보유하고 있다. 미술 분야 뿐 만 아니라, 문학과 음악에서도 뛰어난 감성과 예술성을 나타내며, 문화와 예술에서 손색이 없는 도시로 각광받고 있다.

〈뉴멕시코 주〉

출처 : 구글 지도 검색

② 축제의 탄생과 역사

1972년 앨버커키 국제열기구축제(AIBF)는 작은 열기구 13개로 시작하여 현재 세계에서 가장 큰 열기구 축제로 성장했다. 매년 10월 첫째 주에 개최되며, 현재 약 600개의 열기구와 1000명의 파일럿이 함께한다.

1972년 13개의 열기구로 시작한 이 축제는 앨버커키의 콜로라도 센터 몰 주차장에서 시작되었다. 1978년 273개의 열기구들이 참가하여 많은 참가자들이 축제를 즐겼고, 점점 그 수가 증가하여 1988년은 600개, 1999년은 903개까지 열기구의 수가 늘어났다. 1981년 가스열기구는 열기구축제에서 시작된 후, 1933년과 1999년에 세계에서 가장 오래되고 명성 있는 가스 열기구 레이스가

AIBF(Albuquerque International Balloon Fiesta)에 의해 개최되었다.

많은 참가자들이 자신의 열기구를 띄우지 못할지라도 축제를 보러 오는 관람객만도 수만 명이었으며, 현재 매년 십 만명이 넘는 사람들이 이 곳을 방문한다. 이 곳에 방문하지 않은 사람들은 TV로 이 장면을 시청하기도 한다. 열기구 수와 참가자들의 수가 늘어나자 열기구축제의 장소를 몰 주차장에서 리오그란데 계곡으로 옮겼고, 면적은 350에이커가 넘는 크기이다.

앨버커키의 지방방송국 KOB의 기획담당자인 수잔 존슨(Susan Johnson)은 방송국의 50주년을 기념하기 위하여 기발한 이벤트가 없을까 고민하던 중, 처음으로 이 지역 열기구축제인 AIBF를 후원하면서 13개의 열기구를 띄우게 되었다. 그것을 시작으로 축제의 규모는 점차 커져, 2000년에는 1000개가 넘는 열기구가 참가하며 가장 많은 열기구가 참가한 년도로 기록되었다. 현재는 도시의 인구수가 증가함에 따라 열기구 착륙에 필요한 대지가 점점 축소되어 열기구 수를 600개로 제한하고 있다. 앨버커키는 열기구가 이륙하고 착륙하기에 최상의 대지이며, 사람들이 찾던 축제의 땅이기도 하다.

세계열기구축제는 그 규모와 참가인원수에서도 두각을 드러내지만, 독특하고 흥미로운 축제의 대명사로 발돋움했다는 것에 의의가 있다. 참가자들이 축제를 더 다양하고 재미있게 즐길 수 있도록 매년 벌룬 글로우(Balloon Glow)와 나이트 매직 글로우(Night Magic Glow), 스페셜 쉽 로데오(Special Shape Rodeo) 등도 개최한다.

③ 축제 소개 및 일정

한 번쯤은 열기구를 이용한 축제에 대해 매체나 책을 통해 보거나 들어본 적이 있을 것이다. 열기구를 타고 넓은 하늘을 나는 환상적인 기분을 느껴보고 싶다면 앞서 소개한 바와 같이 뉴멕시코 주의 앨버커키에서 진행되는 앨버커키 세계 열기구 축제는 전 세계 수많은 관광객과 참여자들로 북적거리는 세계 최대의 국제열기구축제이다.

1972년 시작된 축제는 13개의 열기구로 시작하여 현재는 약 600여개의 열기구가 참여한다. 매년 10월 초에 9~10일 동안 개최되어 올해로 46번째(2018년 현재 기준) 행사를 맞이하는 역사가 깊은 축제이다. 앨버커키에서 수많은 열기구를 띄우게 된 것은 열기구를 띄우기 좋은 대류현상이 발생하기 때문이다. 상하수직으로 이동하는 것이 특징인 열기구는 방향을 조절하는 것이 불가능하지만, 앨버커키 리오그란데강 계곡과 샌디아산의 지형에서 "앨버커키 상자(Albuquerque Box)"라는 특수한 대기현상이 발생하면서 고도에 따라 바람의 방향이 반대로 불어 열기구가 수직이동을 할 수 있게 도와준다. 이러한 지형적 조건과 대기현상으로 앨버커키는 열기구축제가 가능할 수 있는 최적의 장소가 되었다.

열기구축제가 시작되면 새벽부터 많은 사람들이 모여든다. 아침 7시를 기해 아침 세션(Morning Session)이 시작되고, 오후 세션(Evening Session)은 오후 1시에 행사가 시작된다. 대개 아침 세션이 인기가 많아 이 시간에 많은 사람들이 집중적으로 모이고, 열기구를 띄운다. 아침 행사가 시작되면 형형색색의 수백만 개의 열기구가 리오그란데계곡 하늘에 펼쳐진다. 동물 모양의 열기구부터 특수한 모양의 열기구까지 다양한 열기구가 대기 흐름에 따라 움직인다. 저녁이 되어 해가 지면 열기구를 부풀리는 버너(Burner)에 불을 밝히는 행사와 더불어 불꽃놀이도 진행되어 축제의 분위기가 뜨겁게 달아오른다. 열기구를 띄우는 행사 이외에도 레이저 불빛 쇼(Laser Light Show), 음악 축제(Music Fiesta) 등 다양한 볼거리로 관광객들의 시선을 한 몸에 사로잡아 지루할 틈이 없다. 아침부터 저녁까지 알찬 일정으로 최고의 축제를 경험할 수 있다.

〈형형색색의 열기구〉
출처 : www.flickr.com/photos/23119666@N03/10925002826

〈하늘에 수 놓인 다양한 열기구들〉
출처 : www.flickr.com/photos/55229469@N07/21909017988

세계열기구축제가 주는 경제적 효과도 대단하다. 축제의 참가자가 2009년을 기준으로 79만명이었고, 그 중 52만명이 전 세계 각지에서 참가한 관광객이었다. 축제의 직·간접적인 경제적 효과는 약 4억만불이 넘는다. 축제에 참가하는 참가자 뿐 만 아니라, 축제를 돕기 위한 자원봉사자와 열기구가 이착륙할 때 필요한 인력은 약 2천명이 동원되어 단기적인 고용 창출 효과까지 있어서 앨버커키의 효자 축제가 아닐 수 없다. 축제에 대한 자세한 일정 및 세부사항은 홈페이지 www.balloonfiesta.com을 참고하면 된다.

3) 루이지애나 주 축제

(1) 프렌치 쿼터 페스티벌(French Quarter Festivals, New Orleans)

① 지역특성

루이지애나 주는 미국의 중남부 멕시코만에 위치해있다. 주도(州都)는 배턴루지(Baton Rouge)이고, 미시시피강과 멕시코만 유역의 범람원이 루이지애나 주의 상당부분을 차지하고 있다. 배턴루지를 기점으로 광활한 삼각주 평야가 펼쳐져 있으며, 이 수위에 농지가 많고 하수변이 낮아서 어린 나무(떡갈나무, 목린 등)이 자라기에 좋은 환경을 가지고 있다. 온난하고 습기가 있는 아열대성 기후로, 대체적으로 포근한 날씨이다. 눈이 거의 내리지 않으며, 간헐적으로 허리케인이 내습한다. 2005년 허리케인 카트리나가 내습하여 뉴올리언스가 물에 잠겼고, 수백명이 목숨을 잃었다. 자연재해로 인해 많은 주민들의 생계가 어려워졌지만, 이를 회복하기 위해 기하학적 재건 비용과 시간을 투자하여 현재는 도시의 대부분이 회복한 상태이다.

아메리칸 인디언들의 영유지였던 루이지애나 주에 영토를 차지하기 위한 유럽인들이 대거유입 되었다. 유럽인들이 갖고 있던 전염병이 루이지애나 주에 퍼지면서 많은 인디언들이 전염병으로 사망하였다. 나폴레옹이 루이지애나 주 영토를 차지하기 위해서 보낸 군대 또한 전염병과 아이티의 노예반란으로 인해 전멸하였다. 이로써, 루이지애나 주는 1803년 12월에 점유권을 갖고 미국 영토가 되었다.

루이지애나 주는 제2차 세계 대전을 겪으며, 군 물류를 실어 나르기 위해 조선업과 해운업이 크게 성장하였다. 그로 인해 이익을 창출하고 지속적인 경제 발전에 기여하였다. 뉴올리언스는 루이지애나 주의 항구도시로써 타지와의 물류 교류의 창구가 되어주었고, 세계에서 가장 크고 빈번한 교류가 일어나는 곳이다. 대량의 곡식과 물류가 이곳을 통해 수출되고 있으며, 미시시피강과 운하 걸프(Gulf)를 이용하여 운반된다.

18세기에는 흑인들이 노예로 정착하였고, 현재 거주민의 3분의 2 이상이 흑인이다. 많은 흑인 음악가들이 재즈를 발전시켰고, 세계적인 재즈의 본고장이 되었다. 이 곳에서는 재즈를 다룬 다양한 축제가 펼쳐지고 있으며, 그들의 흥과 멋을 보기 위하여 전 세계 각지에서 재즈를 사랑하는 많은 사람들이 방문한다.

〈루이지애나 주의 뉴올리언스〉

출처 : 구글 지도 검색

② 축제의 탄생과 역사

한 때 프랑스의 식민지였고, 스페인의 식민지이기도 했던 루이지애나 주는 그야말로 다양하고 복잡한 문화와 역사가 뒤섞인 현장이라고 해도 과언이 아니다. 미국의 남북전쟁이 끝난 후에는 군악기가 활발히 연주되면서, 프랑스인들과 흑인들이 이러한 문화를 이어받아 많은 악단을 만들고 악기를 연주하기 시작했다. 또한 여러 인종이 공존하면서 자연스럽게 백인과 흑인의 음악이 뒤섞여 뉴올리언스의 재즈를 탄생시키는데 중요한 역할을 하였다. 백인과 흑인이 만나 이들 사이에서 태어난 혼혈을 크레올(Creole)이라고 하는데, 크레올에 의해 유럽의 클래식 음악과 흑인의 음악이 결합한 것이 재즈라는 장르를 만들어낸 것이다.

흑인사회에서 특권을 누렸던 크레올은 노예해방 이후, 인종과 경제 등 모든 것이 평등해지면서 생계가 어려워지기 시작했다. 때문에 생계 수단으로써 뉴올리언스의 홍등가와 길거리를 전전하며 음악을 연주하였고, 거리의 다양한 음악들과 만나게 되면서 재즈의 장이 넓어지게 되었다. 악보도 없이 길거리에서 연주되던 악단들도 체계적인 음악 이론을 가진 크레올과 함께 하면서 더 정교하고 새롭게 재즈를 발전시켜 나갈 수 있었다. 자유로움 속에서 즉흥적으로 진행되는 연주법과 스윙감은 재즈의 매력에 푹 빠질 수 있게 해주는 요소들이다. 재즈를 연주하기 위해서는 소규모의 브라스밴드로 진행이 되며, 기본악기로는 트럼펫, 클라리넷, 코넷, 드럼 등이 쓰이고, 블루스나 래그, 행진곡에 많이 연주되고 있다.

우리가 익히 들어보았던 전설적인 이름, 루이 암스트롱(Louis Armstrong)은 뉴올리언스에서 태어나고 연주한 아티스트였다. 그는 세계에서 가장 유명한 트럼펫 연주자이며, 그의 음악은 재즈 역사에 한 획을 그을 정도로 대단했다. 어릴 적, 법을 어긴 죄로 소년원에서 형을 살면서 처음으로 트럼펫을 접했는데, 그것이 계기가 되어 재즈악단에서 코넷을 연주하고 3년 뒤, 악단까지 결성하면서 성공가도를 달리기 시작했다. 명연주를 하며 많은 대중들에게 사랑받았던 그의 음악은 기교면에서 뿐만 아니라 음악적 감성을 자극하기에 충분했다. 또한 모든 악기들이 어우러져 소리를 내던 재즈무대에서 독주를 펼침으로써, 독주가 재즈에서 얼마나 중요한 역할을 하는지 일깨워주었다. 이 모든 것이 거장 루이 암스트롱의 음악을 사랑하는 이유이고, 살아생전 그의 음악과 삶을 기억하고 기념하기 위해 뉴올리언스로 가는 이유이다.

〈루이 암스트롱의 생전 모습〉

출처 : www.flickr.com/photos/61555160@N00/4945348181

③ 축제 소개 및 일정

프렌치 쿼터 페스티벌(French Quarter Festivals)은 음악을 사랑하는 사람, 특히 재즈를 사랑하는 사람이라면 한 번쯤은 경험하고 싶은 축제일 것이다. 뉴올리언스의 중심부인 프렌치 쿼터(French Quarter)에서는 거리거리마다 재즈 연주가 펼쳐지고, 음악에 취해 흥에 겨운 사람들이 몸을 들썩거리며 축제를 즐기는 생동감이 넘치는 도시이다. 매년 4월 둘째 주에 열리고, 축제 기간 동안 오전 11시부터 오후 9시까지 끊임없이 음악이 흘러나온다. 1984년 시작된 프렌치 쿼터 페스티벌은 30년 이상 그 명성을 이어가고 있으며 한 해 70만 명이 넘는 관광객이 방문하여 인산인해를 이룬다.

축제기간 동안 거리마다 들려오는 음악의 장르도 다양하다. 재즈를 필두로 블루스, 클래식, R&B, 힙합까지 여러 장르의 음악과 밴드, 가수들이 하나의 하모니를 만들며 축제를 뜨겁게 달군다. 사람들은 자신이 좋아하는 장르의 공연을 골라서 관람할 수 있으며, 하나의 장르가 지루해질 때쯤 다음 스테이지로 넘어가 관람할 수 있다. 이 축제의 장점 중 하나는 이 모든 공연을 무료로 관람할 수 있다는 것이다. 이 곳을 방문한 모든 사람들이 아무런 근심과 걱정 없이 축제를 오롯이 즐길 수 있는 또 하나의 혜택이다. 또한 인종과 나이, 성별의 경계를 허물고 누구도 의식하지 않은 채, 자신이 좋아하는 음악 앞에서 자유를 만끽할 수 있다.

축제를 위해 많은 기업과 단체에서는 음식과 음료, 매년 진행하는 갈라(Gala)쇼까지 후원하고 있다. 축제 기간 동안 1700명이 넘는 지역 음악가를 고용하고, 원활한 축제 진행을 위한 자원봉사자를 고용하여 경제적 이익창출 효과까지 거두고 있다. 프렌치 쿼터 페스티벌에 사용되는 무대나 음향효과, 보안시설 등 부대시설은 이 지역 회사를 이용해 하청을 받아 탄력적으로 운영된다. 모든 운영이 지역 경제 발전을 위해 체계적이고 계획적으로 이루어지기 때문에, 뉴올리언스의 발전에 크게 기여하고 있다.

2018년부터 2020년까지 프렌치 쿼터 페스티벌의 자세한 일정은 다음과 같다.

- 2018년 4월 12일부터 15일까지
- 2019년 4월 11일부터 14일까지

• 2020년 4월 16일부터 19일까지

이 기간에 루이지애나 주를 방문한다면, 날짜를 놓치지 말고 프렌치 쿼터 페스티벌에 참가하기를 추천한다. 참여하는 모든 사람들에게 더없이 좋은 추억을 선사할 것이다.

축제에 대한 자세한 내용은 홈페이지 www.fqfi.org를 참고하기 바란다.

〈French Quarter Festivals〉

출처 : www.flickr.com/photos/42634768@N06/13838424804

〈길거리 밴드의 모습〉

출처 : www.flickr.com/photos/84949728@N00/8699712574

4) 뉴욕 주 축제

(1) 지역 특징

미국 북동부에 위치하고 있으며, 고온 다습한 대륙성 기후로 여름에는 고온 다습하며, 겨울은 매우 춥다. 뉴욕 주의 대부분의 인구는 뉴욕 시에 밀집되어 있다. 우리에게 익숙한 도시인 맨하탄(Manhattan)과 그 주위에 90퍼센트 이상의 인구가 거주하고 있다. 이민자가 많은 도시로 독일, 영국, 폴란드 등 유럽 혈통의 주민들과 유대인들이 많이 살고 있다.

땅이 비옥하고 기온이 알맞아 농업이 발달하였고, 낙농업 또한 발달하여 미주 전지역에 닭과 달걀을 출하하고 있다. 석유나, 천연가스 등 다양한 지하자원도 풍부하고, 하천과 호수를 이용한 수력발전이 이루어지고 있다. 이 뿐만 아니라 주요도시로 가는 고속도로가 체계적으로 연결되어 있어서 타 지역으로의 이동이 용이하고, 34개의 비행장이 있어 항공편도 다양하다.

뉴욕 주는 뉴욕 시를 중심으로 서비스업이 주를 이루고 있다. 수많은 방문객으로 인한 레스토랑, 호텔, 항공 등 다양한 분야에서 서비스업 종사자들이 근무하고 있으며, 서비스산업으로 인한 경제적 효과도 상당하다. 특히 맨하탄은 뉴욕 증권거래소와 월스트리트가 있는 금융의 도시이며, 다양한 문화가 공존하고 창의적이고 자유로운 예술의 도시이기도 하다. 맨하탄은 업타운(Uptown)과 다운타운(Downtown)으로 나뉘며, 업무지구는 미드타운 맨하탄(Midtown Manhattan)과 파이낸셜 디스트릭트(Financial district)로 나뉜다. 뉴욕 시에서 펼쳐지는 다양한 축제를 살펴보겠다.

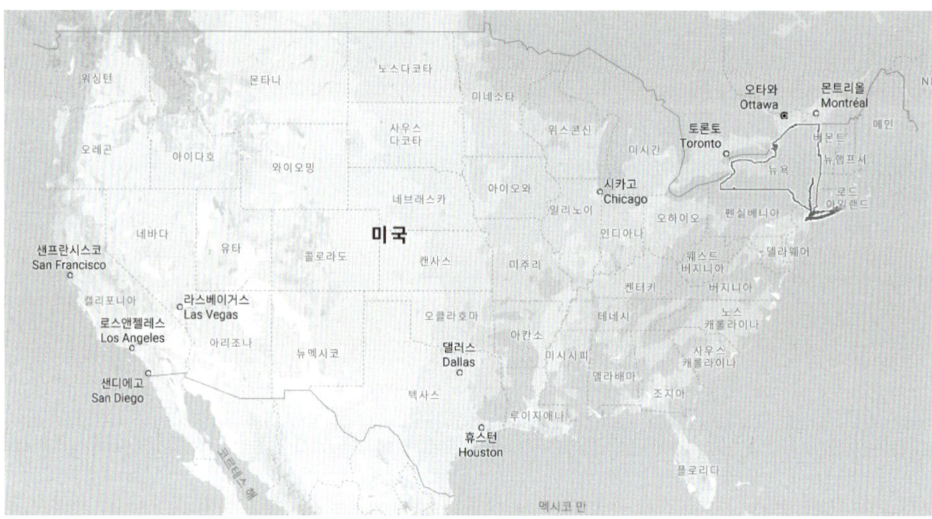

〈미국 뉴욕 주〉

출처 : 구글 지도 검색

① 독립기념일 불꽃놀이축제(4th of July fireworks, New York City)

미국의 독립기념일은 1776년 7월 4일이다. 미국 전역에서는 독립일을 기념하기 위한 다양한 축하행사가 열린다. 그 중 독립기념일 불꽃놀이축제를 보기 위해 전 세계에서 수많은 사람들이 미국 각지를 찾는다. 뉴욕시 맨하탄에서 열리는 독립기념일 불꽃놀이축제는 미국의 대형 백화점인 Macy에서 주관하여 열리는 축제이다. 매년 열리는 Macy 독립기념일 불꽃놀이축제에는 불꽃놀이는 물론 많은 뮤지션들의 공연과 함께 다양한 이벤트가 펼쳐진다. 세계인들은 화려하고 볼거리가 가득한 Macy 독립기념일 불꽃놀이축제를 감상하기 위해 매년 뉴욕 맨하탄을 방문한다.

독립기념일 불꽃놀이 축제는 맨하탄의 중심을 가로지르는 허드슨강의 중심으로 4개 혹은 6개의 바지선을 따라 진행된다. 불꽃놀이를 관람하기 위해 모인 사람들은 허드슨강 주변에서 멋진 불꽃놀이를 볼 수 있는 지점을 선점한다. 저녁 9시를 지나 약 30분간 진행되는 불꽃놀이 축제는 2000발 이상의 불꽃을 분 단위로 쏘아 약 5만발 이상의 불꽃이 하늘에 수 놓인다. 1000피트의 높이에서 펼쳐지는 불꽃놀이는 자유의 여신상 높이보다 3배 이상 높은 곳에서 펼쳐진다. 불꽃놀이는 빨간색, 호박색(amber), 금색 등 23가지의 색을 사용하여 다양하게 펼쳐지며, 불꽃을 점화하기 위한 12대의 컴퓨터 시스템이 가동되어 불꽃이 점화되는 위치와 시간 등을 계산한다. Macy 독립기념일 불꽃축제는 미국의 연중행사 중 가장 큰 규모의 축제이기 때문에, 매년 많은 사람들이 축제를 위해 준비하고, 참여하고 있다.

Macy 독립기념일 불꽃놀이축제 당일에는 불꽃놀이가 펼쳐지는 동선을 따라 도로와 인도가 매우 혼잡하고 원하는 위치에서 불꽃을 관람하기 어려울 수도 있다. 따라서 이 축제에 참여하고자 한다면 뉴욕 맨하탄에 대한 지리 정보나, 여행하기 위한 동선, 불꽃놀이를 감상하기 위해 최적화된 장소 등을 미리 숙지하여야 한다. 뉴욕의 밤 야경과 함께 펼쳐지는 불꽃놀이는 상상만으로도 행복하고 즐거운 추억이 되어줄 것이다.

〈뉴욕 Macy 독립기념일 불꽃놀이축제〉

출처 : www.pixabay.com/p-1365073/?no_redirect

② 추수감사절 퍼레이드(Thanksgiving Day Parade, New York City)

미국의 추수감사절은 11월 마지막 목요일이다. 추수감사절은 종교의 자유를 갈망하던 청교도들이 신대륙을 찾아 미국에 정착한 후, 첫 추수를 기념하면서 비롯되었다. 추수감사절에 칠면조구이를 먹던 것이 현재까지도 추수감사절에 칠면조로 요리를 만들어 함께 나눠먹는 전통으로 이어진다. 추수감사절은 의미가 깊은 날인 만큼 가족과 친지들이 한 자리에 모여 만찬을 즐기며, 추수감사절을 포함하여 4일 간의 연휴를 보내며 가족간의 정을 나누는 미국의 큰 명절이다.

매년 뉴욕시 맨하탄에서는 추수감사절을 기념하기 위해 메이시스 추수감사절 퍼레이드가 펼쳐진다. 앞서 소개한 독립기념일 불꽃놀이축제와 같이 미국 대형 백화점 Macy에서 주관하여 펼쳐지며 정식 명칭 또한 메이시스 추수감사절 퍼레이드(Macy's Thanksgiving Day Parade)이다. 90년이 넘는 역사와 전통을 자랑하는 메이시스 추수감사절 퍼레이드는 매년 20만명이 넘는 인파가 퍼레이드를 관람하기 위해 맨하탄을 방문하며, 유명 방송사인 NBC와 CBS 등 많은 언론사가 생중계를 통해 세계인들에게 축제의 즐거움을 전달한다.

오전 9시에 시작되어 약 3시간 가량 진행되는 메이시스 추수감사절 퍼레이드는 4km 구간에 걸쳐 다양한 볼거리를 제공한다. 진행방향은 주로 맨하탄 77번가에서 시작하여 메이시스 백화점이 있는 헤럴드 스퀘어(Herald Square)에서 퍼레이드가 종료된다. 축제가 펼쳐지는 당시의 도로상황이나 참가인원수에 따라서 진행방향에 변동이 있을 수 있으니, 축제에 참가하기 전 진행방향을 미리 숙지하고 가는 것이 좋다.

퍼레이드가 진행되는 동안 참가자들은 애니메이션의 주인공이 그려져 있는 풍선, 만화나 게임에서 유명했던 주인공들의 풍선을 들고 행진한다. 풍선은 크기나 규모 면에서 어마어마하다. 풍선의 높이는 4층 건물 이상으로 높이 떠올라 있으며, 수십 개의 풍선이 퍼레이드가 진행되는 동안 하늘 위에 떠올라 장관을 이룬다. 한 개의 풍선을 성인 수십 명이 함께 이동시키기도 하고, 한 사람이 수십 개의 풍선을 들고 가기도 하는 등 참여 방식도 각양각색이다. 뿐만 아니라, 퍼레이드를 이끌고 갈 플로트(Float, 이동 자동차), 마칭밴드(Marching Band)도 함께 어우러져 그야말로 축제 그 자체이다.

대규모의 행사가 진행되다 보니 많은 병력의 경찰관들이 삼엄한 경계 속에서 축제를 즐기기 위해 참가한 참가자들의 안전에 만전을 기한다. 테러나 폭발물 등의 위협에 대비하기 위해 방사선검색대가 곳곳에 설치되어 있고, 건물 마다 경찰이 배치되어 철저한 관리, 감시를 하기도 한다. 또한 메이시스 추수감사절 퍼레이드는 11월 야외에서 펼쳐지는 만큼 쌀쌀한 날씨에 대비할 수 있도록 따뜻한 옷차림으로 관람하는 것이 좋다.

〈메이시스 추수감사절 퍼레이드〉

〈스파이더맨 풍선〉

출처 : flickr.com/photo/19982106@N00/3069246957 using Flickruploadbot

③ 록펠러센터 크리스마스 트리 점등식(Rockefeller Center Christmas Tree Lighting, New York City)

록펠러센터는 맨하탄에 위치하고 있으며, 맨하탄 안의 작은 도시이다. 센터 안에는 21개의 건물이 있으며, 그 중심에 GE건물이 있다. 거대한 록펠러센터 마천루를 감상하기 위해 70층 높이의 GE건물의 전망대를 이용할 수 있다. 록펠러센터에서는 매년 크고 작은 행사를 진행하며, 전 세계인이 주목하는 MTV 뮤직 어워드 시상식이나 그래미 어워드도 이곳에서 볼 수 있다. 또한 록펠러센터를 둘러보는 투어나 NBC 스튜디오 투어는 관광객들에게 많은 인기를 끌고 있다. NBC는 미국 3대 방송사이며, 이곳에 마련된 세트장에서 직접 아나운서, 기상캐스터가 되어 뉴스를 진행하는 체험을 할 수 있다.

록펠러센터는 뉴욕 맨하탄을 방문하는 방문객이라면 꼭 한 번 들러야 하는 주요 명소이다. 록펠러센터에서 진행하는 행사 중 절대 빼놓을 수 없는 행사가 바로 록펠러센터 크리스마스트리 점등식이다(Rockefeller Center Christmas Tree Lighting). 1931년 시작된 점등식은 올해(2018년 기준)로 86회를 맞는 역사가 깊은 행사로, 5만 개의 LED전구가 크리스마스트리에서 빛난다. 크리스마스트리는 높이가 무려 28m 이상이고, 무게 또한 13톤에 달한다. 거대한 트리에 형형색색의 전구가 장식이 되면, 25일 크리스마스 당일에 24시간 내내 환하게 밝혀진다. 크리스마스트리를 빛나게 해 줄 조형물이 설치되어 관광객들의 눈을 사로잡는다. 화려한 점등식에 함께 하기 위해 수많은 관광객들이 참여하고, 주변 건물 안의 사람들도 창문을 열고 점등식을 관람한다. 크리스마스 점등식이 시작되면, 유명 가수의 공연이나, 춤 등 다채로운 이벤트가 펼쳐지며 볼거리를 더한다.

〈록펠러센터 크리스마스트리 점등 행사〉

사진출처 : www.flickr.com/photos/quintanomedia/11018094715

2. 캐나다 전역의 주요 축제

1) 브리티시컬럼비아 주 축제

(1) 오카나간 와인축제(The Okanagan Wine Festival, Okanagan Valley)

① 지역 특징

브리티시컬럼비아 주는 캐나다 태평양 서부 연안에 위치하고 있으며, 광활한 지역과 더불어 그 주변의 작은 섬들로 이루어져 있다. 영국인들이 처음 이곳에 정착하여 뉴칼레도니아라는 이름을 붙여줬지만, 빅토리아 여왕이 1980년에 콜롬버스의 이름을 따서 브리티시컬럼비아로 부르게 되었다. 캐나다의 주도는 빅토리아이며, 규모가 가장 큰 도시는 벤쿠버이다. 캐나다와 미국을 가로지르는 록키산맥이 브리티시컬럼비아 주를 지나가며 가장 높은 봉은 3,954km나 된다. 브리티시컬럼비아 주는 기온이 1년 내내 온화한 날씨를 보이며 겨울에도 다른 지역에 비해 비교적 따뜻한 기온을 보인다. 이러한 기후적 특징으로 인해 이주민이 많은 지역이다. 인구수는 온타리오 주와 퀘백 주를 이어 브리티시컬럼비아에 가장 많다. 캐나다의 여러 주의 인구 분포를 살펴보면, 유럽 계통의 인구가 많은 비율을 차지하는 반면, 브리티시컬럼비아 주는 아시아인의 접근성이 가장 용이하기 때문에 아시아인의 비율이 상당히 높은 편이다. 특히 중국인과 인도인의 비율이 높았지만, 최근 한국인의 캐나다 이민이 많아지면서 이 지역의 한국인 비율이 점차 늘어나고 있는 추세이다. 영어와 더불어 프랑스어를 사용하기 때문에 지역 곳곳에는 불어로 표기되어 있는 간판 혹은 이정표를 볼 수 있을 것이다.

브리티시컬럼비아 주는 해안가에 위치하고 있어서 농수산업이 성행하고 있으며, 대륙을 횡단하는 철도를 통해 다른 지역으로 수송이 용이하다. 또한 수력 발전을 활용하여 알루미늄을 제련하고 있고, 자연경관이 환상적으로 펼쳐져 있어 관광객들 혹은 주민들이 구경할 수 있는 공원이 잘 조성되어 있다.

〈브리티시컬럼비아 주〉

출처 : 구글 지도 검색

② 축제의 탄생과 역사

와인의 대표 생산국이라 하면 프랑스, 독일, 이탈리아 등 유럽국가를 떠올린다. 유럽국가 못지않은 와인 생산국으로 떠오르는 곳이 바로 캐나다이다. 풍부한 일조량과 고른 토양과 기후 덕분에 와인을 생산하기에 안성맞춤인 조건을 가지고 있다. 또한, 캐나다는 아이스와인의 대표 생산국으로, 당도가 높은 포도를 재배해 압착한 후, 발효탱크에 넣으면 고급 아이스와인이 탄생한다.

캐나다의 와인 역사는 대중적으로 알려져 있지 않았고, 현지인들 조차도 캐나다의 와인에 대한 관심이 크지 않았다. 그러나 그 역시를 되짚어보면 1850년대부터 포도가 재배되고 와인 산업이 발전했다는 것을 알 수 있다. 포도가 처음 재배되었을 때는 정치적, 경제적 장벽이 있어서 와인 산업의 발전을 지연시켰지만, 1990년대로 들어서면서 와인에 대한 법이 정착하고 와인 산업이 본격적으로 발달하기 시작하였다. 하지만, 아직까지도 캐나다의 와인 산업은 이웃 국가인 미국 캘리포니아의 나파밸리와 비교하면 절반 수준에 불과하다. 그렇기 때문에 캐나다는 와이너리(Winery) 소유주들이 소규모로 와인을 생산하여 판매하고 있다. 이러한 상황에서 캐나다는 틈새시장을 공략하기 위해 캐나다의 서늘한 기후를 이용한 아이스와인 재배에 공을 들이기 시작했다. 서늘한 기후를 이용하면 비티스 비니페라 품종의 리즐링이나 피노누아를 만들기 적합하며, 프랑스의 교배종인 비달로 아이스와인을 생산해낸다.

브리티시컬럼비아 주의 오카나간 밸리(Okanagan Valley)은 캐나다 북쪽에 위치하여 서늘한 기후를 이용하여 아이스와인을 생산한다. 오카나간 밸리는 캐나다에서 2번째로 큰 와인 생산지이다. 브리티시컬럼비아 주에서 생산되는 와인의 90퍼센트 이상이 오카나간 밸리에서 생산되고 있으며, 생산 면적은 약 4000헥타르 이상이다. 이 곳에는 200개 이상의 와이너리가 있고, 낮에는 일조량이 풍부한 반면 밤에는 서늘한 기후를 갖고 있어, 품질이 좋은 포도를 수확하기에 좋은 지역이다. 오카나간 지역은 오카나간 호수로 인해 대륙성 기후를 가지고 있고, 코스트 산맥이 비그늘 효과를 만들어 서늘한 환경을 조성한다. 오카나간 지역의 겨울은 길지 않으며, 극도로 기온이 낮을 때는 영하 25도까지 떨어지기도 한다. 평균적으로 7월과 8월이 수확하기 좋은 시기이며, 북쪽

〈오카나간 와이너리〉

출처 : 주한 캐나다관광청 공식 홈페이지

계곡은 평균 20도를, 남쪽 계곡은 평균 30도를 유지한다.

오카나간 와인 축제를 주관하고 지원하는 OWFS(The Okanagan Wine Festival Society)는 1980대에 만들어져 와인 산업을 이끌었다. 오카나간 밸리의 독특한 기후로 인해 4계절 내내 와인생산이 가능하면서, 4계절로 나누어 축제를 열었고 매년 100여개 이상의 이벤트를 진행하기도 하였다. 이러한 축제를 통해 현지인들과 관광객들에게 독특하고 멋진 경험을 선사했고, 지역사회발전에도 공헌하였다.

③ 축제 소개 및 일정

오카나간에서 펼쳐지는 오카나간 와인축제는 사계절에 걸쳐 진행된다. 주로 1월, 5월, 8월과 9월에 열리며, 전 세계 각지에서 관광객이 몰려들고, 캐나다 현지인들도 손꼽아 기다리는 축제이다. 축제를 위해 오카나간의 와인 양조장과 공급업체 및 일반 식품 공급업체들이 함께 참여하여 멋진 이벤트를 만들어 축제를 더욱 풍성하게 꾸며준다. 축세 기간에는 다양한 포도품종의 와인을 맛볼 수 있으며, 일반 레스토랑에서도 시음회가 열린다. 크고 작은 이벤트로는 음악회, 와인경매, 콘서트, 퍼레이드, 와인세미나 등이 마련된다. 어른뿐만 아니라 아이들을 위한 엔터테인먼트도 준비되어 있어 가족구성원 모두가 즐길 수 있는 축제의 장이 펼쳐진다.

사계절 중 9월은 포도 수확이 본격적으로 시작되기 때문에 와이너리에 있는 포도를 직접 맛볼 수도 있고, 와이너리 투어를 하기에 알맞은 계절이기도 하다. 오카나간에 방문하면 꼭 해야 하는 코스 중 하나가 와이너리 투어이다. 수없이 많은 와이너리가 오카나간 호수를 따라 펼쳐져 있고, 각각의 와이너리마다 특색과 장점이 다르기 때문에 원하는 와이너리를 미리 확인 한 후, 투어 계획을 짜면 좋다. 오카나간 와이너리 투어는 자동차를 렌트하면 손쉽게 이동할 수 있다. 남쪽에서 동쪽방향으로 4~5시간 이동할 수도 있고, 그레이하운드 버스를 이용해서 투어를 할 수도 있다. 와이너리간 거리가 짧아 이동이 용이하고, 한적한 마을과 도로 덕에 드라이브를 하기에도 안성맞춤인 코스가 될 것이다.

오카나간 와인축제에서 빼놓을 수 없는 것이 바로 아이스와인이다. 앞서 설명한 바와 같이, 아이스와인은 추운 날씨에서 수확한 포도송이로 만들어진다. 오카나간 지역의 혹독한 추위에 얼어붙은 포도송이는 당도가 높기 때문에 디저트 와인처럼 달콤하게 마실 수 있다. 대중적으로 잘 알려져 있는 캐나다의 이니스킬린(Inniskillin)와인이 1991년 비넥스포(Vinexpo)에서 금상을 수상하면서 캐나다의 아이스와인이 전 세계적으로 주목을 받았다. 아이스와인을 만들 포도는 주로 12월에서 1월에 수확하며 영하 8도가 수확하기 적당한 온도이다. 겨울에 열리는 오카나간 와인 축제에 방문한다면, 아이스와인을 마음껏 시음해볼 수 있다. 아이스와인은 당도가 높기 때문에 과일이나 치즈케이크와 함께 곁들이면 좋다.

오카나간 와인 축제 중 주의해야 할 사항이 있다. 와인은 알코올 성분이 있기 때문에 자동차를 렌트하여 여행하는 여행객은 음주운전을 하지 않도록 유의해야 한다. 아무리 적은 양의 와인일지라도 종류별로 시음하며 여러 군데의 와이너리를 방문하면 음주운전 가능성이 높기 때문이다. 당연한 이야기지만, 와이너리 투어 시 반드시 숙지해야 할 사항이다.

〈오카나간 와이너리〉
출처 : 주한 캐나다관광청 공식 홈페이지

오카나간 와인축제의 일정은 해마다 조금씩 다를 수 있다. 때문에 이곳을 방문하기 전 오카나간 와인축제 사이트를 방문해서 일정을 확인해야 한다. www.thewinefestivals.com에 방문하여 일정을 확인하고, 이 지역에 관한 기본적인 정보를 습득하고 여행한다면, 알찬 여행을 계획할 수 있을 것이다.

2) 앨버타 주 축제

(1) 캘거리 스탬피드(Calgary Stamped, Calgary)

① 지역 특징

캐나다 서쪽에 위치한 앨버타(Alberta) 주는 평원으로 이루어져 있다. 앨버타 주를 중심으로 서쪽에는 브리티시컬럼비아 주, 동쪽에는 서스캐처원 주가 있다. 서부의 주는 록키산맥이 가로지르고 있다. 철도 개발이 시작되는 19세기에는 캘거리가 중심도시였지만, 북쪽으로 개발해 오면서 에드먼턴이 중심도시가 되었다. 앨버타 주의 주도는 에드먼턴이며, 천연 자원이 풍부하고 오일 생산의 중심지이다. 또한 관광업과 서비스업이 발달하면서 경제적으로도 번영하였다.

앨버타 주는 로키 산맥의 국립공원과 자연 경관을 활용한 관광지 유치에 힘쓰며, 많은 관광객을 유치하고 있다. 이로 인해 주요도시인 캘거리와 에드먼턴 중심에 호텔과 레스토랑 등의 서비스업이 활성화되고, 고용과 경제적 이익을 창출하는 주요 산업이 되었다.

앨버타 주의 인구의 대부분은 남부에 밀집되어 있다. 남쪽에 주요 도시가 형성되어 있고 대부분의 주민들이 도시에 거주한다. 독일, 영국, 아일랜드 등 유럽의 인구가 주를 이루고 있으며 인구의 30퍼센트는 아시아인들이다.

〈앨버타 주〉

출처 : 구글 지도 검색

② 축제의 탄생과 역사

캘거리 스탬피드 축제에 대한 이야기를 하기 이전에 캘거리에 대한 역사를 짚어 보아야 한다. 앨버타 주에서 가장 큰 도시가 바로 캘거리이다. 캐나다의 3대 대도시권으로 많은 인구가 밀집되어 있다. 캘거리가 정식 도시로 인정받기 전인 1880년대 이전에는 500명 남짓의 적은 인구가 사는 작은 마을이었다. 농업과 목축업 등의 발전을 위해 농업 박람회가 열리면서, 박람회의 개최 빈도가 많아지고 규모가 커지며 발전하기 시작했다. 박람회로 인해 많은 관광객들이 캘거리를 방문하면서 캘거리의 도시화가 급속하게 진행되었다. 이 후, 전시관이나 경주로 등 관광객들이 방문할 수 있는 장소나 시설을 확충하였고, 캐나다 정부의 지원을 받아 다양한 행사를 개최하였다. 당시 캘거리 인구의 4배 이상인 10만 명의 방문객이 이곳을 찾아왔다.

캘거리 스탬피드는 가워 웨딕(Guy Weadick, 공연기획자)의 주도로 시작되었다. 처음이 축제는 서부 개척시대를 재현하고 즐기기 위한 의도로 기획되었다. 카우보이 챔피언십 콘테스트(Cowboy Championship Contest)와 프론티어 데이스(Frontier Days)를 기획하며 축제 분위기를 한껏 고조시켰다. 그러나 캘거리 시 당국과 박람회 측의 반대에 부딪치며 축제 기획에 어려움을 겪었지만, 빅 포(Big Four)라 불리는 유력 기업가들의 후원으로 축제가 순탄하게 진행될 수 있었다. 뿐 만 아니라, 캘거리 시가 상금 2만 달러의 상금을 내걸고 프론티어 데이스와 카우보이 챔피언십 콘테스트를 개최하면서 수백명의 카우보이가 참가하며 축제는 큰 성공을 거두었다.

제1차 세계대전이 끝나고 귀환한 군인들을 맞이하기 위해 그레이트 빅토리 스탬피드(Great Victory Stampede)가 열렸다. 그레이트 빅토리 스탬피드를 기점으로 하여 스탬피드를 연례행사로 지정하고 많은 수익을 거두었다. 스탬피드 개최는 여러 해를 거듭하며 다양하고 화려한 축제로 변화하였다. 각 나라의 유명 인사들이 참여해 축제를 빛냈으며, 영국 엘리자베스 2세 여왕이 스탬피드의 개막을 알려 화제가 되기도 하였다.

스탬피드를 관람하기 위해 해마다 관광객이 늘어 축제 기간을 일주일에서 10일 이상 연장하기도 하였다. 스탬피드는 단순히 즐기기 위한 축제로 국한되지 않고, 캘거리 주민들의 삶에 녹아있고 언제든 편안하게 찾을 수 있는 하나의 문화로 자리 잡았다. 스탬피드축제와 더불어 갖가지 행사가 열린다. 스탬피드와 다양한 박람회를 포함해 '캘거리 박람회와 스탬피드'를 공식 행사명으로 사용하였으나, 2007년에 '캘거리 스탬피드'로 공식명을 변경하였다.

〈캘거리 스탬피드〉

출처 : 주한 캐나다관광청 공식 홈페이지

③ 축제 소개 및 일정

'스탬피드'하면 서부 시대 복장을 입은 카우보이를 떠올릴 것이다. 캘거리 스탬피드축제는 박람회와 퍼레이드 등 다양한 볼거리를 선사하지만, 수백만 달러의 상금을 놓고 펼쳐지는 로데오 경기가 단연 인기이다. 캘거리 스탬피드는 '지상 최대의 아웃도어 축제'라 불릴 만큼 그 규모와 웅장함에 놀라게 될 것이고, 이 곳을 방문하는 방문객들도 카우보이 복장을 입고 축제를 즐긴다. 축제기간에는 공항에서부터 레스토랑, 거리 곳곳에 서부 시대를 재현한다. 상점에서는 카우보이 모자나 롱부츠 등 축제 상품을 판매하여 이 기간이 1년 중 가장 큰 대목이다.

매년 7월 펼쳐지는 캘거리 스탬피드 축제에는 내로라하는 세계 최고의 카우보이들이 참여한다. 몸에 딱 맞는 나팔바지와 광이 나는 롱부츠, 챙이 긴 모자를 쓰고 축제 기간 거리를 활보하는 카우보이들은 경기를 통해 부와 인기, 두 마리 토끼를 잡기 위해 이 곳으로 몰려든다. 토너먼트식의 로데오 경기는 1912년에 묘기처럼 시작했으나, 100년이 넘는 역사를 자랑하며 전 세계인이 관람하는 세계 최대의 축제가 되었다.

도심 한가운데 위치한 스탬피드파크는 축제의 핵심이다. 열흘에 걸쳐 펼쳐지는 축제는 카우보이들의 박빙의 승부로 인해 손에 땀을 쥐게 하고, 현장은 그야말로 박진감 넘친다. 대표적인 종목인 '베어백'은 한 손으로 무게중심을 잡고 8초를 견뎌야 하는 종목으로, 관람객들의 흥분과 긴장을 고조시키는 장면이기도 하다. 캘거리 스탬피드축제 기간은 남녀노소 할 것 없이 거리에서 울려 퍼지는 음악에 몸을 맡기고 축제를 즐긴다. 아침에 무료 팬케이크 식사가 곳곳에서 준비되어, 든든하게 배를 채우고 축제를 관람할 수 있다. 조식에 팬케이크를 먹는 역사는 1923년으로 거슬러 올라간다. 카우보이와 역마차를 몰던 마부가 팬케이크를 함께 나누어 먹으며 정을 나눴다는 전통이 현재까지 이어져 오고 있는 것이다. 팬케이크 이외에도 대표 먹거리인 미니 도넛이나 라임 파콘, 퍼넬 케이크 등 독특한 음식을 맛볼 수 있다.

"지상 최대의 아웃도어 축제"라는 명성답게 티켓이나 숙박을 이용하기 위해서는 사전 예약이 필수이다. 이 지역으로 수만 명의 관광객이 몰려들기 때문에 축제를 편하게 즐기고 싶은 사람들은 축제 시작 6개월 전에 숙박을 예약하기도

〈캘거리 스탬피드〉
출처 : 주한 캐나다관광청 공식 홈페이지

한다. 티켓은 사전 발권이 가능하며, 1일이나 2일 패키지를 선택할 수 있다. 휠체어를 이용하는 관광객을 위하여 따로 포장된 통행로를 통해 스탬피드 공원의 모든 건물에 입장할 수 있다. 캘거리 스탬피드 축제 기간은 10일이고, 매년 정확한 일정을 확인하려면 캘거리 스탬피드 공식 홈페이지를 통해 확인할 수 있다. 올 해(2018년 기준) 캘거리 스탬피드 기간은 7월 6일부터 15일까지다.

3) 온타리오 주 축제

(1) 캐나다 튤립축제(Canadian Tulip Festival, Ottawa)

① 지역 특징

온타리오 주는 캐나다의 남동부에 위치하고 있고, 주도(州都)는 토론토이다. 캐나다의 수도인 오타와가 주의 동쪽에 위치하고 있고, 정치와 경제의 핵심 주이기도 하다. 온타리오 주에는 1천만명이 넘는 인구가 살고 있으며, 주민의 대다수는 내륙 지방에 거주한다.

온타리오 주는 대지성 토지와 평야가 많아 농업이 발달하였다. 또한 채소와 과일의 재배가 활발하다. 온타리오 호를 포함한 호수와 하천이 많아 소와 돼지 등 가축을 사육할 수 있는 목초지가 많다. 농부들은 토지가 비옥하고 평야가 넓어 가축을 먹일 수확물을 직접 재배하기도 한다.

농업과 축산업 뿐 만 아니라, 서비스업도 활발하다. 온타리오 주의 약 4분의 3이 서비스업으로 국내 총 생산량과 고용에 큰 영향을 미친다. 온타리오 주의 주도인 토론토는 경제의 중심지로써, 은행, 증권거래소, 보험 회사 등 토론토에 본부를 마련하여 경제 활동의 원동력을 만든다. 매년 온타리오 주를 방문하는 방문객 수는 증가하는 추세이며, 이와 더불어 호텔, 외식의 이익 창출에도 기여한다.

캐나다 튤립 페스티벌이 펼쳐지는 오타와는 신대륙의 대표적인 행정수도이다. 작은 도시였던 오타와를 행정수도로 지정하면서 발전하기 시작하였다. 도시계획이 성공한 대표 도시이기도 하며, 최근에는 하이테크 산업이 발달하고 있다.

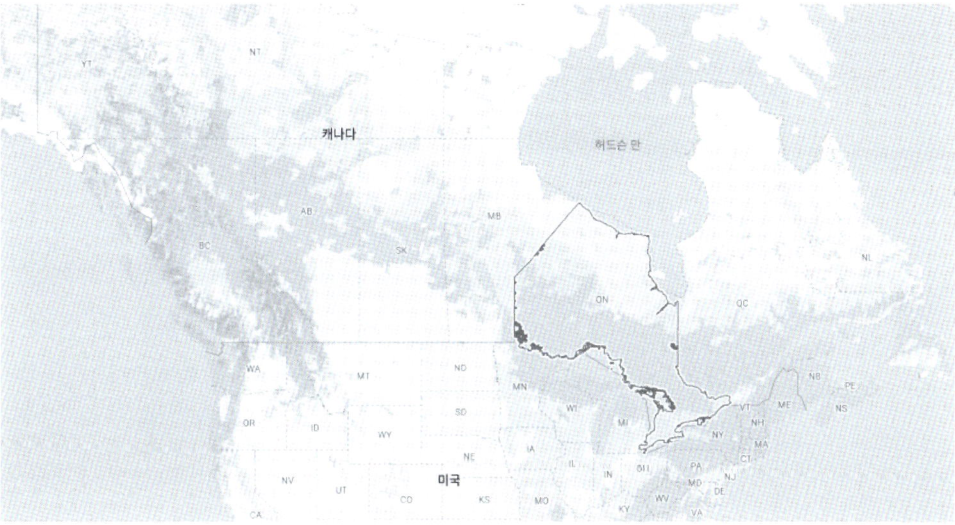

〈온타리오 주〉

출처 : 구글 지도 검색

② 축제의 탄생과 역사

1940년 제2차 세계대전 당시 독일이 네덜란드를 침공하였다. 위협을 느낀 네덜란드 왕실 가족은 캐나다 오타와 시로 피신하였다. 네덜란드의 왕위를 계승할 마가렛 공주가 캐나다 오타와 시에서 출생하면서, 사실상 네덜란드 왕위 계승이 어려울 수 있었다. 하지만 캐나다 정부는 네덜란드 왕족이 사용한 병원을 임시 치외법권 지역으로 공식적으로 선언함으로써, 네덜란드 왕실이 왕위 계승할 수 있도록 많은 도움을 주었다. 전쟁이 종식된 후, 네덜란드 왕실은 감사의 의미를 담아 10만 개의 튤립을 오타와 시에 선물하였고, 이 후에도 매년 만 송이의 튤립을 오타와 시에 보내주었다.

네덜란드 왕실의 줄리아나 공주가 오타와에 튤립을 선물하면서, 캐나다 오타와 시는 튤립으로 유명해지기 시작했다. 이를 계기로 유명 사진 작가(Malak Karsh)

가 튤립축제를 제안하였고, 오타와 상공회의소가 이를 받아들임으로써 1953년 처음으로 오타와 튤립축제가 시작되었다. 우애와 화합을 상징하는 튤립의 꽃말처럼 캐나다와 네덜란드는 과거를 기억하는 의미로 매년 튤립축제를 열고 있다. 현재 오타와 시에서는 튤립의 본고장인 네덜란드 보다도 훨씬 더 큰 규모의 튤립축제가 펼쳐지고 있다.

〈오타와 시에서 열린 튤립축제〉

출처 : www.ottawatourism.ca

③ 축제 소개 및 일정

끝없이 펼쳐진 튤립을 상상해 본 적 있는가? 각양각색의 가지런하게 피어있는 수백만 개의 튤립을 바라보고 있으면 경이로움과 행복함을 느낄 것이다. 캐나다 오타와 시에서 펼쳐지는 캐나다 튤립축제는 리도 운하(Rideau Canal) 공원과 메이저스 힐 파크(Major's Hill Park) 두 곳에서 진행된다. 리도 운하는 축제의 핵심 장소로써, 유네스코 지정 세계문화유산이다. 세계문화유산과 함께 튤립을 감상할 수 있어서 더 없는 황홀함을 선사한다.

1953년에 시작한 캐나다 튤립축제는 매년 5월 열흘에 걸쳐 진행되는 봄 축제이다. 올해(2018년 기준)는 5월 11일부터 5월 21일까지 축제가 진행된다. 캐나다 튤립 축제가 시작되면 전 세계에서 50만 명이 넘는 관광객들이 방문하여 축제를 즐긴다. 백만 송이 이상의 튤립을 감상하면서 다양한 볼거리가 함께 준비되어 있어서 방문객들의 눈길을 사로잡는다. 남녀노소 할 것 없이 즐길 수 있는 광대 퍼포먼스와 길거리 버스킹, 튤립 보트 퍼레이드, 불꽃놀이, 세계 화훼 디자이너들이 펼치는 튤립 익스플로러 전 등 다양한 프로그램이 준비되어 있다.

유네스코 세계문화유산인 리도 운하는 총 길이가 202km이며, 북미 대륙에서 가장 오래된 운하이다. 리도 운하를 따라 많은 공원이 형성되어 있는데, 이 중 커미셔너스 공원(Commissioner's Park)에서 매년 튤립축제가 열린다. 커미셔너스 공원에서는 튤립축제의 개막식이 열리기도 하고, 튤립 전시회나 리도 운하 보트 퍼레이드가 펼쳐져 볼거리를 제공한다. 공원의 꽃길을 따라 가다 보면 곳곳에 관광 명소 또한 자리하고 있어 관광객들이 편리하게 둘러볼 수 있다.

캐나다 튤립축제에 방문 예정이라면 반드시 축제 공식 홈페이지를 통해 날짜와 이벤트를 확인해야 한다. 매년 다른 주제로 이벤트를 진행하고 있기 때문에 자신의 여행 목적과 잘 맞는지 확인하는 것이 매우 중요하다. 또한 축제기간 중 꽃이 가장 예쁘고, 축제가 가장 활발하게 진행되는 축제 기간의 중간 시점에 방문한다면, 축제를 더욱 알차게 즐길 수 있다.

〈캐나다 튤립축제〉

출처 : www.commons.wikimedia.org/wiki/File : Ottawa_-_ON_-_Tulpenparade.jpg?uselang=ko

02 남아메리카 축제

1. 브라질의 주요 축제

1) 리우데자네이루 주의 축제

(1) 리우 카니발(Rio Carnival, Rio de Janeiro)

① 지역 특징

브라질의 남동 대서양 연안에 위치한 리우데자네이루 주는 상파울루 주와 미나스제라이스 주와 접하고 있다. 주 대부분이 저지대이고, 북쪽 후르미넨스 저지대는 간척이 이루어져 농경지나 주택지 등으로 사용되고 있다. 농경지에서는 오렌지나 옥수수의 재배가 왕성하고, 제조업의 발달로 교통이 편리하다.

리우데자네이루의 기후는 쾨펜의 기후 중 하나인 사바나 기후(Aw기후)에 속한다. 사바나 기후는 우기와 건기가 매우 뚜렷하게 나타나며, 기온의 연교차가 크고 겨울이 건조하고 서늘하다. 7월 평균 기온은 최저 18도에서 최고 25도이고, 연중 기온 차는 작은 편이다.

3대 미항 중 하나로 꼽히는 리우데자네이루는 자연의 멋과 인공의 멋이 함께 조화를 이루는 아름다운 도시이다. 때문에 2012년 유네스코 세계문화유산으로 등재되었고, 브라질의 19번째 세계유산이기도 하다. 코파카바나 해안을 따라 펼쳐진 자연 경관과 이파네마 해변은 많은 관광객들이 사랑하는 장소이다. 야외 문화가 발달되어 있기 때문에 매일 매일이 흥과 즐거움으로 물들어 있다. 자연경관은 물론이고 조경과 도시계획이 매우 발달되어 있어 예술적 측면에서도 훌륭한 평가를 받고 있다. 이로 인해 '경이로운 도시'라는 애칭으로 불려지는 도시이다.

〈리우데자네이루 주〉

출처 : 구글 지도 검색

② 축제의 탄생과 역사

카르네 발레(Carne Vale)에서 유래한 카니발은 "고기여, 안녕!" 이라는 뜻이다. 사순절에 육체와 영혼을 정갈하게 하고, 예수님의 부활을 신성한 마음으로 맞이하겠다는 의미에서 비롯된 라틴어이다. 사순절 전 5일 동안 카니발 축제가 열리는데, 축제 기간에는 술과 고기를 마음껏 먹지만, 사순절 기간에는 고기를 금식하고, 다시금 절제와 금욕을 하였다. 카니발은 40일 동안의 금식과 금주는 기독교적인 억압처럼 느껴지기도 했기 때문에, 그것으로부터 해방되는 자유를 느끼기 위해 사순절이 시작되기 전, 놀이를 통해 욕구를 발산하기 위해 시작된 축제이다. 반죽한 밀가루를 던지고 물총을 쏘는 등 즐기는 놀이로 시작하던 것이 체계를 갖추며 축제의 형태로 발전하였다. 리우 카니발은 사순절에 아프리카 노예들이 타악기를 연주하고 춤을 추며 한과 고통을 달래던 것을 시작으로 지금의 '리우 카니발'이 탄생했다.

축제에서 빼놓을 수 없는 삼바는 처음엔 거리 축제에 불과했다. 1928년 삼바 스쿨이 설립되고, 거리에서 삼바 퍼레이드를 펼치던 소소한 행사였던 삼바는 지금의 리우 카니발에서 빼놓을 수 없는 볼거리이다. 현재 브라질에는 여러 개의 삼바스쿨이 있는데, 해마다 학생들은 학교의 이름을 걸고 퍼레이드를 준비한다. 각 학교마다 의상과 춤 등 특색이 매우 뚜렷하여, 관람의 재미를 더한다.

〈삼보드로모 행사장의 축제 모습〉

출처 : www.commons.wikimedia.org/wiki/File : Mangueira_2013_130211.jpg

리우데자네이루 시에서 삼바스쿨에 운영비를 지원해줄 만큼 삼바에 대한 브라질의 애정은 뜨겁다고 할 수 있다.

1980년대 브라질 정부는 리우 카니발을 위한 전용 행사장을 만들었다. 삼바스쿨의 수가 증가하면서 삼바 퍼레이드의 규모도 커졌기 때문이다. 전용 행사장인 삼보드로모(Sambódromo)는 약 9만 명의 관람객을 수용할 수 있으며, 이곳에서 매년 삼바 경연대회를 개최하고 있다.

③ 축제 소개 및 일정

삼바하면 브라질, 브라질하면 리우 카니발 축제를 떠올릴 것이다. 세계적인 축제인 리우 카니발은 브라질인들의 역사와 전통, 문화를 읽을 수 있는 축제이다. 그 중에서도 리우 카니발의 하이라이트 행사인 삼바 퍼레이드는 매년 리우 중심가에서 펼쳐졌다. 삼바는 빠른 템포의 경쾌한 음악으로 구성된 춤으로 골반을 흔들며 배꼽을 튕기듯이 추는 춤이다. 빠른 음악에 맞춰 빠르게 움직이는 이 춤에서 브라질인들의 흥과 멋을 느낄 수 있다. 삼바 퍼레이드의 규모가 커지고 매년 관람객의 수가 기하급수적으로 증가하면서 거리에서는 축제를 즐기기에 한계가 있었다. 때문에 삼바 퍼레이드를 펼칠 수 있는 전용 행사장을 만들고, 9만 명의 인원을 수용하였다. 행사장은 퍼레이드를 위에서 아래로 넓게 내다볼 수 있도록 설계되었으며, 퍼레이드는 약 1시간 이상이 소요된다. 앞서 소개한 바와 같이 여러 개의 삼바스쿨에서 퍼레이드를 준비하고, 정해진 규칙에 따라 삼바스쿨 퍼레이드가 진행된다. 각각의 프로그램 속에 특색 있는 춤과 음악, 의상 등이 반영되어 있고 공연을 위해 동원된 축제 차량은 자신들이 준비한 프로그램 주제를 표현해내는 가장 큰 역할을 한다. 여성 무용수들의 퍼레이드인 알라 다스 바이아나스(Ala das Baianas) 또한 삼바 퍼레이드의 중요한 볼거리로 꼽힌다. 바이아 지역의 전통 의상을 입은 무용수들은 다른 퍼레이드의 무용수에 비해 나이가 많은 편이며, 아프리카 삼바의 혼을 기리기 위한 퍼레이드를 펼친다. 이에 많은 관람객들은 오랜 시간 무용수로 활약했던 바이아나스에게 무한한 존경과 경의를 표하며 환호한다.

이 밖에도 리우 카니발축제에는 다양한 볼거리가 있다. '카니발의 왕'이라고 불리는 모모 왕 즉위식에서는 리우데자네이루 시장이 모모 왕에게 금과 은으로 만든 열쇠를 전달하는 것으로 공식 행사를 알린다. 모모 왕 역할은 몸집이 크고 우람한 남성이 맡게 되는데, 사순절 기간 전에 배불리 먹고 마시며 노는 문화를 대변하기 위함이다. 또한 축제 기간은 리우 지역 곳곳에서 자신들의 음악을 뽐내기 위한 거리 연주가 펼쳐지고, 거리의 밴드는 미리 정해진 길을 따라 행진하거나, 정해진 위치에서 연주한다. 리우데자네이루 거리마다 그야말로 축제의 장이 펼쳐진다.

리우 카니발은 매년 2월 말에서 3월초 5일 동안 펼쳐진다. 해마다 정확한 날짜와 기간은 공식 홈페이지를 통해 확인할 수 있다. 리우 카니발을 관람하기 위해 리우데자네이루를 방문하는 방문자수는 약 25만 명 정도이다. 많은 사람들이 축제를 즐기기 위해 이 곳을 찾는 만큼 각종 행사의 입장권은 미리 예매해 놓는 것이 좋겠다.

〈삼바 퍼레이드〉

출처 : www.en.wikipedia.org/wiki/File : Carnival_in_Rio_de_Janeiro.jpg

Chapter 3. 유럽 축제

01. 유럽 공연예술 축제
02. 유럽 최고의 미술 축제
03. 유럽의 음악 오페라 축제
04. 유럽의 전통 문화 축제

01 유럽 공연예술 축제

유럽은 일 년 내내 축제가 열리는 도시라 해도 과언이 아니다. 유럽에서의 세계적인 축제는 그 수를 헤아리기 어려울 정도로 많고 장르도 다양하며, 각각의 도시마다 자신들만의 역사와 정체성을 문화축제로 계승하고 있다. 여행자들이 유럽인들의 문화유산과 그들의 삶의 방식을 가장 쉽게 접근하는 방법은 아마도 축제를 직접 경험하는 일이 가장 좋을 것이다. 축제의 형식이나 내용도 종교 축일과 관련된 것에서부터 일상과 삶의 유희적인 것까지 그 경계가 없다. 단순하게 마을 사람들이 소일거리로 토마토를 던지는 장난에서 시작된 스페인 바뇰 시의 축제부터 소외된 몇몇 예술가들이 모여 자신들의 활동을 보여주기 위해 출발한 세계 최고의 '프린지 페스티벌', 휴양지에 머무는 여행객들을 위해 시작된 한여름 밤의 오페라 축제, 신선한 맥주를 마시기 위한 '옥토버 훼스트', 특수한 종교적인 전통을 계승한 '카니발', 연극 예술을 위한 '아비뇽 축제', 소몰이로 유명해진 '산페르민 축제', 플라멩코 등 많은 사람들이 죽기 전에 꼭 참여하고 싶은 유럽의 문화예술 축제는 많고도 많다.

무엇보다도 태양이 작열하는 휴양지에서 열리는 음악 축제는 클래식 애호가는 물론 여행자들을 더 설레게 한다. 잘츠부르크의 초대형 음악축제, 호수 위에서 펼쳐지는 베르겐츠 오페라 공연, 검투사의 함성이 울리던 베로나 경기장에서 2만 여명이 함께 바라보는 초대형 오페라 공연, 전후 재건의 상징인 뮌헨 바이에른 국립극장에서의 한여름 밤의 대규모 오페라 축제 등이 여행자들을 낭만으로 인도한다. 벨기에 봄에서 열리는 '투머로우랜드'도 18만 명의 참가자들이 전자댄스음악에 맞춰 한여름 밤의 열기를 더하고, 영국 에든버러에서는 열정 넘치는 예술가들이 길거리 공연을 자유롭게 쏟아 놓는다.

축제는 인간적인 삶의 공동체를 확인하고 즐기는 시간이다. 너와 내가 아닌 우리 모두가 하나가 되는 신성한 체험의 시간인 것이다. 일탈의 공간인 축제에서 감춰진 열정과 충만한 에너지를 얻어 일상으로 돌아와 재창조된 삶의 기쁨을 확인하길 바라면서 사람들은 축제에서 자발적으로 직접 나서기를 추구한다. 스스로 익살을 떨고 더불어 홍겨워 하는 것이다. 보편적 질서에 지배되어 있는 나를 원초적인 감성을 지닌 자유로운 상태로 만드는 것이다. 사람이 사람다울 수 있는 것은 테두리를 넘어설 수 있다는 데 있다.

사람은 누구나 현실에 몸을 내리고 있으면서 꿈이라는 세계를 동시에 살아간다. 존재의 새로운 가능성을 추구하고 이것은 자아와 세계를 변화시키는 데 핵심적인 원동력이 되기도 한다. 현실주의나 낭만주의 그 어느 편에도 치우치지 않으면서 현실과 상상 사이에 창조적인 긴장관계를 유지하는 것이다. 축제는 그러한 경계를 넘나드는 공동체 놀이이다. 일상의 테두리를 벗어나 시공간에서 환상의 옷깃을 만지면서 또 다른 일상을 준비하는 제의이다. 하나의 별세계처럼 자신을 초월하는 힘에 의해 스스로 지탱되며 자신이 변모됨을 느끼는 세계에서 강렬한 생명의 절정을 나타낸다.

축제는 나라마다의 고유문화와 전통 그리고 민족의 정체성을 계승하고 유지하는 목적도 있지만, 여행자들에게 즐거움과 특별한 체험을 제공한다는 점에선 관광자원 그리고 관광상품으로서 최고의 가치다. 세계 관광의 흐름도 정신적인 가치를 추구하던 과거와는 많이 달라지고 있다. 감각과 감성의 시대에 관광소비의 변화는 개인의 사회적 지위의 변화와 새롭게 형성된 가치관의 태도와도 관련이 있으며, 기호적 소비에서 감성의 흐름은 개인의 취향과 밀접한 관계를 가진다. 수동적으로 관광지만을 찾아다니는 것보다는 직접 그들의 삶의 현장에서 축제를 즐기는 능동적인 체험으로 여행의 참 맛을 느끼려는 욕구가 나타난 것이다. 축제에 대한 고찰은 곧 삶에 대한 고찰이다. 이러한 과정에서 과연 우리는 축제를 벌이고 즐길 수 있는 삶의 뿌리를 굳건히 내리고 있는가를 깊이 생각해 볼 필요가 있다.

1. 세계 최고의 아비뇽 연극축제

(1) 프랑스 아비뇽 페스티벌(Festival d' Avignon) 소개

프랑스는 문화예술 강국으로 특히 연극과 관련된 축제가 많은 나라다. 17세기 이후 고전희극의 완성자이자 최고의 배우인 몰리에르, 프랑스 비극의 창립자 코르네이유(Pierre Corneille, 1606-1684), 라신느(Jean-Baptiste Racine, 1639~1699) 등 세계적인 극작가를 중심으로 오래 전부터 연극이 발전되었다.

〈프랑스 아비뇽〉

출처 : 구글 지도 검색

19세기 말에 시작된 '근대극'이라 불리는 연극 운동은 프랑스를 중심으로 전개되어 이후 유럽 각국으로 영향을 미치면서 파급되었다. 근대극은 '자유극장(Théâtre Libre)'을 중심으로 한 고도의 예술적 내용을 지향하는 연극 혁신운동을 가리킨다. 자유극장은 앙투안이라는 평범한 사람에 의해 창설되었고, 과장되거나 비현실적인 연기술을 거부하고 자연스럽고 사실적인 연기와 무대배경, 의상, 도구 등을 실생활에서 사용된 것을 그대로 제시한 진실한 모습을 무대에 재현시킨 것이다. 프랑스 근대극의 영향으로 희곡을 중시하는 연출자가 탄생한 점은 유럽의 연극을 한층 높은 차원으로 이끌었다고 볼 수 있다. 프랑스는 아비뇽 연극 축제뿐만 아니라 거리극, 서커스, 마임 등 다양한 지역에서 다양한 장르의 공연이 활발하게 개최되고 있다.

(2) 아비뇽(Avignon)의 역사와 도시

아비뇽은 프랑스 남부 프로방스 지역에 위치한 지중해와 접해 있는 유서깊은 도시이다. 주변에는 아를(Arles)과 몽펠리에(Montpellier) 그리고 마르세유(Marseille) 항구 도시가 있다. 아비뇽과 44km 떨어진 도시 아를은 네덜란드 화가 반 고흐(Van Gogh)가 잠시 머물렀던 곳으로도 유명하다. 아비뇽이 자리한 지역은 지중해성 기후가 온화하고 1년 내내 화창한 태양을 만날 수 있는 남프랑스 특유의 정열적인 분위기로 유럽인들의 사랑을 받는다. 2000년에 유럽 문화도시로 유네스코에 등재되었고, 기원전 125년 로마의 지배를 받았던 중세의 흔적과 문화유산이 잘 보존된 곳이다. 론강을 끼고 도시 전체가 거대한 둥근 성벽으로 둘러싸여 있는데 1355~1377년까지 역대 교황에 의해 완성된 성곽의 길이는 5km에 달한다.

'아비뇽 유수'는 14세기에 교황청이 로마에서 아비뇽으로 옮겨 1309년부터 1377년까지 머무른 시기를 말한다. 1305년에 선출된 프랑스 추기경 베르트랑 드 고트가 교황 클레멘스 5세(Clemens)가 되었지만 프랑스 왕의 꼭두각시가 된다. 신임 교황은 필리프 4세의 요청에 따라 로마로 들어가는 것을 거부하고, 1308년에 교황청을 프랑스 남부로 이주하였으며, 1309년에 아비뇽에 거처를 두었다. 한편 이탈리아 반도가 신성로마제국의 하인리히 7세의 침략을 받아(1310~1313) 교황은 이탈리아로 돌아가지도 못하고, 결국 프랑스에 계속 체재할 수밖에 없었다. 1348년 클레멘스 6세는 교황의 봉신이 프로방스 백작의 영지였기에 시칠리아 여왕으로부터 아비뇽시 전체를 사들여 교황령의 도시를 구축하고 도시를 둘러 싼 난공불락의 성곽을 완성한다. 1309년부터 1377년 그리고리 11세 교황이 로마에 입성하기까지 68년 동안 7명의 교황이 아비뇽에 거주하면서 프랑스 왕의 간섭을 받았던 것이다. 지금도 교황이 거주하던 로마네스크 양식으로 지어진 교황청 건물은 아비뇽 시의 가장 높은 곳에 위치하여 시내를 굽어보고 있다.

〈Palais Des Papes(교황청), Avignon〉

(3) 여름 바캉스와 아비뇽 연극 축제

프로방스 지방의 유서 깊은 역사 도시 아비뇽에서는 매년 여름이면 세계적인 연극축제 '아비뇽 페스티벌'이 열린다. 교황청, 채석장, 고등학교 체육관, 마을회관 등 도심 속 가능한 공간들은 다양한 연극무대로 변신한다. 거리와 광장에서 자유롭게 열리는 각양각색의 공연과 퍼포먼스는 13만 명이 넘는 방문자들에게 호기심과 즐거움을 제공하며, 새로운 작품들은 많은 사람들에게 연극에 대한 관심을 불러일으킨다. 아비뇽 연극축제는 상업적인 형식이나 단순한 오락거리로부터 철저히 벗어나 있다. 창의적인 예술품으로 관객을 자극하고 젊은 예술가들에겐 새로운 도전과 기회의 장소가 되어 실험적인 작품이 실현되는 참신한 공간으로 변하는 것이다.

71회를 맞이한 아비뇽 페스티벌은 2017년은 7월 6일부터 7월 26일까지 열린다. 해마다 오픈 날이 조금씩 달라지지만 매년 23일에서 25일간 열리는데 보통 금요일에 시작해서 토요일이나 일요일에 끝이 난다. 7월 초는 유럽이 본격적으로 여름 바캉스가 시작되면서 강렬한 태양을 찾아 몰려오는 북유럽 사람들과 세계 곳곳의 여행객들로 북새통을 이룬다. 특히 아비뇽은 지중해로 나아가는 길목이라 여행자들이 잠시 들려 축제에 참가하기 좋은 위치다.

아비뇽 페스티벌은 연극을 중심으로 뮤지컬, 무용, 현대음악, 시, 미술, 영화와 비디오 등 다양한 장르의 예술로 영역을 확장하고 있다. 그러나 클래식 음악이나 오페라 공연은 주변 도시 축제와의 관계와 배려를 위해 피하고 있다. 예를 들면 프랑스 남부 최고의 휴양지 중 하나인 엑상프로방스(Aix-en-Provence)에서는 6월 말에서 7월 말 한 달 동안 클래식 음악을 위주로 한 엑상프로방스 페스티벌(1948년 탄생)인 오페라축제가 열리기 때문이다.

(4) 아비뇽 연극 축제 형식

아비뇽 공연은 크게 '공식선정 부분(In)'과 '자유참가 부문(Off)'으로 나뉜다. 주최측에서 엄격한 심사를 거쳐 선택한 작품은 'In 초청작'으로 분류한다. 공식 선정된 작품은 참신하거나 새로운 창의적인 작품이다. 세계 최초의 공연물이거나 프랑스에서 단 한 번도 공연되지 않은 외국 창작물도 포함된다. 자유참가부문의 'Off 초청작'은 축제 주최 측과 관계없이 거리나 광장 등에서 자유롭게 공연하는 작품을 말한다. 매년 40여 편의 작품이 선정되어 공식적인 무대에서 공연되지만, 자유참가 부분은 매년 1,000편 내외의 작품이 100여 곳의 공공장소에서 공연된다.

자유참가부분은 별도의 절차 없이 작품을 공연할 장소만 있으면 가능하다. 그러나 사전에 시청으로부터 허가는 받아야 한다. 공연 희망자들과 공연 장소가 겹치거나 너무 많아 혼란을 피하기 위한 최소한의 절차인 것이다. 물론 지나친 소음이나 안전문제 등을 고려하기도 한다. 공연장을 빌려 입장료 수입으로 운영하기도 하지만 그렇지 못한 경우에는 재정적인 부담이 문제가 된다. 그러나 이 공연들은 도시 곳곳에서 펼쳐지면서 퍼포먼스나 해프닝을 통해 생동감 넘치는 축제 분위기를 만드는 일등공신임이 분명하다. 자유참가자들의 작품이 질적으로 낮은 것만은 아니어서 관중들과 비평가들로부터 좋은 평가를 받는 경우도 많다. 1982년부터 협회가 구성되어 자유참가부문 공연 리스트를 배포하거나 홍보역할을 대신하기도 한다.

아비뇽 지역공연단에 의해 행해지는 공연도 있다. 지역공연단은 아비뇽을 근거지로 연극을 하는 극단을 말한다. 이들의 공연 또한 공식선정 프로그램 목록에 부속 공연으로 올라온다. 공연과 동시에 이뤄지는 토론과 세미나 등의 프로그램도 눈여겨 볼만 하다. 축제본부에서는 매일 오전 중에 그 날 공연될 작품에 관한 기자회견이 열린다. 낮에는 축제 본부인 생 루이 공간에서 작품에 대한 토론이 벌어진다. 아비뇽 페스티벌은 다양한 부속 행사를 통해 좀 더 발전적인 모습으로 성장할 수 있었던 것이다.

(5) 일상적인 장소와 공연장

아비뇽 시에는 중세시대 이후의 건축물이 즐비하다. 주공연장인 교황청 안마당은 축제기간 동안 2,250명을 수용하는 야외무대로 변한다. 그 밖에도 고등학교 운동장이나 강당, 엑스포 공원, 채석장, 거리와 광장 등에서 일시적으로 공연이 이뤄진다. 세계적인 연극 축제지만 대형 공연장이 따로 있는 것이 아니다. 이는 그들의 삶 속에서 공연이 이뤄지고 있다는 현실적인 문제의식에서 출발한 까닭이다. 예술이 삶과 거리가 있는 것이 아니라 밀접한 관계를 가지고 있음을 자각한 것이다.

불봉(Boulbon) 채석장은 좀 특별한 무대공간이다. 1998년 특별 초청된 한국 공연단의 공연이 열린 곳이기 때문이다. 멋진 장소는 아니지만 채석 후 버려진 장소를 특별한 공간으로 활용했다는 점에서도 의미가 있다. 채석장의 절벽이 음향효과를 높이는데 효과적이라는 분석도 있다. 채석장을 활용한 공연무대는 우리에게도 좋은 선례가 되었다. 경기도 포천 시가 방치된 채석장을 문화예술 공간으로 변모시켜 포천 아트 벨리(Pocheon Art Valley)라는 관광지로 탈바꿈시킨 것이다. 쓸모없이 버려진 흉물스런 장소가 예술 공간으로 변모되어 많은 관광객들이 방문하고 있으며 포천의 새로운 볼거리가 되었다.

〈불봉 채석장 공연 모습〉

출처 : 아비뇽 페스티벌 공식 사이트

공연을 위해 많은 예산을 투입하는 일은 신중한 결정을 요한다. 가장 중요한 것은 질 좋은 공연이다. 무대를 화려하게 장식하기 보다는 관객을 배려하고 공연에 충실할 수 있어야 한다. 공연장은 형식과 내용 그리고 장소에 따라 유료 입장과 무료입장 혹은 자유 참석이 가능하다.

(6) 축제 운영방식 : 비영리조직에 의해 운영

아비뇽 페스티벌은 비영리조직에 의해 운영된다. 이사회가 최고의 결정권자이고, 보조금을 지급하는 국가, 지방자치단체 및 축제 관련 문화단체 대표들로 구성된다. 일 년에 두 번 정도 이사회를 열어 축제의 큰 방향을 설정하고 공연 프로그램이나 준비상황을 보고 받으며, 예산 및 결산을 의결한다. 이사장은 규정에 의해 시장이 맡는다. 축제를 실질적으로 이끌어 가는 사람은 예술 감독과 행정 국장이다. 이들은 아비뇽 시장과 문화부 장관의 동의를 거쳐 이사회에 임명되며, 임기는 5년이다.

예술 감독은 축제 프로그램의 선택과 결정에 관한 '절대적 자율권'을 가지고 축제를 기획한다. 축제의 창설자였던 장 빌라르의 주장에 의해 채택된 것으로 'Arm's Length Principle(지원하되 간섭하지 않는다)'는 영국의 예술행정가 존 피크가 추구하는 예술행정 이론과 의미를 같이한다. 이를 아비뇽의 행정가들은 '독립성의 원칙'이라 부르며 아비뇽 축제를 지금까지 이끄는 원동력이 되었다.

아비뇽 페스티벌의 업무분담은 파리 사무소와 아비뇽 페스티벌 본부 두 곳에서 이뤄진다. 파리 사무소는 예술 감독의 책임 아래 제작, 배급 부서와 커뮤니케이션 부서로 나뉜다. 커뮤니케이션 부서에는 언론과 출판팀이 있다. 예술 감독은 아비뇽이 아닌 파리 사무소에서 30여명이 근무하고 아비뇽 축제가 열리는 동안은 아비뇽 시민 750~800명과 기술자 300여명이 고용된다. 예술가, 기술자, 자원 봉사자 포함 총 1,750여 명의 협력자들이 함께 축제를 이끈다.

성공적인 축제가 되기 위한 관건 중 하나는 재정문제일 것이다. 아비뇽 연극축제에 국가와 광역단체 및 아비뇽 시가 보조하는 예산은 55% 정도다. 나머지 45%는 기업이나 단체 그리고 기관으로부터 지원을 받는다. 자체 수입은 수익사업의 비중이 가장 높고 입장료 수입이 나머지를 보충한다. 아비뇽 연극 축제를 방문하는 관객은 50만 명으로 추산되는데 공식선정부문의 관람객은 20% 정도를 차지한다. 공식선정부문의 입장료는 40유료(4편)까지 다양하다.

(7) 아비뇽 페스티벌의 발전과 전개

세계 최고의 연극축제의 탄생은 당시 연극배우이며 무대감독이었던 장 빌라르(Jean Vilar, 1912~1971)가 25년간 헌신적인 노력과 집념으로 이룬 결과였다. 축제는 1947년 9월 빌라르가 '아비뇽에서 예술 주간을!'이라는 기치 아래 교황청 안마당에서 3개의 작품을 개최했던 것에서 출발했다. 그리고 수도 파리에서 열리는 연극과는 차별되는 다른 형식의 연극을 통해 신선하고 창조적인 작품을 선보이면서 관객의 관심을 얻는데 성공한 것이다. 축제가 단순히 놀거리, 먹거리, 볼거리가 아닌 혁신적인 연극으로 시민들의 잠재적 취향을 자극하고 예술적인 욕망을 일깨우는 창조적 문화행사가 되어야 한다는 것이 그의 신념이었다. 오로지 연극만을 위한 축제였다가 1964년부터 무용, 영화, 음악, 미술 등의 분야로 확대했는데 안타깝게도 1971년 심장마비로 타계하면서 그의 협력자였던 폴 포(Paul Puaux)가 자리를 이어 받는다. 이 시기부터 자유 참가자(Off)들이 축제에 참여하여 축제위원회에 의해 선정된 작품은 아니지만 축제를 빛내고 도시의 빈 공간을 채우는 중요한 역할을 하게 되었다.

1980년부터는 국가 보조금이 끊기고 아비뇽 시의 지원만으로 운영되기 시작했다. 좀 더 혁신적인 운영을 위해 국무총리 직을 수행한 베르나르 페브르 다르시에(Bernard Faivre d' Arcier)에게 총감독을 위임했고, 운영방식을 현대화하고 축제조직은 법인화로 전환한다. 1985년부터는 알렝 크롱베크(Alain Crombecque)가 8년간 예술 총감독직을 수행하면서 현대시를 축제의 한 분야로 영입했고 많은 외국 팀들에게도 문호를 개방한다. 1993년부터 다르시에가 다시 돌아와 2003년까지 아비뇽 축제를 지휘한다. 2003년부터 2013년까지는 호르텐스와 빈센트(Hortense Archamault, 1970~ & Vincent Baudriller, 1968~) 두 감독이 이끌었다. 감독과 배우이자 작가인 올리비에 피(Olivier Py, 1965~)가 2013년 이후 예술 총감독직을 수행하고 있다.

TIP

또 다른 아비뇽이라는 이름의 연극제
〈우리는 아비뇽에 가지 않을거야(Nous n'irons pas à Avignon)〉

독특한 이름의 축제가 프랑스 파리 비트리-쉬르-센느(Vitry-sur-Seine)에서 열린다. 매년 7월 3주간 유료로 열리는 현대 창작 예술 공연으로 연극, 무용, 마임, 퍼포먼스, 거리극 등을 공연한다. 축제의 제목에서 알 수 있듯이 아비뇽 축제가 지닌 운영방식, 상업성으로 변질된 축제, 참신예술성 부족 등 많은 문제를 비판하고 그 대안으로 만든 공연 축제인 것이다. 1999년 시작된 축제는 매년 20~40여 개의 공연팀이 참여한다. 폐쇄되고 낡은 철로 주변이 주요 공연장으로 활용된다. 열악하고 저예산의 소규모 행사로 출발했지만 잠재력은 무시할 수 없다. 공연은 참가신청 후 공식초청을 받아야 한다. 주로 현대 창작 예술품을 중심으로 무용, 어린이를 위한 연극, 무대공연 등이 기획된다.

TIP

유럽의 연극 축제들

국가	지역	축제 이름	장르	공연 시기	최초 년도	공연규모	입장료
슬로바키아	니트라	국제 연극 페스티벌	연극	9월 마지막 주 (6일간)	1991	15~20여 개국의 공연작	유료
폴란드	단스크	단스크 셰익스피어 페스티벌	세익스피어 작품	8월 첫째 주 (7일간)	1997	10여 개의 해외작품 국내작품 4편	유료
불가리아	바르나	바르나 섬머 페스티벌	연극	6월 초 (12일간)	1997	40여 개 국제 공연	유료
세르비아	베오그라드	국제 연극 페스티벌	연극	9월 말 (10여 일간)	1967	10~20여 개 연극 단체	유료
독일	하노버/ 브라운 슈바이크	씨어터 포맨	현대연극	6월 말 (12일간)	1990	20여 개의 공연 팀	유료
독일	오버람가우	오비람이기우 페스티벌	연극	10년에 한 번 (2020년 5월~10월)	1633	100회 정도의 공연	유료
네덜란드	암스테르담	이츠 페스티벌	연극& 무용	6월 마지막 9일 간	1989	70여 개의 공연	유료
아일랜드	더블린	더블린 국제 연극제	연극	9월 말~ 10월 중순	1957	25-30여 개의 프로덕션(300여 개의 작품)	유료
이탈리아	나폴리	국제 연극 페스티벌	연극	6월(3주간)	2007	250여 개의 작품과 2,000여 명의 예술가 참여	유료& 무료
이탈리아	볼테라	연극 페스티벌	연극& 종합장르	7월 마지막 2주간	1986	35개의 해외 작품 참가	유료& 무료

TIP

2017년 기독교 교회력

날짜	기독교 교회력
1월 1일	신년 감사주일
3월 1일(수)	재의 수요일
3월 5일	사순절 첫째 주일
4월 9일	종려주일
4월 10~4월 15일	고난주간
4월 16일	부활주일
6월 4일	성령강림주일
7월 2일	맥추감사주일
10월 31일(화)	종교개혁일(500th)
11월 19일	추수감사주일
12월 3일	대강절 첫째 주일
12월 10일	성서주일
12월 25일	성탄절

2017년 가톨릭 교회력

날짜	가톨릭 교회력
1월 1일	성모 마리아 대축일
1월 8일	주님 공현 대축일
1월 9일	주님 세례 축일
2월 2일	주님 봉헌 축일
3월 1일	재의 수요일
3월 5일	사준절 첫째 주일
3월 25일	주님 탄생 예고 대축일
4월 9일	주님 수난 성지 주일
4월 16일	예수 부활 대축일
5월 28일	주님 승천 대축일
6월 4일(일)	성령 강림 대축일
6월 11일(일)	삼위일체 대축일
6월 18일(일)	그리스도 성체 성혈 대축일
8월 15일(화)	성모 승천 대축일
9월 8일(금)	동정 마리아 탄생
11월 1일(수)	모든 성인 대축일
12월 25일(월)	주님 성탄 대축일

2. 에든버러 프린지축제(Edinburgh Festival Fringe)

〈스코트랜드의 수도 에든버러〉

에든버러는 과거 금융업이 융성했던 도시의 전통을 계승하여 런던 다음으로 제2의 금융업 거점 도시로 시내 중심가에서 동서남북 어디를 가나 걸어서 20분이면 닿을 수 있다. 관람객들은 이 작은 도시에서 열리는 축제뿐만 아니라 300~400년 이상 된 고풍스러운 거리를 관광하는 즐거움도 동시에 누릴 수 있다.

(1) 에든버러 프린지 페스티발의 탄생

에든버러 프린지축제는 영국 스코틀랜드 수도 에든버러에서 1947년 '유럽의 평화와 통합'이라는 주제를 가지고 8개의 극단이 자발적으로 모여 공연을 시작한 것에서 출발한다. 1947년 제2차 세계대전 이후 전쟁으로 얼룩진 유럽을 문화예술로 재통합하자는 기치 아래 시작된 '에든버러 인터내셔널 페스티벌'을 모태로 탄생했다. 사실 프린지축제는 인터내셔널 페스티벌에 공식 초청받지 못한 8개 공연단체가 극

장이 아닌 소규모 공간을 극장으로 개조해 초라하게 출발한 것이 시초다.

프린지(fringe)는 '주변' 혹은 '변두리'를 의미하는 말로 공연을 취재한 기자에 의해 우연히 알려지기 시작했다. 시 정부의 전폭적인 지원 아래 참가작을 엄선하는 '인터내셔널 페스티벌'과 달리 '프린지 페스티벌'은 누구에게나 문호를 개방한다. 지금도 프린지협회에 약간의 참가비만 내면 원하는 사람은 누구나 축제에서 참가할 수 있다. 프린지 축제의 특징 중 하나는 축제 위원회가 공연자를 초청하지 않는다는 원칙이다. 그리고 재정적인 부담은 스스로 해결해야 한다. 누구에게나 문호는 개방되어 있지만 살아남기 위한 경쟁은 치열하다는 의미다. 수십 년이 지나 순수하게 운영되던 프린지 페스티벌이 상업적으로 변화하기 시작하면서 또 다른 형태의 프리 프린지(Free Fringe)가 파생되기도 했다.

현재 '프린지'는 에든버러에서 매년 8월에 23일간 열리는 다양한 문화예술 축제의 총칭으로 불려진다. 축제 기간 동안 동시에 열리는 밀리터리 타투, 군악대의 백파이프 연주, 하이랜드 댄스, 재즈 페스티벌, 불꽃놀이 등이다. 2016년 기록에 따르면 48개국에서 참여한 3,269편의 공연과 230만 장의 티켓 그리고 5만 266여회의 공연이 소개되었다. 평소엔 50만 명의 인구가 살던 도시에 100만 명의 관람객이 방문하면서 도시 전체는 엄청난 규모의 축제장으로 변신한다. 2017년은 에든버러 프린지 페스티벌이 70주년이 되는 해였다.

(2) 에든버러 프린지축제 형식

프린지가 이렇게 성장하는 데는 '자유 이용 정책(Open Access)'이 있었다. 에든버러 국제 축제(Edinburgh International Festival)가 연극, 클래식, 무용, 오페라 등 고급 취향의 정제된 공연을 비싼 돈을 주고 불러오는 것과 달리, 소정의 참가비만 내면 원하는 사람은 누구나 참여할 수 있으므로 프린지는 학예회 수준의 공연부터 고도로 훈련된 전문 공연단체들까지 다양하다. 프린지가 인터내서널을 압도하기 시작한 것은 6회 축제 때부터다. 1962년 34개였던 프린지 참가 단체는 72년 182개, 81년 494개로 지속적인 성장을 했던 것이다. 프린지에는 우리 돈으로 만원이면 볼 수 있는 값싼 공연도 많다. 공연 장르도 스탠딩 코미디나 서커스처럼 가볍게 즐길 수 있는 공연이 주를 이룬다. 진보적이고 실험적인 공연이 많은 프랑스의 아비뇽 페스티벌과는 방향이 완전히 다르다. 전 세계 문화계에 자신의 작품을 선보일 기회는 흔치 않으며, 작년 한 해 에든버러 페스티벌 프린지를 방문한 공연예술 관계자는 1,099명, 매체는 1,024개였다.

한국 극단들도 꾸준히 프린지의 문을 두드렸다. 프린지에서 주목을 받는다는 것은 세계적인 공연으로 관심을 받거나, 중요한 연극제에 초청을 받는다는 중요한 의미인 것이다. 1999년 PMC 프로덕션의 〈난타〉 이래로 근 10년간 평균 7개 공연 팀이 매년 참가해 왔다. 2007년 〈비보이를 사랑한 발레리나〉는 뒤늦은 참가 결정으로 당시 외곽 힐튼호텔 강연장을 개조해 힘겹게 무대에 올렸지만 입소문이 퍼져 흥행을 거뒀다. 극단 '초인'의 2007년 참가작인 연극 〈선녀와 나무꾼〉은 당시 작품을 눈여겨본 극장 관계자의 도움으로 프랑스와 네덜란드를 비롯한 유럽 각지에서 투어에 성공했다.

프린지 축제에서는 공연수입을 예상할 수 없다. 프린지 축제에 참가하려는 이유는 국제적인 견본 시장의 가능성 때문이다. 공연을 구매하려는 제작·기획자들도 전 세계에서 몰려들고 있다. 약 100여개의 스카우트 회사와 극장 및 방송사 관계자가 재능 있는 예술가를 발굴하기 위해 극장을 뒤지고 있으며, 세계에서 온 2천여 명의 기자들이 리뷰 기사를 쏟아내고 있다. 아마추어도 그들의 작품을 선보일 수 있는 기회를 얻을 수 있는 곳이며, 작품성과 운만 좋으면 공연기획자들의 구매가 이뤄지는 것이다. 자신들의 기량과 작품을 세상이 알리는데 좋은 기회의 공간인 것이다. '미스터 빈'이

나 '델라구아다' 등이 프린지를 통해 세상에 알려진 공연물이다. 프린지에 참가해 호평을 받은 뒤, 세계 순회공연을 하고 있는 〈난타〉나 〈점프〉가 그 좋은 예다. 이제 프린지는 세계무대에 서고 싶어 하는 공연작품들의 초연 무대로 자리 잡았다. 단순한 축제가 아니라 공연예술이 거래되는 시장으로 발전을 거듭하고 있는 것이다.

(3) 시민들의 참여와 비영리조직의 운영방식

프린지 페스티벌이 열리는 기간 동안 공연이 가능한 모든 공간은 공연장으로 활용할 수 있다. 빌딩의 로비, 호텔, 학교, 교회, 식당, 정원, 극장 등 약 200여개의 공연장이 개설된다. 에든버러의 하이스트리트는 오전 10시 30분부터 밤 9시까지 자동차 통행을 금지하고 공연장으로 활용된다. 극장을 사용할 수도 있지만 가격이 만만치 않다. 만약 프린지 페스티벌에 참여를 계획하고 있다면 일반적으로 년 초에 공연장을 물색해야 한다.

주민들의 참여도 자발적이다. 프린지 축제 관객의 30%는 이곳 주민이며, 이들이 입장권 판매의 50%를 차지한다. 에든버러 주민들이 축제를 완성한다는 신화가 있을 정도다. 이밖에 영국에서 오는 사람이 39%(런던 9%), 외국인이 22%이며, 7%는 에든버러를 제외한 스코틀랜드 지역 사람들이다.

에든버러 프린지는 운영의 특수성으로 시 정부로부터 독립적인 운영을 가능하게 했다. 시 지원 예산은 전체 수입의 4%인 4만5천 파운드에 불과하다. 시의 지원이 없어도 충분히 자생력이 있기 때문이다. 입장권과 호텔이나 레스토랑 등이 올린 수입을 포함한 부가적인 경제효과가 7,500만 파운드였다.

02 유럽 최고의 미술 축제

10년마다 전 세계 미술 애호가나 미술계 관계자들의 시선은 유럽으로 향한다. 10년 주기로 미술계의 빅 이벤트 전시 5개 이상이 5월과 6월 이탈리아, 독일, 스위스, 이스탄불, 리옹에서 동시다발적으로 개막한다. 물론 매년 열리는 바젤 아트페어와 2년 마다 열리는 베니스 비엔날레, 리옹 비엔날레, 터키의 이스탄불 비엔날레 등도 주목할 만한 미술계 행사다. 2017년이 바로 5년마다 열리는 카셀 도큐멘타와 10년 주기로 개최하는 뮌스터 조각프로젝트 그리고 베니스 비엔날레의 3대 미술제가 동시에 개최되는 해이다. 게다가 비슷한 시기에 스위스 바젤에서 열리는 아트페어까지 가세하면 유럽의 미술계 빅 이벤트는 초국가적인 거대한 축제인 것이다. 아쉬운 점은 베니스 비엔날레를 제외하고는 한국 작가들이 위상을 알리지 못한다는 것이다. 1977년에 백남준, 1992년에 육근병 그리고 20년 만인 2012년에 양혜규와 문정원 그리고 전준호가 초대 받았을 뿐이다. 이는 한국 작가의 존재를 알릴 전문가 활동의 부재와 국제적인 위상에 맞는 한국 작가가 아직은 많지 않음을 시사한다. 2027년 또 다른 빅 이벤트를 위해 미술계에 어떤 일들이 일어날지 기대를 가지고 지켜 볼 일이다.

1. 유럽 최대의 미술축제, 베니스 비엔날레

〈이탈리아, 베니스〉

건축, 영화, 무용 음악 등 예술의 전반적인 분야를 다루는 '국제 현대미술 전시회'이다. 2년마다 개최되는 미술 전시회를 의미하는 '비엔날레(Biennale)'라는 명칭이 베니스 비엔날레에서 유래했을 정도로 세계에서 가장 유서 깊고 영향력이 큰 비엔날레다. 베니스 비엔날레를 통해서 전 세계의 현대 미술을 한 자리에서 거대한 규모로 확인해볼 수 있다.

(1) 베니스 비엔날레의 탄생 배경과 형식

2년마다 열리는 '베니스 비엔날레'는 1895년 황제부부의 은혼식을 기념하여 탄생했다. 1895년 이탈리아, 프랑스, 오스트리아, 헝가리, 영국, 벨기에, 폴란드, 러시아 등 8개국이 참가해 행사가 개최된 이후 격년제로 열리고 있다. 1913년 1차 세계대전과

1946년 2차 세계대전으로 중단된 적도 있었으나 이후 2년마다 꾸준히 개최되었다.

비엔날레에 소개되는 다양한 작품들은 베니스 시의 카스텔로(Castello) 공원 내 33만m^2 부지에서 6개월이 넘는 기간 동안 전시된다. 미술뿐 아니라 영화 · 건축 · 음악 · 연극 등 5개 부문으로 나누어 각각 다른 시간에 독립된 행사를 동시에 열고 있다. 베니스 비엔날레의 미술전은 크게 '국가관 전시(자르데니아)', '이탈리아관 전시(파비용 이탈리안)', 젊고 실험적인 작업을 소개하는 '아르세날레전'으로 구성된다. 각 국가관 전시는 보통 60여 개국이 참가하는데 독립된 국가관을 가진 24개국을 제외하고는 시내의 이탈리아관에서 함께 소개된다. 한국관은 1995년에 건립되었다.

베니스 비엔날레의 수상 형식은 회화 1명, 조각 1명 그리고 국가관에 수여하는 3개의 황금사자상과 역량 있는 젊은 작가에게 수여하는 은사자장, 4명의 작가에게 수여하는 특별상이 있다. 심사는 세계적인 권위를 가진 미술관장이나 미술사가, 평론가 등 4~5명이 초청돼 맡는다. 2년 주기로 열리는 베니스 비엔날레는 가장 최신의 주제와 형식 그리고 현시대를 반영한다.

2017년 57회 베니스 비엔날레는 프랑스 퐁피두센터 선임기획자인 크리스틴 마셀(Christine Macel)이 총감독을 맡아 '비바 아르테 비바'(Viva Arte Viva, 예술 만만세)란 주제를 선정했다. 이 대규모 전시회는 Giardini와 Arsenale에서 51개 국가 120명 작가가 참여하고, 시내 중심가에 85개국의 전시 참여가 동시에 펼쳐진다. 2017년 한국관 Giardini에는 코디 최, 이완 작가가 신작을 발표했다. 본 전시 Arsenale에서도 한국의 김성환(42) · 이수경(54) 작가가 초청되었다.

2. 카셀 도큐멘타

타 유럽 국가에 비해 상대적으로 미술 문화의 변방이라는 한계를 극복하기 위해 출발한 도큐멘타는 현재 독일을 서구 현대미술의 보고로 만드는 중요한 역할을 하고 있다. 창시자인 아놀드 보데, 브라넬 카셀 시장, 미술사가 하우 드프만 등을 중심으로 진행되고 있는데 첫회 프리데리치아늄 미술관만을 전시공간으로 이용하던 이 행사는 폐 공장을 이용할 정도로 규모가 확대되었으며 전시예산 또한 총100억원에 이르고 있다고 한다. 카셀 도큐멘타는 예술품의 전시 공간이라기보다는 정치,

사회, 경제, 문화영역 전반에 걸쳐 동시대의 다양한 문제를 사유할 수 있는 장이다.

〈독일 중부에 위치한 작은 도시 카셀(Kassel)〉

〈프리드리히 광장에 'The Partheonon of Books'가 설치〉

(1) 카셀 도큐멘타의 배경과 형식

독일 중부에 위치한 작은 도시 카셀(Kassel)에서는 5년마다 대규모 미술전시인 '카셀 도큐멘타(Kassel documenta)'가 열리고 있다. 1955년 당시 카셀대학교의 교수이자 아티스트 큐레이터였던 아놀드 보데(Arnold Bode)에 의해 창설되었다. 카셀 지역에서 열린 연방원예 전시의 일환으로 시작된 전시는 2017년에는 14번째 카셀 도큐멘타 14(Kassel Documenta 14)가 6월 10일부터 9월 17일까지 3개월 동안 90만여 명이 방문하였다. 카셀 시 전체가 행사가 열리는 10일 동안 거대한 미술관으로 탈바꿈해서 도로마다 관람객들로 시끌벅적하고 광장은 산만하다. 방문자들은 자전거를 빌려 타거나, 걸어서 도시 구석구석을 돌아다니며 미술관을 방문하고 동시에 열리는 부대행사인 도큐멘타 매거진과 세미나에도 참석할 수 있다.

독일은 종전 이후 1955년 나치 시절의 미술계에 대한 폭력과 과오를 반성하고자 국제적인 미술 행사를 기획하게 된다. 물론 전쟁으로 황폐해진 도시를 재건해야 한다는 정치적인 의도에서 시작된 것이다. 나치즘은 땅에 묻고 도큐멘타로 새로운 독일을 재건하려는 의도였다. 도큐멘타는 '전시회는 모던아트의 기록(Documentation)'이라는 의미에서 붙여졌으며, 모던아트(modern art)를 퇴폐의 소산이라는 이유로 금지했던 나치에 대한 반발로 지어진 이름이다. 유럽 대륙 최초의 공공 미술관이었던 프리데리치아눔(Fridericianum)이 전쟁 중 훼손되고 방치된 곳에서 전시를 열었던 것이 '카셀 도큐멘타'의 출발이었다. 전위적인 작가와 실험적인 작품을 소개하는 목표로 진행되었으며 세계적인 명성을 유지하고 있다. 이에 2012년 '도큐멘타 13(Documenta 13)'에는 250억 원의 예산으로 운영되었고, 방문객은 90만 명 가까이 되었다.

2017년 '도큐멘타 14'에서는 바젤의 쿤스트할레 관장이며 폴란드 출신의 예술감독 아담 심칙(Adam Szymczyk)을 중심으로 '아테네로부터 배운다(LEARNING FROM ATHENS)'는 주제로 그리스 아테네에서도 전시가 개최되었다. '카셀(Kassel)' 본 전시에서도 '아테네로부터 배운다'를 주제로, 전쟁, 테러, 난민 등 다양한 현대사회 문제에 대한 다양한 아티스트들 결과물을 전시하였다. 그리고 카셀의 중심부인 프리드리히 광장에 'The Partheonon of Books'가 설치되었다. 이곳은 나치가 2,000권의 '금서'를 불태운 곳으로, 아르헨티나의 작가 마르타 미누진이 10만 권의 금서로 파르테논 신전을 만들어 놓고 슬픈 역사를 예술로 승화시켰다.

1회 큐레이터인 보데가 총 570점의 148명의 작가 6개국 참가국, 야수파, 입체파,

청기사파, 그리고 미래파, 표현주의 흐름을 보여주었다. 한스 아르프, 파블로 피카소, 알렉산더 칼더 등이 참여한 3회 도큐멘타까지는 유럽 중심의 현대미술의 흐름을 중점적으로 소개하고 있었다면 4회부터는 유럽 이외의 작가들을 적극적으로 도입하는 새로운 성격을 보여주기 시작했다. 10회(1997)에는 캐서린 다비드라는 첫 여성감독을 선임함으로써 기존의 일관된 사회적 시각을 타파하기도 하였다. 또한 토론과 담론 형성의 중요성을 강조하는 전시내용을 보여줌으로써 타 현대미술 행사와 구별되는 차이점을 제시하기도 하였다. 1977년 백남준, 1992년 육근병 등 한국을 대표하는 현대미술가들이 참여했던 카셀 도큐멘타는 회를 거듭할수록 현대 미술을 선도하는 개념의 양산과 국가와 인종을 막론한 비평가, 작가, 미술 관계자간의 지적 네트워크 구축과정을 본 전시 이상으로 주시하고 있음을 보여준다. 2012년 카셀 도큐멘타에는 전준호, 문경원, 양혜규 등 한국 작가들이 20년 만에 초청받았다.

2007년 도큐멘타 예산의 절반인 1,900만 유로는 카셀주가 감당하였고, 나머지는 입장권, 기증자, 이벤트 후원자 등에 의해 충당되었다. 2017년 14번째 행사에는 3,700만 유로의 예산이 투입되었다. 2017년 〈카셀 도쿠멘타 14〉는 13회가 열린 2012년 바로 다음 해인 2013년부터 준비가 시작되었다. 그해 1월 도쿠멘타 예술감독을 선정하는 위원회(Finding Committee)를 결성하고 4월, 6월, 11월 세차례 회의를 통해 감독 선임을 마무리한 것이다. 예술감독 선정 위원은 총 8명으로 구성된다.

3. 뮌스터 조각 프로젝터

'뮌스터 조각프로젝트(Skulptur-Projekte Munster)'는 베니스비엔날레, 카셀 도큐멘타와 함께 유럽 3대 미술축제로 알려졌다. 세계적인 현대조각과 설치작품의 전시회로 10년 주기마다 열리며 공공성을 표방한 조각 프로젝트 축제다. 1977년 최초로 개최되었는데 1974년 뮌스터 시가 도시환경의 새로운 변화를 위해 공공장소에 조각을 설치하려는 기획에서 출발하였다. 당시 베스트팔렌 시립미술관 큐레이터 클라우스 부스만(Klaus Busmann)은 반대하던 지역 시민들을 설득하여 공공조각에 관한 지속적인 노력으로 여론을 돌려 세웠고, 교육의 기회를 마련하는 차원으로 1977년 야외 조각 전시회를 탄생시켰다. 그러나 뮌스터 조각프로젝트는 도시를 꾸미거나 장식적인 조각품을 설치하는 그런 류의 프로젝트는 아니다. 뮌스터에 설치되는 작업은 뮌스터만의 사회적 맥락과 역사, 현재 상황, 삶의 공간, 정체성 등을 담아야 한다는 것이다. 공공조각프로젝트 미술품은 설치물이 놓인 장소의 역사 가치와 조응하지 않으면 의미가 없다는 것이다.

〈뮌스터 조각프로젝트(Skulptur-Projekte Munster)가 열리는 독일 뮌스터〉

(1) 뮌스터 조각 프로젝트의 탄생 배경과 형식

베스트팔렌 지방의 중심에 위치한 뮌스터는 라틴어로 수도원(Monasterium)을 의미하는 단어에서 유래한 대학과 종교의 도시다. 북서쪽으로 네덜란드가 가까이 있으며, 언덕이 거의 없는 평지로 구성되어 있다. 다른 도시에 비해 건축물의 밀도가 낮으며 고층 건물이 많지 않다. 29만 여명이 거주하는 뮌스터는 13세기 한자동맹(Hanseatic League)과 1530년대 개신교의 도시로 변모했다. 1648년에는 30년 전쟁 이후 베스트팔렌 평화조약을 체결함으로써 협상의 도시로서 수복받았던 곳이기도 하다.

자전거가 많은 이 조용한 도시는 805년 건축된 뮌스터 대성당을 중심으로 종교의 도시답게 여러 성당 건축물을 만날 수 있으며, 전통과 현대가 조화롭고 매력적인 도시로 유명하다.

10년마다 조각프로젝트(Skulptur Projekte 2017)가 열리는 뮌스터(Münster)는 독일 북서쪽의 작은 마을이지만 100여 일간 도시 전체가 거대한 조각공원으로 변신한다. 관람객은 안내소에서 제공한 지도를 참고로 아담한 도심을 여유롭게 산책하거나 혹은 보물찾기를 하듯 적극적으로 작품을 찾아 나서야 한다. 도시 자체가 예술품인 뮌스터는 세계 최정상의 조각가들이 설치한 작품들로 골목, 광장, 화장실, 버스정류장, 공원 등은 낯선 미술관으로 변신한다.

1977년 1회 뮌스터 프로젝트에는 9명의 당대 최고의 조각가를 초대하여 작가가 원하는 장소에서 그에 맞는 조각품을 설치했다. 초청된 작가들은 일정기간 뮌스터에 머물면서 도시가 지닌 정체성과 역사의 흐름을 통해 시민들의 정서와 전시 성격에 적합한 작품을 구상하고 설치해야만 한다. 따라서 뮌스터 도시의 역사성과 장소성 그리고 지형에 대한 연구가 선행되어야 했고, 장소가 정해지면 그곳에 맞는 작업을 구상한 후 뮌스턴 관계자들과 긴 시간 동안 의견을 나누며 수정하고 보완하여 작품을 설치하는 것이다. 10년이라는 주기로 열리는데 이토록 긴 주기를 갖는 것은 다음 전시를 위한 준비 과정으로 10년이라는 시간이 적합하다는 이유에서다. 지금까지 40년이 축적이 되면서 뮌스터는 조각 프로젝트를 통해 새로운 도시의 지형도를 만들고 있는 중이다.

2017년 다섯 번째로 열린 전시는 1977년부터 이 전시를 이끌었던 카스퍼 쾨니히(Kasper König) 예술 감독을 중심으로 70억 정도의 예산과 36명의 작가와 팀이 선정되었다. 지금까지 총감독 역을 맡았던 카스퍼 쾨니히는 이 전시를 끝으로 물러나게 되었다. 영상, 퍼포먼스 아트에 중점을 두어 한정된 지역성을 넘어 전 지구적인 현안을 포함하려는 그의 의도가 전시에 반영되었다. 2017년 주제는 디지털 문명 속에서 '몸을 벗어나, 시간을 벗어나, 장소를 벗어나'라는 주제로 연계된 전시였다. 그들의 작품은 지역 사회의 문제를 제기하고 지역 주민과의 소통을 적극적으로 반영한다는 점에서 다른 프로젝트와 차별성을 지닌다. 그러므로 공적인 공간과 시민들의 관심이 통합된 문화적 소통이 실현된 도시로 평가받는다. 1977년부터 2017년까지 뮌스터에 영구적으로 설치 된 총 38점의 '퍼블릭 컬렉션' 작품들은 꾸준히 시민들의 사랑을 받고 있다. 공공미술이 도시 전체를 예술적으로 탈바꿈하게 하여 문화 도시로 혁신적인 가치가 구축된 것이다.

4. 프랑스 앙굴렘 국제 만화 페스티벌

1) 만화의 역사와 문화적 가치

만화는 이야기 그림으로 자막이나 말풍선 형태의 글과 그림의 조합으로 이뤄진 예술의 한 장르이다. 만화라는 용어는 19세기 후반부터 사용되었다. 만화의 역사는 미술의 역사와 동일한 것으로 보이는데 인류가 탄생하고 의식을 가지고 이미지를 그려 남긴 3만 년 전으로 거슬러 올라가야 한다. 당시 동굴 벽에 그린 그림들은 감상을 위한 그림이기 이전에 삶의 도구였다. 만화 그림을 통해 삶의 고난을 극복하고자 하였으며, 체험된 정보를 그림으로 남겨 후손들에게 계승하려 했을 것이다. 고대 그리스인들은 그들의 삶의 모습이나 신들의 일상을 도자기에 남겼다. 중세시대에는 성서의 말씀을 그림으로 제시해 글을 읽을 수 없는 신앙인들에게 도움을 주었다.

이후로 만화적인 그림은 완전하지 못한 스케치나 드로잉으로 취급되거나 완성된 그림을 위한 것으로 경시되다가 사실주의 시대에 도미에라는 화가에 의해 근대적인 모습을 갖추게 된다. 도미에는 당대 부조리한 정치인들과 서민의 삶의 모습을 만화로 진솔하게 구성했다. 캐리커쳐나 스케치 스타일의 그림은 신문이 발행되면서 확산되었다.

세계적인 만화 대국으로는 프랑스, 벨기에, 미국, 일본을 꼽는다. 유럽에서는 1830년 로돌페 퇴퍼(Rodolphe Töpffer)에 의해 연재만화가 탄생했고, 일본의 만화 역사는 12세기로 거슬러 올라간다. 프랑스어권(프랑스-벨기에) 만화는 20세기 초 예술적인 수준에 이르러 제9의 예술로 명명되고 있다. 프랑스에서는 '방드 데시네(bande dessinée)'라 불리는데 이는 '이어지는(띠) 그림'이란 의미다. 만화는 현대인들에게 여가와 취미를 동시에 만족시켜주는 장르로 발전했고, 제9의 예술로 부르는 프랑스는 특히 만화의 가치를 높여 예술로 분류하고 세계 최고 수준의 지원을 자랑한다.

21세기 들어서 프랑스-벨기에 만화계의 새로운 대세는 작가의 인생이나 경험담을 그리는 자전적 작품과 작가의 블로그에 연재되는 웹툰이다. 또 망가와 프랑스를 합친 신조어 '망프라(Manfra)'라는 이름 아래 일본 만화의 제본 방식을 사용하거나 흑백 톤을 사용하는 등 일본 만화의 화법을 사용하는 만화가들도 나타나고 있다.

(1) 앙굴렘 국제 만화 페스티벌 개요

앙굴렘 국제 만화 페스티벌(Festival international de la bande dessinée d'Angoulême)은 이탈리아의 '루카 코믹스 앤 게임즈(Lucca Comics and Games) 축제'와 일본의 '코믹 마켓 축제' 다음으로 세계에서 가장 큰 만화 페스티벌 중 하나이다. 1974년 이래로 프랑스 앙굴렘 도시에서 개최하고 있으며, 매년 1월 말에 열린다. 프랑스는 물론 세계 각국의 만화와 관련 영상물이 전시되고 다양한 강연회와 상영회, 시상식 등이 열리기도 한다.

〈프랑스 앙굴렘(구글 지도 검색)〉

⑵ 앙굴렘 국제 만화 페스티벌 탄생 배경

앙굴렘 국제 만화 페스티벌은 프랑스 문화부 장관이었던 프랑시스 그루와 장 마르디키앙, 그리고 만화학교의 클로드 몰리테르니가 설립하였다. 앙굴렘 시는 만화가들의 개인적인 발표회에 자극을 받아 1974년부터 지원하기 시작했고, '앙굴렘 국제 만화 페스티벌'이란 이름을 걸고 첫 축제를 열었으며, 1976년부터는 앙굴렘 시립박물관에서 작품을 모으기 시작했다. 그리고 1980년대 프랑수아 메테랑 대통령의 대중문화 정책의 지원을 받아 칸 영화제를 비롯한 프랑스 5대 국제문화 행사로 앙굴렘 국제만화축제는 세계 최대 국제문화행사 중 하나로 자리 잡았다. 프랑스에서 만화는 이미 오래전부터 예술로 인정받았고 점차적으로 만화 전시회가 대중적인 인기와 전문가의 호평을 받으며 성공을 거두었다.

(3) 앙굴렘 국제 만화 페스티벌 형식

'앙굴렘 국제 만화 페스티벌'은 만화 출판사가 신간을 선보이는 도서전과 만화가들의 작품을 보여주는 전시회로 구성된다. 도서전에서는 관람객이 직접 만화책을 구매하고, 작가의 사인을 받을 수도 있다. 2017년 한국 부스에서는 캐리커처를 그려주는 이벤트와 김정기 작가 외에 많은 만화가들이 만화스케치 퍼포먼스를 하며 전시회장을 꾸몄다.

주최 측에서 운영하는 공식 시상식, 공개강연, 심포지엄 외에 출판사나 에이전시가 마련하는 작가 사인회 등도 열린다. 지난해 그랑프리를 수상한 작가의 개인전을 비롯, 다양한 기획전이 개최되고, 프로 만화가의 데생콘서트 같은 교육 연계 프로그램, 인기만화 투표 등 관람객의 참여를 유도하는 다양한 행사도 펼쳐진다.

(4) 앙굴렘 국제 만화 페스티벌의 운영 방식

앙굴렘 국제 만화 페스티벌의 '앙굴렘 대상(Grand Prix de la ville d'Angoulême)'은 매년 최고의 만화가에게 주는 상이며, 수상자는 다음년도에 특별 전시회를 할 수 있는 명예를 갖게 된다.

만화 관련 프랑스-한국의 협력 관계는 점점 더 강화되고 있으며 다양하게 펼쳐지고 있는 중이다. 한국 내 프랑스의 해를 맞이하여 2016년 7월 부천국제만화축제에서 약 20명 이상의 한국과 프랑스 작가들과 과학자들이 〈만화의 미래, 2030년〉 전시를 소개했다. 다수의 프랑스 작가, 삽화가와 시나리오 작가가 부천국제만화축제에 참가했다.

부천에 위치한 한국만화영상진흥원과 프랑스 국제만화이미지시티는 2016 부천국제만화축제를 기념하여 한국-프랑스 만화 협력에 관한 상호협력 MOU를 체결했다. 교류 가능한 센터 구성 및 웹툰 분야의 협력 발전이 특히 논의되었다.

앙굴렘 만화 축제 수상 작가 앙꼬의 「나쁜 친구」

2017년 축제의 '새로운 발견 작가상'에는 대한민국 만화가 '앙꼬'의 만화 「나쁜 친구」가 수상했다. 한국 만화가가 앙굴렘 만화 축제에서 수상한 것은 이번이 처음이다. 그가 받은 '새로운 발견 작가상'은 프랑스어로 출판된 만화를 3권 이하 출간한 작가 가운데서도 주로 젊은 작가에게 주어지는, 유럽 전역에서 크게 주목받는 영예로운 상이다.

그의 작품 「나쁜 친구」(2012년 8월 출간)는 이번 앙굴렘 축제에서 최고상인 '황금 야수상' 후보작 10편에 들기도 해 한국 만화계는 그의 수상으로 한국 만화가 세계 최고 수준으로 올라섰다는 평이다. 작가의 자전적 이야기를 담은 「나쁜 친구」는 국내에서 2012년 출간됐으며 사춘기 시절 어둡고 깊은 사색을 기발하게 보여주는 작품으로 평가받았다. 지난해 프랑스 출판사 코르넬리우스에서 불어판으로 펴냈고, 이번에 심사위원 만장일치로 상을 받았다.

앙꼬 작가는 2003년 1990년대의 사춘기 소녀의 모습을 담은 웹툰 '앙꼬의 그림일기'로 데뷔했다. 「나쁜 친구」는 2012년 한국에서 출간됐으며 호평을 받았다. 한국만화영상진흥원 이사장 이희재 원로 작가는 앙꼬의 수상을 예견이나 한 듯 「나쁜 친구」의 서평에서 앙꼬는 우리 만화계에서 특별한 보물임을 예견했었다. 앙꼬 작가는 프랑스 내 한국의 해를 맞이하여 2016년 '파리 도서전'의 한국 초대 작가대표 일원으로 프랑스를 방문하기도 했다.

한국과 유사한 만화 축세 - 부천국세만화 페스티벌

1997년 경기도 부천시 일원에서 부천만화축제라는 이름으로 개최하였다가 2004년 행사부터 지금의 이름으로 변경하였다. 2004년 제7회부터 부천만화축제에서 "부천국제만화축제"로 명칭이 바뀌었다. 현재 세계 각국의 만화 출판 · 제작업체와 만화가(웹툰작가, 스토리작가)들이 참가하는 전문적인 국제만화축제로 자리 잡고 있다. 원래는 한국만화를 중심주제로 열렸던 만화 이벤트 행사였다가 나중에 코믹북페어, 출판만화 견본시가 신설되었고 후에 코스프레가 추가되면서 코믹월드에서 참가했던 코스프레팀 일부가 이 곳에도 참가를 하였고 코믹월드와 마찬가지로 개인 코스프레도 볼 수 있다. 경기도 공인지정으로 경기도 10대 축제에 선정되었다. 부천만화대상은 부천시가 2004년에 제정해 해마다 시상하고 있는 제도로, 그 해 가장 주목받는 대표만화를 선정 · 시상한다.

초창기에는 겨울방학 시즌에 맞춰 겨울에 열렸다가 2000년부터 가을로 앞당겨졌고 2005년부터 여름을 주기로 고정하여 매년 여름철에 개최하고 있으며 한국만화박물관 광장에서 열리고 있다. 만화박물관 관람에 한해서 입장료를 받고 있으며 사전등록시 행사장과 박물관을 무료로 방문할 수 있었다.

2017년으로 20회 성년이 된 부천국제만화축제는 '청년'으로 주제를 정하고 그에 맞는 다양한 전시를 선보인다. 주제전 〈청년, 빛나는〉에서는 국내외 여러 만화가들의 청년시절 작품을 만나볼 수 있다. 특별전은 지난해 부천만화대상을 수상한 마일로 작가의 〈여탕보고서〉전과 해외작품상을 수상한 오이마 요시토키의 〈목소리의 형태〉전으로 만난다. 또한 기획전으로 올해 앙굴렘 국제만화축제에서 '새로운 발견상'을 수상한 앙꼬 작가의 〈나쁜 친구〉전, 한국과 벨기에 젊은 만화가 6명을 조명한 〈한 · 벨 만화교류전〉까지 글로벌한 청년만화가의 작품들이 전시된다. 이 외에도 〈VR웹툰전〉과 〈세계시사만화전〉, 〈세계만화자료전〉 등 알찬 기획의 전시가 열린다.

03 유럽의 음악 오페라 축제

1. 오페라의 역사와 가치

오페라는 1600년경 르네상스 시대 이탈리아 피렌체에서 탄생했다. 당시 피렌체에는 인문학자, 음악가, 화가, 시인 등으로 구성된 예술가 모임인 Camerata라는 그룹이 있었다. 카메라(Camera)는 방이라는 의미이며 카메라타와 관련된 자료는 1573년까지 거슬러 올라가는데 후원자인 지오바니 바르디 백작을 중심으로 한 피렌체의 지식인들의 모임이었다. 그들은 '플로렌스 카메라타(Florence Camerata)'라는 당대의 지식인이나 예술가 모임의 회원으로 활동한 음악가였다. 피렌체에서 탄생한 지식인 예술 단체는 주로 메디치가문의 후원을 기반으로 음악, 미술, 시 등의 예술가들이 모여들었다. 특히 그들은 고대 그리스 문화에 관심이 깊었고 비극에 관한 토론과 당대 문화와 예술에 대한 토론이 자주 행해졌는데 고대 그리스의 연극에 음악과 무용을 접목시키는 새로운 형식을 통해 음악을 가미한 일종의 연극이 탄생하게 된 것이다. 오페라의 어원은 오피스라는 작품의 단수형의 복수가 종합예술이라는 의미의 오페라가 된 것이다.

최초의 오페라는 1597년 카메라타 회원 음악가인 '야코포 페리(Jacopo Peri, 1561-1633)'에 의해 만들어진 〈다프네(Dafne)〉라는 기록물이다. 다프네 음악자료는 소실되어 현재 재연이 불가능하다. 이어 1600년 메디치 가문의 딸 마리아 드 메디치와 프랑스 왕 앙리 4세의 결혼식 축하연을 위해 작곡된 〈에우리디체(Euridice)〉가 초연되었다. 초연 후 악보가 출판되어 에우리디체는 재연 가능한 최초의 오페라가 되었다. 당시 대본가 오타비오 리누치니(Ottavio Rinuccini, 1562~1621)는 르네상스와 바로크 시대의 시인이자 대본가로 야콥 페리와 협연하여 최초의 오페라를 탄생시켰다.

1607년 베니스를 중심으로 활동한 음악가 몬테베르디(Claudio Monteverdi, 1567~1643)의 〈오르페오의 전설(La favola d' Orfeo)〉은 근대 오페라의 효시로 지금도 자주 공연되는 바로크 시대 오페라 걸작이다. 몬테베르디는 오페라를 근대개념에 맞게 창조하였고 〈포베아의 대관〉은 실존 인물 이야기를 배경으로 삼아 작곡된 최초의 진보적인 오페라 작품이다. 그는 오페라에 음악적인 생명력을 불어 넣었고 실질적으로 정착시킨 장본인이기도 하다. 몬테베르디 이후 가장 중요한 오페라 작곡가는 베네치아의 프란체스코 카발리(1602~1676)였다. 그의 대표작품으로는 〈오르민도〉, 〈칼리스토〉, 〈에지스토〉 등이 있다. 1623년 바르베르니 추기경은 1623년 자신의 궁 안에 오페라 하우스를 지었다. 1637년 최초의 상업적인 오페라 극장인 '테아트로 산 카시아노'가 베니스에서 문을 열었다. 17세기에 15군데의 오페라 극장이 생겨 동네마다 하나씩 있었을 정도로 오페라는 가장 인기 높은 음악 장르였다.

오페라의 성지 이탈리아에 바로크 시대에 확립된 오페라는 도니제티, 벨리니, 푸치니, 베르디, 로시니 등이며 18세기 중엽에는 모차르트, 19세기 초 프랑스에서 그랜드 오페라가 탄생한다.

(1) 이탈리아 베로나 페스티벌

베로나 페스티벌은 고대 로마시대 검투사들의 경기가 있던 원형경기장을 활용한 오페라 축제다. 현재에도 활용이 가능한 원형경기장으로 2만 명 이상을 수용할 수 있으며, 마이크가 필요 없는 원형경기장에서의 오페라 공연이 개최되어 화제가 되었다. 이제 원형경기장의 아레나는 검투사의 공간이 아니라 세계에서 가장 큰 오페라 하우스로 알려져 있다. 셰익스피어의 〈로미오와 줄리엣〉의 배경이 된 도시로 규모는 작지만 역사와 문화만큼은 자부심이 대단하다. 베로나 오페라 페스티벌은 주로 〈아이다〉, 〈투란도트〉, 〈카르멘〉과 같은 대형 오페라를 중심으로 환상적인 공간에서 개최된다.

1913년에 시작된 축제는 매년 6월에서 8월 말까지 2~3개월 동안 진행된다.

① 이탈리아 베로나 소개

이탈리아 베로나는 로마에서 베니스를 향하는 길목에 있는 작은 도시로 예로부터 '벨라 베로나(bella Verona)'라고 불릴 만큼 아름다운 도시다. 로미오와 줄리엣의 배경이 된 이 도시는 과거 로마의 지배를 받아 고대 유적이 남아있다. 작은 도시이지만 여름이면 관광객들로 넘쳐난다.

〈이탈리아 베로나(구글 지도 검색)〉

중세건물들로 이어진 구시가지가 강과 언덕과 조화를 이루어 풍광이 수려하다. 고대유물이 산재한 비첸차, 파도바, 만토바와 같은 도시들에 빙 둘러싸여 있고, 미뇽이 살았던 이탈리아 최대의 가르다호수가 그림 같은 휴양지이다. 독일인들이 세계에서 가장 살기 좋은 도시로 손꼽았던 베로나는 북유럽인들이 동경하는 곳이기도 하다. 셰익스피어(1564~1616)의 〈로미오와 줄리엣〉, 〈말괄량이 길들이기〉의 이야기의 배경이 된 도시이기도 하다. 관광명소로 '줄리엣의 집'이 있고 '포르타 레오니', '시뇨리아 광장' 등 두 개의 로마 유적 그리고 멋진 중세 건축물들이 너무나 유명하다. 건축사적 가치가 인정되어 도시 전체가 2000년에 유네스코 세계유산으로 등재되었다. 풍광도 오스트리아의 잘츠부르크나 독일 하이델베르크에 뒤지지 않는다. 레오나르도 다빈치가 해부학 강의를 했던 유명한 파도바 대학이 있으며, 리골레토의 무대이자 이사벨라 데스트 궁전으로 유명한 만토바가 있고 베네치아도 가까이에 있다. 2015년 기준 인구는 약 26만 명이다.

② 베로나 오페라 축제의 탄생 배경

'베로나 아레나 오페라 축제'는 1936년 시립 공연 자치단체에 의해 시작되었고, 1996년과 1998년 사설재단에 의해 운영되고 있다. 특히 오페라 공연은 2만 명 이상의 관중을 수용할 수 있는 고대 로마 원형극장인 아레나 원형극장에서 공연하는 전통을 유지한다. 최초의 공연된 오페라는 베르디 탄생 100주년을 기념하여 1913년에 공연된 〈나부코〉이다. 이후 매년 비공식적인 여름 오페라 축제를 진행하고 있다.

베로나 경기장을 공연장으로 만든 사람은 명지휘자 툴리오 세라핀이다. 그는 1910년 베네치아에서 밀라노로 가던 기차를 타고 있었다. 열차가 베로나로 진입하자 그는 함께 여행하는 테너와 바이올리니스트 등이 베로나에 있는 아레나에 대해 이야기를 나누었다. 세라핀은 베로나에서 갑자기 내려 아레나로 갔다. 그리고 세라핀은 바이올리니스트에게 아레나 한가운데서 바이올린을 연주하도록 요청했다. 스탠드 위에 올라서서 그 소리를 들은 세라핀은 원형경기장의 공명에 놀랐다. 그리하여 1913년 8월, 이 지방에서 가장 비가 오지 않는 주간에 처음으로 아레나 디 베로나에서 베르디의 〈아이다〉가 공연되었다. 물론 지휘는 세라핀이, 라다메스 역은 제나텔로가 맡았다. 이것이 제 '1회 아레나 디 베로나 페스티벌'이 된 것이다. 이탈리아 오페라 가수들 중 이곳에서 노래하지 않은 이가 거의 없을 정도다. 마리아 칼라스의 서유럽 데뷔도 이곳에서 이루어졌다. 베로나 페스티벌은 1910년 이후 2차 세계대전 동안을 제외하고 매년 개최되어 벌써 80회가 넘는다. 기간은 7월에서 8월 거의 두 달에 걸쳐서 열리는데 7월에는 일주일에 4~5일 정도, 8월에는 월요일을 제외한 매일 저녁 공연을 한다. 한 시즌에 보통 다섯 개의 대형 오페라 작품이 공연된다.

③ 베로나 오페라 축제의 특성

베로나 공연장에서는 마이크를 사용하지 않는다. 그것은 베로나의 오랜 매력이자 전통이지만, 동시에 스탠드석에서는 좋은 감상이 어려운 이유이기도 하다.

육성의 공명이 결국 아레나 디 베로나의 가장 큰 매력으로 인식되었다. 무대에 오른 작품들로는 베르디의 아이다 가장 많이 공연된다. 지금까지 공연 횟수가 무려 400회를 넘었다. 아이다, 카르멘, 투란도트, 나부코, 토스카, 리골레토, 나비부인 등이 뒤를 이어 많이 오른 작품들이다. 대부분 이탈리아 오페라들이 주요 레퍼토리로 선택된다. 오페라 축제 기간 동안 매일 밤 로마 공연장에서는 셰익스피어 연극이 공연된다. 베로나는 '로미오와 줄리엣'의 배경이 되는 도시이기 때문이다. 뿐만 아니라 베로나에서는 발레도 많이 공연이 되고, 콘서트도 열린다. 그리고 세계적인 미술가들의 전시회가 시내 곳곳에서 동시에 유치된다.

그동안 베로나 페스티벌은 오로지 대규모의 스케일에 의존하는 경향이 있었으며 야외 오페라인 만큼 음악적으로나 미술적으로 섬세한 표현을 무시해 온 것이 사실이다. 2000년을 전후로 이런 경향이 조금씩 줄어들고 제2의 베로나 오페라 축제가 시작되었다. 사실 아레나 디 베로나의 가장 큰 고민은 연출이기보다는 레퍼토리에 있다. 하지만 2만 명의 관람객들이 주로 관광객이기 때문에 특별한 오페라를 공연을 기획하기는 어렵다. 다시 말해 인기가 없는 레퍼토리는 평균 관객이 수용 정원의 절반에도 못 미친다는 것이다. 이 딜레마를 극복하는 것에 베로나 페스티벌의 미래가 달려있다.

〈오페라 축제가 열리는 경기장, 아레나 원형극장〉

④ 축제의 운영 방식과 자금

2017년 95회 베로나 오페라 페스티벌 프로그램은 6월 23일 21시 '나부코'를 시작으로 8월 26일 '아이다(1913년 무대)'를 끝으로 막을 내렸다. 나부코, 아이다, 리골레토, 나비부인, 아이다(1913년), 토스카 순차적으로 공연되었다. 8월 15일은 베토벤의 심포니 9번 갈라 콘서트가 열렸다. 가격은 오픈티켓과 오페라 스페셜 데이와 금요일 토요일 그리고 평일, 일요일 등 차등 요금제로 운영되었는데 19, 50유로부터 226유로까지 입장료는 다양하다. 2018년 프로그램은 6월 22일 21시 카르멘을 시작으로 8월 26일 아이다를 끝으로 막을 내린다.

일반적으로 야외 오페라 무대는 한 시즌에 하나의 무대 세트로 매일 공연을 올리는데 반해 베로나는 매일 밤 공연이 끝나면 다음 날 오후까지 매번 세트를 바꾸는 것이 가장 큰 특징이다. 이는 베로나의 거대한 예산과 입장수입 덕분에 가능하다. 오케스트라와 합창단은 매년 오디션으로 선발한다. 오케스트라 단원 수는 보통 악단의 두 배가 넘고 합창단과 무용단 그리고 엑스트라가 최대 300명까지 동원된다. 그들은 약 6개월 전부터 연습을 하는데 경제적으로 젊은 음악인들과 학생들에게 많은 도움을 받을 수 있는 일이기도 하다. 아레나 디 베로나에 수용할 수 있는 최대인원은 2만에서 2만 5천명까지 가능하다. 매일 입장료 수입은 20억 원에 가깝다. 2개월간 열리는 오페라 공연이니 세계 최대의 입장 수입인 셈이다. 전 세계의 오페라 애호가들은 새해가 시작되면 베로나 오페라 축제에 참가하기 위해 예매를 서두른다.

2. 세계적으로 유명한 이탈리아 오페라 축제들

(1) 로시니 오페라 축제

로시니 오페라 페스티벌(페사로 페스티벌)은 이탈리아 오페라 작곡가 조아키노 로시니(Gioacchino Rossini)를 기념하여 그의 고향인 페사로(Pesaro)에서 매년 여름에 2주간 열리는 오페라 축제이다. 이탈리아 중동부에 위치한 페사로는 로시니가 태어난 곳으로 아드리안 해안에 자리 잡아 해변 리조트 관광지로도 유명하다. 로시니

(Giaoacchino A. Rossini, 1792-1869)는 낭만파 오페라의 효시로 평가받으며, 19세기 벨칸토 오페라를 완성시키고 꽃피운 작곡가였다. 짧은 시간에 많은 작품을 작곡한 로시니는 1816년 〈세비야의 이발사〉를 13일 만에 작곡했고 그 작품의 성공으로 그의 명성은 유럽을 뒤흔들었다. 〈신데렐라〉, 〈빌헬름 텔〉을 끝으로 37세 젊은 나이에 오페라 작곡을 그만 두고 예술가들과의 교류로 시간을 보내거나 요리 등으로 일생을 보낸다.

〈로시니의 고향 이탈리아 페사로〉

1980년에 설립된 이 축제는 로시니의 작품 발굴과 계승을 목적으로 하며 수준 높은 연구와 체계적인 공연이 열린다. 음악출판사인 리코르디(Ricordi)가 로시니의 작품 중 잘 알려지지 않은 작품을 발굴하여 소개하는 목적으로 페스티벌을 출범시켰다. 오페라 작곡가 로시니는 〈세비야의 이발사〉, 〈오셀로〉, 〈도둑 까치〉 등 고전주의 후기 작곡가로 기교적으로도 난해한 것으로 알려져 있다. 로시니 벨칸토 오페라의 메카인 '로시니 음악원'을 중심으로 한 로시니 오페라에 대한 심도 있는 학술적인 연구는 세계적으로 권위를 인정받고 있다. 이는 많은 유산을 남기고 간 로시니의 음악학교를 설립하고 예술을 위해 희생한 사람들을 위해 사용해 줄 것을 바라던 그의 유언이기도 했다. 1993년 이탈리아 의회는 '로시니 오페라 페스티벌 지원법'이라는 특별법을 통과했다. 이로서 페사로 페스티벌은 '이탈리아 최고의 페스티벌'이라는 칭호를 받았고, 특별히 이탈리아 정부로부터 재정지원뿐만 아니라 시청과 지방의 은행 그리고 기업체들의 후원을 받아 성대하게 열리는 축제가 되었다.

1980년 페사로 페스티벌을 처음 시작하였을 때는 1818년에 건설한 850석 규모의 로시니 극장(Teatro Rossini)에서 공연하였다. 1988년부터는 1,500명 규모의 작은 테니스장 같은 임시로 만든 공연장인 팔라스포트(Palasports)에서 공연을 가졌고, 2000년부터는 실험극장인 스페리멘탈레 극장(Teatro Sperimentale)과 500석 정도의 로시니 음악원 강당인 '아우디토리움 페드로티'에서도 공연을 한다. 로시니는 약 40개의 오페라 중에서 몇 작품만 선정하여 공연하지만 축제를 통해 점점 그의 미발표된 작품들이 공개되고 있다.

(2) 푸치니 오페라 축제

〈푸치니의 고향 루카(Lucca)〉

푸치니(Giacomo Puccini, 1858-1924)는 이탈리아 루카에서 태어났다. 베르디의 오페라 〈아이다〉를 보고 오페라 작곡가가 되기로 결심한다. 1896년 〈라 보엠〉이 대성공을 거두었고, 1900년엔 〈토스카〉가 로마에서 대단한 성공을 거두었다. 오페라 작품으로는 〈나비부인〉, 〈투란도트〉, 〈마농 레스코〉 등 주옥 같은 작품들을 남겼다.

1904년 일본을 배경으로 한 〈나비부인〉을 발표했고, 중국 전설을 배경으로 한 〈투란도트〉를 완성하지 못한 채 교통사고의 후유증과 암으로 세상을 떠났다. 미완성의 〈투란도트〉는 후배인 프랑코 알파노에 의해 완성되었고, 1926년 밀라노에서 초연되었다. 그는 이탈리아 오페라의 계보를 잇는 음악가로 낭만주의의 형식을 벗어나 극적 표현이라는 새로운 형식의 오페라를 창조했다. 특히 푸치니의 오페라 여주인공들 묘사가 탁월하고 매력적인 아리아의 선율들은 후대에까지 사랑받고 있다.

푸치니 페스티벌은 자코모 푸치니를 기념하여 매년 여름(7~8월) 푸치니의 고향 루카(Lucca)에서 가까운 토레 델 라고(Torre del Lago) 호숫가에서 열리는 오페라 축제다.

푸치니 페스티벌은 푸치니의 친구로서 그의 오페라의 대본을 여러 편 맡았던 조바키노 포르자노(Giovacchino Forzano)가 솔선하여 설립했다. 1930년에 시작, 최고의 오페라 4편만 공연되고 매년 40만 명이 방문하는 축제다. 푸치니는 대표작 〈투란도트〉로 베르디 이후 이탈리아 최고의 작곡가로 불린다. 루카에서 태어난 푸치니는 다양한 무대와 소재의 이야기를 음악으로 창조했다. 공연은 '토레 델 라고' 호수를 배경으로 4000명의 극장이란 이름의 'Teatro dei Quattromilla'에서 공연된다. 극장은 '푸치니 기념관(Villa Museum Puccini)'과 이웃하고 있다. 푸치니 기념관은 1900년 푸치니가 지은 빌라로 1921년까지 살았었다.

푸치니는 마사치우콜리 호수의 아름다운 자연을 배경으로 그의 오페라가 공연되기를 희망했다. 포르자노는 1930년 8월 24일 푸치니가 살던 빌라 앞 호수에 파일을 박아 임시무대를 설치하고 어떤 순회오페라단을 초청하여 라 보엠을 공연했다. 임시극장은 Carro di Tespi Lirico라고 불렀다. 그 후 2차 대전을 거치면서 정치적, 재정적 문제가 야기되어 1937년 콘서트 형식의 오페라 공연을 끝으로 1949년까지 단 한 번의 공연밖에 없었다. 1949년에 들어서서 푸치니 서거 25주년을 기념하여 푸치니 페스티벌이 다시 문을 열었다. 이후 매년 임시극장에서 푸치니 페스티벌이 계속되었다. 그러다가 1966년 임시극장 부근에 호수를 메운 땅이 생겨서 그곳에 새로운 극장을 짓게 되는데 현재의 Teatro dei Quattromila(4000명 극장)이다.

2000년은 포르자노와 마스카니가 푸치니 추모음악회를 주도한지 70년이 되는 해였지만 푸치니 페스티벌의 회수로는 46회가 된다. 2004년 푸치니 페스티벌 50회 기념으로는 1904년 5월 28일 라 스칼라에서 오페라 〈나비부인〉 초연 1백주년을 기념하여 무대에 올려졌다. 2018년 7월 초부터 8월 말까지 푸치니 오페라 페스티벌은 투란도트, 토스카, 나비부인, 마농 레스코, 라 보엠, 일 트리티코가 공연 레퍼토리다.

(3) 베르디 오페라 페스티벌

〈베르디(Giuseppe F. F. Verdi)의 고향 론콜레〉

이탈리아 최고의 오페라 작곡가 베르디(Giuseppe F. F. Verdi, 1813-1901)는 부세토에서도 동쪽으로 5km나 떨어진 시골마을 론콜레에서 출생했다. 베르디는 19세기 이탈리아 오페라 역사상 최고의 작곡가였다. 20대의 젊은 시절 결혼 4년 만에 아내와 자식 모두를 잃었다. 낙담한 그는 자살까지 생각했으나 불운했던 삶을 극복하고 1842~1850년 동안 14곡의 오페라를 작곡했다. 특히 〈에르나니〉(1844), 〈잔 다르크〉(1845) 등 애국정신과 독립정신을 담은 작품들을 통해 이탈리아 국민의 신임과 명성을 얻었다. 1850년 37살에 작곡한 〈리골레토〉는 하루아침에 그를 세계적인 작곡가로서 우뚝 서는 계기를 만들어 주었다.

이후 그의 영광은 〈일트로바토레〉, 〈라 트라비아타〉, 〈아이다〉, 〈오델로〉 등의 불멸의 명작을 남긴다. 이탈리아인들에게 그는 오페라의 신적인 존재로 추앙받고 있다.

부세토 시 중심에 베르디 광장이 있고 베르디의 동상, '주세페 베르디 오페라 하우스'가 있다. 그러나 베르디는 곤궁하고 역경에 처했던 시절 부세토 시민들이 자신을 따듯하게 반겨주지 않아 상처를 입었다. 그는 고향사람들이 유명해진 자신을 위해 헌정한 '주세페 베르디 오페라 하우스'에 후원금도 내지 않았으며, 한 번도 극장에 오지 않았다고 한다.

오히려 베르디는 성공을 한 후 산타아가타에 '빌라 베르디'를 지었고, 이곳에서 주세피나와 함께 하며 말년을 보냈다. 이런 이유로 인근의 도시 파르마가 그의 명성을 대신하여 베르디 오페라의 메카가 되었다.

1991년 토스카니니 재단이 '베르디를 위한 부세토 페스티벌 재단'을 구성했다. 2001년 부세토의 오페라 극장에서 베르디 서거 100주년을 기념하여 그의 작품 〈아이다〉가 공연되었다. 부세토 시는 매년 베르디의 기일을 전후로 공연을 열고, 6월과 7월에는 오페라 공연을 연다. 이제는 부세토 시청, 파르마 시청과 에밀리아-로마냐 주청이 페스티벌의 재정을 분담한다.

3. 호반에서 펼쳐지는 브레겐츠(Bregenz) 오페라 페스티벌

여름밤 호수에서 열리는 음악 페스티벌 중에는 중부 유럽 산 속에 위치한 보덴 호에서 열리는 축제가 아름답다. 보덴 호는 독일, 오스트리아, 스위스 3국이 만나는 국경에 위치해 있다. 면적 536km^2, 호면표고 400m로 빙하기에 형성되었으며, 큰 호수인 오버 호(Obersee)와 서쪽의 몇몇 작은 호수로 나뉜다. 라인 강 상류의 중요한 발원지 중 한 곳으로, 서쪽으로 흘러나간다. 주변은 산으로 둘러싸여 있으나 이 호수로 인하여 기후가 온화하며, 호수는 한겨울에도 잘 얼지 않는다.

〈오스트리아 브레겐츠〉

(1) 오스트리아 브레겐츠 오페라 축제

브레겐츠(Bregenz)는 오스트리아 서쪽 국경지역에 있다. 37만 명의 시민이 거주하는 포어아를베르크(Vorarlberg) 주 수도이지만 낭만적인 동화 속 마을처럼 작아서 산책하기 좋다. 좁은 골목마다 갤러리, 서점, 카페들도 많고 전통 식당도 많다. 시내 곳곳에는 특히 이탈리아 오페라와 관련된 상점들이 많아서 이탈리아 작은 마을에 온 것처럼 느껴지기도 한다. 산 속의 작은 마을에 있는 현대미술관 쿤스트 하우스도 유명한 관광지이다. 호수가 마주 보이는 곳에 개관한 이 초현대식 건축물에는 전위

적인 현대미술전 '월드 비욘드'가 열리는데 페스티벌 기간에는 항상 오스트리아를 비롯한 유럽 전위 작가들의 특별전을 볼 수 있다. 브레겐츠 주위의 아름다운 관광지 중 특히 보덴 호수주변의 린다우가 가장 두드러진 곳이다. 브레겐츠는 오스트리아이고 린다우는 독일이라 열차를 탈 때 여권을 소지해야 하는 것이 원칙이지만 매일 이웃마을처럼 오가게 되는 곳이다.

(2) 브레겐츠 페스티벌

브레겐츠에서 매년 여름마다 세계 3위라고 해도 손색이 없는 잘츠부르크, 바이로이트와 비견될만한 대규모 음악 페스티벌이 펼쳐진다. 세계 최고의 호수 위에서 열리는 브레겐츠 페스티벌은 1945년에 시작되었다. 처음에는 호수에 큰 배를 띄워 갑판 위에서 공연을 했고 관객들은 호숫가에 앉아서 감상했다. 그 행사가 브레겐츠와 보덴 호숫가의 여러 도시를 찾는 휴양객들로부터 커다란 인기를 얻자 주최 측은 1948년부터 호수 위에 무대를 만들었다.

이후 1979년 지금과 같은 현대식 시설을 갖추게 되었다. 호수 무대에 기계식 이동장치와 첨단 음향시설이 구비되었고, 이어 1980년에는 페스티벌 하우스가 설립되었다. 그리하여 제대로 된 일반 오페라하우스보다 한층 거대한 무대에서 엄청난 사운드를 들려주게 된 것이다. 초기 무대를 장식하던 소규모의 오페레타 레퍼토리들은 사라지고 작품성에 역점을 둔 본격적인 오페라가 올려졌다. 브레겐츠는 비록 전자장치를 쓰지만 그 음향은 참으로 대단해서 무려 300m 밖 호반에 앉아서도 음악을 제대로 감상할 수 있다. 그동안 높은 평가를 받는 작품으로는 1985년 투란도트, 1991년 비제의 〈카르멘〉, 1994년 〈나부코〉, 1999년 베르디 오페라 〈가면 무도회〉, 2002년에 〈라보엠〉 등이 있다. 브레겐츠에는 호수 위의 오페라만 있는 것은 아니다. 1980년에 개장한 페스티벌 하우스에서는 야외공연과는 별도로 매년 예술적인 가치가 높은 작품이나 현대 오페라도 공연하고 있다. 1948년부터는 해마다 빈 심포니 오케스트라가 오페라 공연의 모든 음악을 연주한다. 잘츠부르크 페스티벌에 빈 필하모닉과 같은 역할을 하는 셈이다. 빈 심포니는 오페라뿐만 아니라 오페라 공연이 없는 날에는 콘서트를 7월 중순부터 8월 중순까지 페스티벌 기간 동안 하루도 쉬지 않고 연주한다.

무대는 호수 가운데 떠 있다. 호수에 '떠 있는 초대형 무대'는 객석과 약간의 거리를 두고 있는데 왼쪽에 긴 다리를 통해서 스태프와 출연자들이 통행한다. 페스티벌 하우스는 오페라가 콘서트, 전시, 회의 등이 열리는 상설공연장으로서 현대식 복합문화공간이다. 이 건물 뒤쪽 호숫가에 호수를 바라보는 4,400석의 큰 계단식 좌석을 만들고 오페라 공연을 올린다. 거대한 무대 세트는 일회적인 설치물이 아니라 견고하게 만들어 시즌이 끝난 이후에는 하나의 조형물처럼 보인다.

오페라가 시작할 무렵 독일서 도착한 배가 입항하고 배에서 내린 관람객들이 착석하고 석양으로 멋진 호수를 바라보며 오페라는 시작된다. 무대의 규모나 합창단과 무용단의 규모 또한 놀라울 정도다. 거대한 세트를 배경으로 하는 오페라 공연 또한 어디서도 볼 수 없었던 충격적인 경험이 될 것이다. 야외 오페라는 다양한 문제들로 가사 전달이나 음향의 효과를 제대로 발휘하기가 어려운 점이 많아 실패를 하는 경우가 많다. 그러나 브레겐츠의 오페라 공연은 이런 제반 문제를 해결하기 위해 첨단의 기술진과 오페라 가수의 마이크 사용으로 오케스트라와 긴밀하게 소통하는 협업이 빛나는 공연이기도 하다.

4. 세계 최고의 잘츠부르크 음악축제

(1) 잘츠부르크(Salzburg)의 역사와 도시

오스트리아 중서부 지방에 위치한 아름다운 도시 잘츠부르크(Salzburg)는 15만 명의 인구로 구성된 음악의 도시다. 빈에서 310km 떨어진 곳이고, 오스트리아 잘츠부르크 주의 주도로 로마시대부터 형성되어 유서가 깊어 1996년 '잘츠부르크 역사지구'가 세계 문화유산으로 등재되었다. 동화 속의 도시처럼 온화하고 고도의 모습을 간직하고 있어 영화 〈사운드 오브 뮤직〉의 촬영지로도 유명하고, 음악가 모차르트(1756~1791)의 출생 도시이기에 더더욱 유명하다.

독일어로 '잘츠'는 '소금'이란 뜻이고 '부르크'는 '성'란 의미이다. 소금 거래로 번성하던 이 지역에서 예전부터 암염이 많이 생산되었고 유럽 각지

SALZBURGER FESTSPIELE
FEST ZUR FESTSPIELERÖFFNUNG
20. und 21. Juli 2018

에 판매하던 장소이다. 잘츠부르크에서 빼놓을 수 없는 아름다운 명소 중 하나는 '미라벨 정원'(Mirabell garten)이다. 직사각형의 바로크식 정원으로 이곳에서 바라보는 잘츠부르크 성의 경치는 한 폭의 그림처럼 아름답다. 시내 중앙으로 잘츠부르크의 젖줄인 잘자흐 강이 유유히 흐른다. 구시가는 좁은 반경 내에 밀집되어 있어서 걸어서도 반나절이면 충분히 구경할 수 있다.

잘츠부르크의 랜드마크인 호엔잘츠부르크 성채(Hohensalzburg Fortress)는 1077년 게프하르트 대주교의 명으로 지어졌다. 중앙 유럽에서 가장 크고 보존이 잘 된 요새로서 환상적인 도시 경관을 제공한다. 신성로마제국의 황제와 로마 교황이 주교 선임권을 놓고 싸울 당시 대주교가 독일 남부의 침략에 대비해 세운 성이다. 인근의 웅장한 잘츠부르크 돔(Dom)은 당연히 구시가지의 주요 명소다. 돔 내부에는 모차르트가 세례를 받았던 로마네스크식 세례반도 있다. 그 외에도 대주교의 거주 공간, 군대 막사, 감옥 시설로 이용되었으며 15~16세기 증축, 보수를 거쳐 지금의 성채가 되었다. 한 번도 외부의 침략을 받은 적이 없어 원형 그대로 잘 보존되어 있다.

(2) 잘츠부르크 페스티벌의 탄생과 전개

모차르트는 잘츠부르크에서 궁정음악가의 아들로 태어나 다섯 살 때 피아노 소품을 작곡하였을 정도로 천재였다. 게트라이데(Getreidegasse) 거리에 그가 태어나 17세까지 살았던 모차르트 생가가 보존되어 있고, 피아노와 바이올린, 자필로 쓴 악보, 편지 등이 전시되어 있다. 그는 열한 살 때부터 오페라를 작곡하였으며, 유명한 오페라 작품도 22편이나 된다. 1870년 〈마술피리〉의 완전한 악보가 발견되었다. 그 후 잘츠부르크 '국제 모짜르테움 협회'가 발족되었고, 이것을 모태로 1920년에 세계최고의 음악제의 첫 공연이 오른 것이다. 매년 잘츠부르크 대성당 앞 광장에 돔플라츠 가설무대를 설치하고, 개막일 오후 5시에 호프만슈탈(Hofmannsthal, 1874-1929)의 연극 〈예더

만〉을 개막함으로써 잘츠부르크 페스티벌의 막이 오른다. 이 페스티벌은 1924년과 1944년 2회를 제외하고는 여름마다 개최되어 시민뿐만 아니라 세계인들에게 뜨거운 관심을 받았다. 잘츠부르크에는 모차르트만 존재했던 것은 아니다. 세계적인 지휘자 헤르베르트 폰 카라얀(Herbert von Karajan)의 고향이기도 하다. 카라얀은 1956년부터 잘츠부르크 페스티벌을 맡았으며, 33년간 고향의 음악제를 위해 혼신의 노력을 다했다. 1960년 페스티벌 하우스를 새로 개관하였으며, 베를린 필하모니를 참여시켰다. 지금은 빈 필하모닉 오케스트라가 호스트 오케스트라로 참여하여 축제를 빛내주고 있다. 잘츠부르크 중심부에는 카라얀의 공로와 명성을 기념하기 위해 '헤르베르트 폰 카라얀 플라츠'라 불리는 페스티벌 하우스 광장이 있다.

(3) 여름 바캉스와 잘츠부르크 축제

잘츠부르크 페스티벌은 세계적으로 가장 수준 높고 유명한 음악축제로 매년 7월 하순에서 8월 말까지 약 6주간 열린다. 잘츠부르크 페스티벌에서는 모차르트 음악을 비롯한 주옥같은 작품들이 공연된다. 베를린 필, 빈 필 등 세계적인 필하모닉들이 연주하고 당대를 대표하는 명지휘자들이 음악팬들을 사로잡는다. 잘츠부르크 음악축제는 세계적인 음악축제 가운데 가장 수준이 높고 유명하며 85년이 넘는 역사를 자랑한다. 고전적인 음악 유산을 현대적으로 해석하고, 20시기의 위대한 작품들도 최고 수준으로 발표함으로써 전통과 혁신의 조화를 중시하는 것이다. 또한 일반 대중의 다양한 참여를 유도하기 위해 티켓 가격의 폭도 넓으며 새로운 공연장을 개발하고 있다.

잘츠부르크에서 가장 비중이 큰 장르는 오페라이지만, 콘서트나 세계적인 솔리스트들의 리사이틀도 수준이 높다. 잘츠부르크 축제에 열리는 오페라는 세계 각지의 젊은 성악가들이 참여하여 세계무대에 선을 보이는 중요한 기회를 얻을 수 있는 공연이다. 이 무대를 통해 소프라노 가수 조수미도 세계 팬들에게 이름을 알렸다. 연출가 마틴 쿠세이가 올린 모차르트 〈돈 지오반니〉의 모든 여성 출연자들의 란제리 의상 그리고 데이비드 폰티니가 연출한 미완성작 푸치니의 〈투란도트〉 등이 주목할 만한 무대였다. 특히 폰트니의 연출은 푸치니가 '투란도트'를 완성하지 못하고 사망하여 나머지 부분을 이탈리아 작곡가 루차노 베리오가 다시 작곡한 부분을 가지고 새로운 〈투란도트〉가 무대에 올린 것이다. 공연된 작품은 푸치니의 후배 프랑코 알파노가 완성시킨 것보다 베리오의 악보와 완벽한 조화를 이루었다.

⑷ 잘츠부르크 음악축제와 공연장

잘츠부르크 페스티벌 연주는 특성상 주로 실내에서 공연된다. 대표적인 공연장은 모차르트 음악원, 주립극장, 대성당, 대축제 극장, 소축제 극장, 여름 승마학교 등이다. 야외무대로는 대성당 앞 광장이 주로 이용된다. 대축제 극장은 1960년에 개관하였고, 좌석 수는 2,180석이며, 무대의 넓이가 100m에 이르는 세계 최대의 공연장 중 하나다. 축제 소극장은 1,324석을 갖추고 있고, 모차르트 음악원은 804 공연장으로 사용된다. 승마 학교인 '펠젠라이트슐레(Felsenreitschule)'는 바위산을 뚫어 만든 곳으로 60여 개의 아치가 둘러 있는데 1926년 라인하르트가 잘츠부르크 음악제에서 연극 공연한 이래로 사용되고 있다. 이곳은 1,553석으로 플라스틱 지붕이 개폐식 구조로 되어있다. 영화 '사운드 오브 뮤직(The Sound of Music)'에서 트랩 가의 식구들이 나치를 피해 스위스로 도망가기 직전에 음악경연대회서 가족합창 장면을 촬영한 곳이다.

1893년에 개장한 주립극장은 로코코양식으로 좌석 수는 777석이며 주로 오페라와 연극공연으로 사용된다. 1614년 볼프강 디트리히에 의해 건축된 대성당의 파이프 오르간은 유럽 최대의 것 중 하나로 6,000개의 파이프로 구성되어 있다. 대성당 앞 광장은 잘츠부르크 페스티벌 처음 열렸던 곳으로 축제 기간 중 임시적으로 야외공연장으로 사용된다.

⑸ 축제 운영방식 : 비영리조직에 의해 운영

축제를 책임지는 공식 조직은 잘츠부르크 축제 재단이다. 이 재단은 오스트리아 연방법에 의해 1950년에 설립되었고 조직은 대의원회, 지도 위원회 그리고 감독 위원회로 구성되어 있다. 대의원회는 축제 백서와 재정보고서를 받고 감독 위원회와 지도 위원회에서 제출된 축제 예산과 축제 프로그램을 보고 받는다. 지도 위원회는 감독 위원을 임명하고 축제 프로그램과 예산 및 회계를 감독하고 승인한다. 감독 위원회는 조직과 운영을 책임지고 예산안을 제출하는 핵심 기관이다. 감독 위원회는 집행위원장 저 총감독과 예술감독 그리고 재정을 책임지는 경영감독 등 3명으로 구성되어 있다.

잘츠부르크 페스티벌은 유럽에서 가장 많은 후원금을 받는 축제 중 하나이다. 후원금은 축제 예산의 14%를 차지하는데 여기에는 개인기부금, 기업의 협찬금, '축제의 친구들'이 내는 후원금 등이 주를 이룬다. 기업으로는 세계적으로 잘 알려져 있는 네슬레, 아우디, 지멘스 등의 회사가 협찬한다. 보조금은 축제 예산의 26%를 차지하는데 이중 40%는 연방정부가 나머지는 주정부와 시정부가 각각 20%, 그리고 잘츠부르크 관광진흥기금에서 20%를 지원한다. 잘츠부르크 축제가 오스트리아 경제에 미치는 파급 효과는 매년 약 2,100억 원에 달한다고 한다.

특별한 것은 페스티벌을 후원하기 위한 단체인 '잘츠부르크 페스티벌에의 친구들'이라는 협회가 있다. 이 협회는 1961년 결성되었는데 매년 우리 돈으로 약 10만원씩 납부하는 정회원이 현재 1800명 있고, 100만 원씩 후원하는 후원회원이 2000명이 있다. 세계 각국의 모차르트의 애호가들이 잘츠부르크 음악축제를 지원하고 있는 셈이다. 이들 후원회원과 정회원들에게는 입장권 구매에 우선권이 주어진다. 그 외 수입은 13%를 차지하고 있는데 대관료와 중계권료 등이다. 잘츠부르크 페스티벌 기간에는 93% 좌석 점유율을 자랑하며, 축제 기간 동안 20여만 명의 공연 관람객이 찾아온다. 온라인 판매 오픈은 11월 중이지만 인기가 있는 공연은 적어도 6개월 전에 예매하지 않으면 금방 마감되기에 표구하기가 만만치가 않다.

5. 유럽 최고의 EDM(Electronic Dance Music), 투머로우랜드

투모로우랜드(Tomorrowland)는 벨기에서 열리는 세계 최대의 전자댄스뮤직페스티벌(Electronic Dance Music)이다. 투모로우랜드가 열리는 붐(Boom)은 벨기에 수도인 브뤼셀에서 35km 떨어진 인구 2만여 명으로 구성된 작은 도시다. 2005년부터 시작해 매년 최정상급부터 신인 DJ들까지도 참여하는 붐(Boom)이란 마을의 대형공원은 40만여 명이 몰리는 댄스뮤직의 성지 같은 곳으로 변한다. 페스티벌의 주제는 해마다 다르며, 그 주제에 따라서 스테이지의 구성이나 배경이 바뀌어 매 번 신선한 느낌을 받을 수 있다. 행사 안내도에는 16개의 다양한 스테이지가 설치되었다.

〈투모로우랜드(Tomorrowland)가 열리는 벨기에 봄〉

투머로우랜드는 기본적으로 동화의 나라를 컨셉으로 한다. 투머로우랜드는 매해 다른 스토리를 구성하고 이를 멋진 애니메이션이나 연기로 보여주며 색다른 테마를 가진 동화의 나라로 관객들을 인도한다. 가장 관심을 받는 메인 스테이지는 매해마다 스토리에 맞춰 모습을 바꿔가고, 페스티벌 당일까지 비밀로 유지되고 있던 스테이지의 모습이 현장에서 드러나는 순간 감탄을 금치 못하게 한다. 게다가 아름다운 페스티벌 현장 주변의 자연환경과 페스티벌 곳곳에 설치되어 있는 장치들, 분장을 한 스태프도 동화의 나라를 구현하는 데 일조한다. 아름답고 비현실적인 동화의 세계 같은 순수한 마음은 바로 투머로우랜드에 모인 관객들의 마음이다.

〈세계 최대의 전자댄스뮤직페스티벌(Electronic Dance Music), 투모로우랜드〉

보통의 댄스 뮤직 페스티벌의 트레일러가 아티스트의 라인업이나 하늘을 향해 손을 뻗은 관객들, 즐겁게 웃고 있는 사람들, 열정적인 퍼포먼스를 보여주는 아티스트의 모습을 담는다. 이에 반해 댄스 뮤직 페스티벌은 기본적으로 DJ Set을 중심으로 운영된다. CDJ와 믹서를 설치하고 공연을 하는 모습은 우리가 가장 일반적으로 생각하는 DJ의 모습이다. 댄스 뮤직 페스티벌은 이러한 DJ Set 위주로 구성되어 있어서 락 페스티벌 등의 페스티벌과 비교했을 때 상대적으로 스테이지 운영이 쉽다. 락 페스티벌에서는 한 아티스트의 무대가 끝나면 사운드 체크, 프로덕션 교체 등 적어도 약 2~30분 정도의 준비 시간이 필요한 데 비해, 댄스 뮤직 페스티벌은 한 아티스트의 무대가 끝나면 바로 다음 아티스트가 올라와 음악을 계속해서 이어갈 수 있다. 투머로우랜드의 환상적인 분위기는 세계 최고의 댄스 뮤직 아티스트의 무대와 함께 더욱 완벽해진다. 그 동안 세계 최고의 뮤지션들인 Kaskade, Krewella, Armin Van Buuren, Afrojack, R3hab, Nervo, Dimitri Vegas & Like Mike, Eric Prydz, Knife Party, Laidback Luke, Dyro, Sunnery James & Ryan Marciano, Chuckie, Hardwell, Tiesto 등이 투머로우랜드의 공연을 통해 동화나라의 마법과도 같은 경험을 전자댄스음악에 미친 모두에게 선사한다.

2013년에는 단 1초 만에 모든 티켓이 매진되어 티켓팅 만으로도 이름을 알렸다. 매년 순간적으로 티켓이 매진되었으며 참여를 요구하고 구매하기를 원하는 댄스 뮤직 팬들로 넘쳐나고 있다. 전 세계 92개 국가에서 18만 명이 넘는 관객이 모여들었다. 세계 최고의 페스티벌 〈Tomorrowland〉는 컨셉과 디자인의 완벽한 조화를 보여준다. '인터내셔널 댄스 뮤직 어워즈(International Dance Music Awards)'에서 '최고의 페스티벌' 부문에 2012년부터 2014년까지 3년 연속 수상한 〈Tomorrowland〉는 벨기에가 자랑하는 세계 최고의 페스티벌이다. 〈Viagogo〉의 분석에 따르면 〈Tomorrowland〉의 1주차 페스티벌이 끝나고 2주차 티켓에 대한 수요가 317%나 증가하였다고 한다. 〈Viagogo〉는 〈Tomorrowland〉가 〈Coachella〉, 〈Stereosonic〉 등을 제치고 최고의 티켓 수요를 가지고 있는 페스티벌로 분석하였다. 〈ID&T〉사가 주최하는 〈Tomorrow-land〉는 지난 해 미국으로 진출하여 〈Tomorrow-world〉라는 이름으로 페스티벌을 수출하였다. 2015년에 또 하나의 대륙인 브라질의 상파울로 페스티벌을 진출시켰다.

투모로우랜드 페스티벌은 7월 말에 두 번의 축제를 연다. 브뤼셀에서 떨어진 작은 마을에서 열리는 이유로 숙박은 텐트촌으로 해결한다. 드림빌(DreamVille)이라는 텐트존은 최대 4박 5일의 축제 현장을 즐길 수 있다. 입장권과 텐트를 제공해 주는 패키지 티켓으로 구매가 가능하다. 캠핑장의 규모가 크기에 색다른 페스티벌의 즐거움도 추가로 즐길 수 있다. 물론 푸드존이 있어 다양한 음식을 먹을 수도 있지만 개인이 즐길 먹거리와 간단한 캠핑 도구와 개인 장비는 미리 준비를 해서 가는 것이 좋다. 행사장 내 모든 결제는 입장하면서 채워지는 '팔찌'를 계산대에 대면 쉽게 해결한다. 투머로우랜드에서는 '펄(Perls)'이란 화폐단위를 쓴다.

유럽에서 열리는 세계적으로 유명한 댄스음악 페스티벌(EDM) 크로아티아의 〈Ultra Europe〉는 아름다운 해변을 배경으로 'Poljud 스타디움'에서 슈퍼스타들이 총출동한 화려한 축제를 보여준다. 또한 스페인 바르셀로나에서 열리는 '소나르(Sonar) 페스티벌', 세르비아의 '엑싯(Exit) 페스티벌', 헝가리의 '시겟(Sziget) 페스티벌' 등도 유명하다. 한국은 아시아 최초로 〈Ultra Music Festival〉을 가져온 국가이다. 〈Ultra〉는 한국을 기점으로 일본으로 뻗어나갔고 앞으로 계속 확장해나갈 계획이다. 또한, 〈Global Gathering〉도 한국에서 6년차를 맞이하고 있다. 이미 성공적으로 해외 페스티벌을 개최하고 있는 한국은 〈Tomorrowland〉의 아시아 베이스캠프로 선정될 수도 있을 것이다. 또한, 〈Tomorrowland〉를 주최하는 〈ID&T〉사의 관계자가 여러 번 한국을 방문했다는 사실도 〈Tomorrowland Korea〉를 기대하게 만든다.

04 유럽의 전통 문화 축제

1. 이탈리아 베니스 카니발

사육제(카니발)를 지칭하는 이탈리아어로 'carnevale'는 '고기를 금한다(謝肉)'는 뜻인데 carne(고기, 살)와 levare(없애다, 탈하다)로 구성된 합성어다. 옛날에는 유럽 곳곳의 대도시와 시골 마을 등지에서 크고 작은 규모의 다양한 사육제가 많이 있었지만, 사육제 기간 동안 로마 가톨릭 교회의 금식 전통을 엄격히 지키는 사람이 점점 줄어들면서 현대에는 많이 사라졌다. 오늘날까지도 계속되는 몇몇 사육제들은 애초의 종교적 의미로부터는 동떨어진, 크고 화려한 볼거리로 변모하였다. 대부분, 가면이나 화장으로 분장을 하고, 기괴한 옷차림을 한 사람들이나 대형 인형들을 앞세워 거리를 행진하는 것으로 구성된다. 유럽에서는 영국 노팅힐 카니발, 프랑스의 니스 카니발, 벨기에 뱅슈 카니발, 그리스 파트라 카니발 등이 유명하다.

원래 카니발은 사순절 때문에 생긴 것이다. 예수께서 40일간 광야에서 금식기도하고 십자가에 고난당하다가 사망한 것을 기억하며 40일간 육식을 먹지 않고 단식하는 사순절 바로 전에 고기도 실컷 먹고, 놀고, 마시는 데에서 유래한다.

이러한 축제의 기원을 좀 더 거슬러 올라가면 로마시대의 동지제(冬至祭, 12월 17일)부터 라고 말할 수 있다. 이 때 그리스-로마 사람들은 기나긴 겨울의 악령들을 몰아내는 의미에서 포도주를 마시고 노래를 부르며 축제를 열었다고 한다. 나중에 그리스도인들이 이러한 풍습을 받아 들여 카니발이 된 것이다. 원래 이 기간은 주현절(Epiphanias, 1월 6일)부터 사순절이 시작되는 전 날의 화요일까지 계속되다가, 그 후 성회 수요일 직전 한 주일로 정하기 시작하였다. 이 한 주간 여러 나라에서는 가장 행렬도 하고 파티도 하면서 먹고 마시고 즐기는 등 인간의 쾌락을 자극하는 행사들이 행해진다. 물론, 카니발은 단조로운 일상생활에서 탈출하여 계급을 무시하고 함께 즐긴다는 긍정적인 면도 있다.

(1) 베네치아(Venezia) 지리와 역사

베네치아는 이탈리아 북동쪽 끝에 위치한 바다의 도시다. 베네치아는 바다 위에 떠 있는 도시이기에 자동차도 도로도 없고 수상택시와 버스, 곤돌라가 교통수단이다. 검은색의 곤돌라는 베네치아의 상징이고 곤돌라를 타고 부르는 오페라 〈호프만의 이야기〉에 나오는 뱃노래로도 유명하다.

1500여 년 전 베네치아는 바다 위 갈대만 있던 곳에 베네토 지방의 사람들이 훈족의 침략을 피해 인공적으로 섬을 조성하여 살기 시작한 척박한 곳이다. 섬들을 연결하여 도시를 만들었는데 117개의 섬과 150개의 운하와 400여개의 다리로 연결되어있다. 12세기에는 해양국가로 성장해 재해권을 장악하고 오리엔트와의 교역을 통해 지중해의 패권을 장악했다. 르네상스 시대에는 피렌체에 버금가는 최고의 도시이자 공화국이 되었고 18세기에는 유럽문화의 중심지가 되었던 곳이다. 역사상 가장 사치스럽고 화려한 카니발 축제가 열리는 곳이기도 하다.

(2) 베네치아 카니발(Carnevale di Venezia)

매년 2월이면 베네치아에는 카니발 준비로 분주하다. 형형색색의 다양한 가면과 화려한 옷을 입은 사람들이 산마르코 광장을 중심으로 모여 카니발의 축제를 즐긴다. 산 마르코(San Marco) 광장은 베네치아 수호성인인 산마르코로 마가복음의 저자

마가를 부르는 이름으로 828년 마가의 유골을 모시기 위해 만든 성당이 바로 산마르코 교회이다. 산마르코 광장에는 유서 깊은 유명한 카페가 몇 있는데 플로리안, 콰드리, 라벤나 그리고 그랑 카페이다.

베네치아 카니발의 기원은 불분명하다. 최초의 축제의 기록에는 1039년부터로 948년 7명의 젊은 신부가 이트리아인 해적에 납치되었다가 풀려 난 것을 축하하기 위해 시작된 것으로 본다. 이런 이유로 축제의 시작은 마리 축제(La Festa delle Maries)로 열린다. 르네상스 시대에 군주들의 후원을 통해 관심이 증폭되어 지배층을 위한 가면무도회가 열렸다가 18세기에 와서 화려함과 장엄한 축제로 변신을 더했다. 2차 세계대전 중에는 중단되었다가 재개되었고 지금의 화려한 축제의 성격은 1980년대 초 전통적인 관습들을 복원하면서 규모가 커지고 흥미로워진 것이다.

베네치아의 카니발은 참회의 화요일까지 12일간 열린다. 산마르코 광장에는 다양한 형태와 다채로운 색으로 만든 가면을 쓰고 화려한 의상을 입은 사람들이 광장을 돌아다니며 관광객들과 축제를 즐긴다. 축제 기간 중의 산마르코 광장은 가장 세련되고 풍성한 볼거리를 제공한다. 중세 귀족풍의 가면과 의상을 입은 사람들의 모습도 자주 볼 수 있으며, 환상적이고 하려한 치장을 한 사람들로 광장은 신비하고 낭만적인 곳으로 변신한다. 류정아는 그의 저서 〈축제 인류학〉에서 프로이트는 축제를 '허락된 일탈'이라는 표현으로 성과 역할의 전복을 일시적이나마 가능하게 한다고 인용하고 있다. 특히 가면 축제는 사람들이 가면 속에 자신을 숨기고 평소에 할 수 없었던 행동과 패션도 거리낌 없이 할 수 있다는 점이 모두에게 즐거움을 준다고 하였다. 가면으로 자신의 정체성을 숨김으로써 엄격한 위계질서를 벗어나 해방감이나 일탈의 경험 그리고 다양한 욕구들을 일시적으로 현실화함으로써 정체성과 새로운 에너지를 얻을 수 있다는 것이다.

(3) 베네치아 카니발(Carnevale di Venezia)의 특성

이탈리아 최대의 축제인 베네치아 카니발은 브라질 리우 카니발, 프랑스 니스 카니발과 함께 3대 카니발 축제에 꼽힌다. 매년 베네치아 카니발은 컨셉이 주어지고 그 테마에 의해 프로그램이 구성되어 운영된다. '마리 축제'로 출발하는 2일간의 개막식 중 첫 날에는 오후 4시 7명의 젊은 신부들이 퍼레이드와 함께 베니스에서 가장 오래된 성당인 산피에트로 디 키스텔로 교회에서 출발하여 산마르코 광장에 도달한다. 이 거리 축제에서 많은 시민들은 다양한 퍼포먼스와 댄스 그리고 음악이 연주되는 것을 볼 수 있다. 둘째 날에는 카니발 개막 퍼레이드가 펼쳐진다. 시민들은 전통의상을 갖추고 가면을 쓰고 산마르코 광장을 중심으로 마임과 음악 댄스로 흥을 돋운다.

가면무도회가 열리고 오케스트라 음악에 맞춰 왈츠와 네 사람이 한 조를 이루어 '카드릴' 춤을 춘다. 이어 카니발의 '최우수 의상 선발대회'가 열리고, 천사의 비행(Il Volo dell' Angelo) 등의 행사가 진행된다. 특히 2011년 이후 천사의 비행의 주인공은 전년도 의상 선발대회 우승자가 천사 역할을 맡게 되는데 산마르코광장 종탑에서 바닥까지 늘어뜨린 줄을 타고 총독에게 경의를 표하면 내려오는 행사다. 축제의 마지막 날에는 산마르코 광장에서 대무도회가 열려 광란의 밤을 보낸다.

베네치아 시에서 주관했던 카니발은 1994년부터 '베네치아 카니발 위원회'를 중심으로 운영되고 있다. 이 협의체는 비영리 조직으로 각종 단체와 기업 등으로 구성된다. 축제 위원장은 임기 3년의 선출직으로 현재는 지오반나 바르비에로 보나벤투라(Giovanna Barbiero Bonaventura)가 회장직을 수행하고 있다. 축제 조직위는 축제 기간 동안만 일하는데 직원의 수는 30여명으로 구성된다. 베네치아 카니발의 경제효과는 대단하다. 연간 전체 경제의 10% 가량을 차지할 정도다. 축제기간 중에 100만 명이 넘는 관광객이 방문하기 때문이다. 3만 명 정도가 살고 있는 베네치아 섬에는 축제 기간 중에 가면을 착용하는 것이 일상적이어서 빈부격차를 떠나 누구나 가면을 착용하는 것을 자부심으로 느낀다. 베네치아의 가면은 관광 상품으로서도 유명하다. 작은 상점에 진열된 다양한 형태의 마스크들이 관광객들의 눈길을 끈다.

베네치아 카니발의 예산규모는 약 15억 원 정도다. 이 중 베네치아시의 보조금은 약 20% 정도이고, 나머지는 거의 대부분 민간 후원금으로 충당된다. 베네치아 카니발위원회는 가능하면 국가나 시 당국으로부터 보조금을 받지 않으면서 경제적인 축제를 이끌어 가는데 역점을 두고 있다. 세계적으로 유명한 카니발의 관광수입은 600억 원으로 음식점, 숙박, 상점이 균형 있게 분배되고 있다.

2. 세계 최대의 맥주축제, 옥토버페스트

〈독일 뮌헨〉

세계적으로 맥주의 소비가 유난히 높은 나라는 체코, 독일, 벨기에일 것이다. 독일 특히 뮌헨하면 맥주를 떠올릴 만큼 맥주와 관련된 유명한 축제가 있다. 세계 최대의 맥주축제 옥토버페스트는 9월 말부터 10월 초까지 독일 남부지역 뮌헨에서 열린다. '옥토버페스트'라 불리는 축제는 브라질의 리오축제, 일본 삿포로의 눈축제와 더불어 세계3대 축제 중 하나로 알려졌다. 옥토버페스트의 어원은 10월에 열리는 축제라는 의미이지만 실제로는 9월 말에 시작된다. 일반적으로 9월 3째 주 토요일에 시작해서 보름간 열리며 10월 첫 주에 마무리한다.

독일 맥주 순수령은 1487년 11월 30일, 바이에른 공작 알브레트 4세가 제정하였고, 바이에른 공작 빌헬름 4세는 1516년 4월 23일에 모든 사람들이 이 순수령을 따라야 한다고 '맥주 순수령'을 공포하였다. 빌헬름 5세는 뮌헨에 궁정 양조장인 '호프브로이 하우스'를 1589년에 건설하였다. 맥주 순수령은 맥주를 양조하는 과정에서 보리, 호프, 물 이외에 어떤 재료도 첨가하지 말아야 한다는 명령인 것이다. 뮌헨은 유명 맥주회사가 밀집되어 있는 독일 최대의 맥주 생산지이다.

(1) 뮌헨, 맥주 도시의 역사

알프스 북부의 이자르 강가에 위치한 뮌헨은 독일 남부 바이에른 주의 수도로 베를린과 함부르크와 함께 세 번째로 큰 도시이다. 인구 약 142만 명이 시 경계선 안에 상주하고 있다. 베네딕트 칙령 당시의 수도승들이 뮌헨이라는 도시를 건립하였고, 도시명의 유래는 옛 고산 지대 독일어로 '수도승들의 공간'이라는 뜻을 가진 무니헨(Munichen)에서 유래하였다. 12세기 경 바이에른 대공이 마을을 건설하면서 발전했다. 1314년 루트비히 4세가 독일의 왕으로 선출되었고, 1328년 신성 로마 제국의 황제가 되었다. 1506년 바이에른 왕국이 통일된 이후 뮌헨은 수도가 되었고 16세기 독일 르네상스의 핵심 도시로 발전했다. 바이에른은 이후 바로크 문화의 중심으로 지금까지 많은 문화적 유산과 건축물이 남아 있다. 뮌헨 국립극장은 바이에른의 루트비히 2세의 감독 하에 리하르트 바그너의 오페라가 처음으로 열린 곳으로, 바이에른 주의 오페라와 오케스트라의 본고장이다. 1911년에 창설된 푸른 기사(Der Blaue Reiter)로 파울 클레, 바실리 칸딘스키를 중심으로 표현주의 예술가 단체에 활동하였다.

1972년에 20회 올림픽이 개최된 곳이다. 현재 뮌헨은 유럽의 경제적 문화적 중심지로 주목받고 있는 도시들 중 하나로 세계에서 두 번째로 많은 책을 출판하는 것으로 알려져 있다. 뮌헨의 지역 요리 중 가장 유명한 것은 흰 소시지(Weißwurst)이다. 이 소시지는 정오 이전에만 먹는 음식으로, 냉장고가 생기기 전에 소시지를 오래 보관하지 못해 시작된 전통이다. 소시지는 주로 겨자와 갓 구워낸 프레첼과 같이 먹는다. 레버케스(Leberkäs)라는 바이에른식 소시지는 주로 감자 샐러드와 곁들여지는 지역의 또 다른 별미이다.

(2) 옥토버페스트(Octoberfest) 역사적 배경

1810년 10월 12일에 루트비히 황태자와 작센-힐트부어크하우젠의 테레제 공주와의 결혼을 기념하여 경마경기인 옥토버페스트가 열렸다. 이 경마경기는 시민들이 좋아했기에 왕실은 매년 열기로 하여 현재 옥토버페스트로 알려진 맥주 축제로 변화하였다. 이듬해 농업축제가 개최되었고, 이 축제에서 즐거운 맥주 파티가 이어지면서 경마경기는 사라진 것이다. 1853년에는 그 뒤편에 루메스할레(Ruhmeshalle)라는 건물이 완공되어 이후 축제의 상징물이 되었다. 옥토버페스트는 원래 10월에 열리는 축제이지만 날씨가 따뜻하고 맑은 9월로 앞당겨지면서 기간이 확장된 것이다. 이 축제는 독일 통일 일인 10월 3일이 월요일이나 화요일이 아닌 한 10월 첫째 주 일요일에 종료된다. 10월 3일이 월요일이나 화요일인 경우에는 이날까지 축제를 연다.

가장 잘 알려진 맥주홀인, '호프브로이하우스 암 플라츨(Hofbräuhaus am Platzl)'은 도심에 위치한다. 이곳에서 뮌헨의 가장 유명한 연간행사인 옥토버페스트(Oktoberfest) 축제에는 두 번째로 큰 텐트를 운영하기도 한다. 2주간 열리는 옥토버페스트는 100만여 명의 방문객에게 맥주 텐트(Bierzelte)와 각종 엔터테인먼트로 즐거움을 더해주고 있다. 옥토버페스트가 100주년을 맞이하던 1910년에 참가자들이 마신 맥주의 양은 120만 리터였다. 옥토버페스트는 축제가 처음 생긴 이래 세계대전과 경제 불황, 콜레라 등으로 24번이나 열리지 못했다.

(3) 옥토버페스트의 형식

1950년 뮌헨 시장 토마스 빔머가 처음으로 맥주 통 꼭지를 따는 행사로 축제를 시작했다. 이것은 현재는 옥토버페스트의 빠질 수 없는 전통이 되었다. 이후 옥토버페스트는 다시 세계 최대의 민속축제로 발전해갔다. 식전 행사는 오전 11시 맥주 마차 퍼레이드가 있고 맥주 회사들이 저마다 화려하게 치장한 마차에 맥주통을 싣고 축제장으로 행한다. 그 뒤를 악단과 관계자들 그리고 시민들이 약 45분간 행진하면서 축제장으로 향한다. 12시 정각 뮌헨 시장이 축제장에서 커다란 나무망치로 맥주통의 꼭지를 열고는 '마개가 열렸다(O! zapft is).'를 외치며 축제는 시작된다.

맥주 축제장으로 쓰이는 공간은 약 103에이커로 어마하게 크다. 중심이 되는 장소는 테레지엔비제(Theresienwiese)라 불리는데 테레제 공주였던 신부의 이름을 빌려 '테레사 정원'이라 불리게 된 곳이다. 뮌헨에 있는 6개의 맥주 회사의 대형 텐트뿐만 아니라 다수의 맥주 회사가 일시적으로 설치한 대형텐트 14개가가 주요 행사장의 시설이다. 가장 규모가 큰 텐트에는 1만 명이 들어갈 수도 있다. 기업형 대형 텐트가 만들어진 것은 1896년부터이며, 가족 동반의 축제로 확장되면서 각종 놀이시설과 볼거리 등이 추가 된 것이다. 각국에서 온 참가자들은 텐트로 몰려가 신선한 맥주를 즐기며 음악에 맞춰, 노래와 춤으로 맥주와 전통음식을 즐긴다. 맥주를 마시는 시간은 10시 30분까지 제한하고 있다.

옥토버페스트에는 현재 매년 600만 명이 방문하였으며, 방문자의 수는 매년 늘고 있다. 이들 중에 독일인이 아닌 외국인의 수는 15% 정도를 차지한다. 뮌헨 맥주 축제는 맥주만을 즐기는 축제는 아니다. 다양한 퍼레이드 행사와 공연 그리고 독일 전통문화를 알리는 경연장이기도 하다. 축제 개막일에는 '국제민속경연대회'도 열린다. 각국의 참가자들은 자신들의 독특한 의상을 입고 공연을 한다. 다음 날인 일요일 오전 10시부터는 고유의상 퍼레이드가 마련된다. 여기에는 7천명에 이르는 시민들이 중세시대의 전통복장으로 차려입거나 다양한 직업군으로 분장한 가장행렬이 퍼레이드에 참가하는데, 뮌헨의 다운타운에서 축제장까지 7km에 이른다. 2번째 일요일에는 대규모 야외 콘서트가 열린다.

옥토버페스트는 종교적인 의미를 가지지 않기에 많은 인파가 몰리며, 자유롭고 화려하며 떠들썩한 분위기가 특징이다. 2005년에는 '조용한 옥토버페스트(Ruhigen

Wiesn)'라는 조직이 결성되기도 했다. 또한 각 텐트 운영자들은 18시 이전에 전통 관악음악만 연주하고, 음악의 크기도 85데시벨 이하가 되도록 강제하고 있다. 밤이 되면 대중음악도 연주할 수 있다. 이는 옥토버페스트가 가족과 노인들도 거부감 없이 방문할 수 있고 전통적인 분위기도 유지하기 위한 것이다. 편의시설로는 화장실이 1400여 개소에 설치되고 관광사무소, 행정관청, 경찰서, 복지사무소, 안내소, 응급시설 등이 들어선다.

3. 스페인 산 페르민축제

〈산 페르민(San Fermin) 축제가 열리는 팜플로나(Pamplond)〉

유럽에서 가장 많은 인파가 몰리는 축제는 스페인 팜플로나(Pamplond)에서 열리는 산 페르민(San Fermin)축제다. 스페인의 북부 나바라 주의 수호성인이자 3세기 말 주교였던 산 페르민을 기리기 위해 매년 7월 6일 정오부터 7월 14일 자정까지 나바라(Navarra) 주의 주도인 팜플로나(pamplona)에서 개최되는 축제이다. 축제 당일 방문객이

100만 명을 넘는다. 순교자 산 페르민을 기리기 위해 17세기경에 시작한 지역축제가 이제는 세계가 주목하는 축제가 되었다. 현재 축제 기간 동안에는 소몰이, 투우, 행진, 폭죽 터트리기 등의 다양한 행사를 진행한다. 가장 중요한 행사는 소몰이 경기다. 투우장으로 몰고 가는 6마리의 투우소와 함께 사람들이 좁은 골목을 목숨을 걸고 달리는 것이다. 많은 사람들이 이 광경을 보고 흥분을 가라앉히지 못한다. 긴장감과 속도 그리고 아슬아슬한 상황은 보는 사람으로 하여금 간장을 서늘하게 만든다. 흰 티에 빨간 스카프를 단 용감한 사람들과 열정을 지닌 스페인 사람들이 모여 한 바탕 놀이가 끝나면 투우장에선 또 다시 투우가 시작된다.

산 페르민 축제는 1923년 이후 헤밍웨이가 4차례나 직접 참여하면서 받은 영감을 그의 소설 〈태양은 다시 떠오른다.〉(1926)로 전 세계에 소개하면서 알려진 것이다. 이후에도 그는 3차례나 더 방문하고 그는 〈오후의 죽음〉(1932)이란 논픽션에서 스페인 투우 전통에 관해 자세히 소개하고 있다.

(1) 스페인 산 페르민 축제의 기원과 역사

산 페르민은 3세기경 실제로 존재했던 성인이다. 그는 24세에 오네스토에 의해 주교로 임명되었으며 31세의 나이에 기독교를 공부하고 복음을 설교하고자 프랑스로 떠났다. 처음에는 아키텐(Aquitaine, 프랑스 서남부의 지방), 오베르뉴(Aquitaine, 프랑스 중부의 지방)와 앙주(Anjou, 프랑스 서부의 옛 공국)에서 설교 활동을 하였으며, 이후 많은 사람들이 개종하는 데 큰 공을 세웠다. 그러나 이 지역의 권력자들과 마찰이 생기면서 결국 그는 303년 9월 25일 프랑스 북부 아미앵에서 참수당하여 순교했다. 산 페르민은 현재 산 프란시스 사비에르(St Francis Xavier)와 함께 나바라주의 공동 수호성인이며 제화공, 와인 무역업자, 그리고 제빵사들의 수호성인이기도 하다.

이 축제의 기원은 정확하지는 않으나 기록에 처음 등장한 것은 13~14세기이다. 가톨릭 국가인 스페인에서는 각 지역마다 수호성인이 있고 그 성인의 탄생일을 기념하는 종교적 축제가 있었다. 산 페르민 축제는 이런 종교적 축제에 14세기경부터 시작된 지역축제의 모습과 15세기경부터 프랑스와 스페인 접경 지역에서 유행하던 소 축제가 융합되어 발전한 것이다. 본래 산 페르민 성축일은 9월 24일이었으나 이

시기는 비가 자주 오는 우기로서 축제에 적합하지 않았다. 그래서 1591년 팜플로나 시는 팜플로나 주교에게 공식적으로 행사 변경을 요청했고 그 의견이 승인되어 현재의 날짜로 옮겨졌다. 현재는 7월 14일까지 9일간 열린다. 산 페르민축제는 18세기까지 종교적 성격이 강했으나 시간이 흐름에 따라 점차 사라지고 대신 퍼레이드와 같은 행사가 추가되며 유희적 색채가 짙어지면서 오늘날의 모습을 갖추게 되었다.

(2) 산 페르민축제의 형식

추피나소(바스크어로 txupinazo)는 일종의 개막식이다. 축제 참가자들은 흰색 옷을 입고 목에는 성인의 순교를 상징하는 붉은색 스카프를 멘다. 그리고 콘시스토리알(Consistorial)광장에서 샴페인과 와인을 마시며 축제 시작을 기다린다. 정오가 되면 축제준비위원회에 의해 그해 선정된 사람이 시청 발코니에 나와 "팜플로나 시민 여러분, 산 페르민 축제 만세(Pamplones, Pamplonas, viva San Fermin)"를 외치면서 폭죽을 발사하고 이로써 축제가 시작된다. 이어서 거인 행렬(Gigantesy Cabezudos), 리아우 리아우(Riau-Riau), 소몰이(Encierro)와 포브레 데 미(Pobre de mî) 등의 행사가 이어진다.

거인 행렬은 150년 이상 행해져 온 축제 기간 매일 오전 10시에 펼쳐진다. 1860년 시의회에서 타데오 아모레나(Tadeo Amorena)라는 장인에게 거인 네 상자를 주문해 열리기 시작한 거인 행렬은 첫 해 시민들의 큰 호응을 얻자 다음 해부터는 시청이 직접 주관해 실시해 오고 있는 유서 깊은 행사다. 이 행렬에는 아시아, 아프리카, 아메리카, 유럽 대륙을 상징하는 각 남녀 한 쌍의 거인과 오세아니아를 상징하는 한 명의 거인이 등장한다. 4m 높이에 몸무게가 60kg이나 나가는 이 거인들은 행사 기간 중 도시 여러 곳을 돌아다니다가 14일 2시 30분 버스 터미널에서 작별을 한다. 이러한 거인들의 출현은 16세기말부터 시작되었는데 초창기에는 축제가 끝나면 나무틀과 종이로 된 거인들을 태우는 행사가 있었으나 그 후로는 다음 행사를 위해 보존하였다. 거인 행렬이 단순한 행렬이 아니라 킬리키스 인형들이 행진 도중에 솜방망이를 들고 시민이나 관광객들을 아무나 때림으로써 커다란 웃음을 유발하며 이를 통해 누구든지 구경꾼이 아닌 축제의 참가자가 되도록 만들기 때문이다.

리아우-리아우는 팜플로나 시 의원들이 축제를 맞이해 성당에서 종교적 의식을 거행하고자 시청에서 성 로렌소 성당까지 행진을 하고 시민들은 시청 악대가 연주하는 아스트라인 왈츠(Vals de Astraín)를 계속 부르며 행진을 방해하는 행사이다. 많은 사람들이 좁은 거리를 리듬에 따라 움직여야하기 때문에 행진의 노래인 아스트라인 왈츠의 리듬은 아주 느리다. 노래와 춤이 계속 반복되고 시청의 브라스 밴드(brass band, 금관악기들로 구성된 악단)인 라 팜플로네사(La Pamplonesa)가 연주한다. 매우 많은 사람들이 행진을 방해하기 때문에 의원들이 1m 나아가는데 45분 정도가 소요되며 1972년과 1980년에는 성당에 도착하지 못한 채 행사가 취소되기도 하였다. 처음에는 정치적인 성격으로 문제가 지속적으로 발생하면서 중단되기도 했지만 이제는 정치적인 내용보다는 시민들이 자발적으로 참여하는 행사가 되었다.

산 페르민축제에서 가장 많은 관심을 받는 행사는 소몰이이다. 소몰이는 축제 기간 중 매일 아침 8시에 시작된다. 소몰이에 참가하는 사람들은 행사의 출발지인 산토 도밍고(Santo Domingo) 언덕으로 모여 행사를 기다린다. 이후 성당의 종소리가 소몰이 경주의 시작을 예고하고, 정각 8시 첫 번째 총성이 울리면서 소몰이가 시작된다. 투우 경기에 사용될 여섯 마리의 소들을 가둔 우리의 문이 열리고 두 번째 총성이 울리면 이 소들은 거리를 향해 질주가 시작된다. 옛 요새 유적지 로차피아 람파르트라고 하는 곳에서 투우장까지 875m 가량의 거리를 평균 600kg의 난폭한 소 6마리가 평균 시속 25km로 참가자들과 함께 질주를 벌인다. 아무런 사고가 없으면 3분도 채 걸리지 않으며, 소와 인간 사이의 경주는 숨이 막힐 듯 한 긴장감을 유발하면서 참가자들과 구경꾼들을 흥분시켜 이에 매료되게 한다. 때로는 스릴 넘치는 이 행사에 사상자가 발생하기도 한다. 924년부터 2015년까지 사이의 축제 기간 중 사망한 사람이 14명이고 250명 이상의 부상자가 생기기도 하였다. 안전을 위해서 시에서는 녹색 완장을 찬 전문적인 목동들을 투입하여 소들이 흥분하여 참가자들을 해치는 응급 상황이 발생할 경우 소들을 통제하게 한다.

축제 마지막 밤 시민들은 촛불을 가지고 광장으로 모여 시장의 축제 폐막 선포와 함께 일주일 동안의 축제는 끝나고 사람들은 다음 해에 있을 산 페르민축제의 카운트다운에 들어간다. "산 페르민 축제가 끝났으니 아 가엾은 나여, 가엾은 나여"라는 뜻으로 축제가 끝나는 아쉬움을 표현하는 말이다. 하지만 곧이어 "다음 축제까지 얼마 남지 않았네(Ya falta menos)"라는 노래를 함께 부르며 다음 해에 열릴 산 페르민축제를 기약한다.

4. 스페인 부뇰(Bunõl) 시의 토마토축제(La Tomatina)

〈토마토축제(La Tomatina) 부뇰(Bunõl) 시〉

스페인 발렌시아 지방의 부뇰이라는 마을에서 열리는 토마토축제는 가장 많이 알려진 축제 중 하나이지만 시간이 가장 짧은 축제일 수도 있다. 매년 마지막 주 수요일에 열리는 토마토 페스티벌은 3만 명 이상의 방문자들이 1~2시간 동안 토마토 전쟁을 벌이는 것이다. 부뇰시와 토마토 농가와는 아무런 관련이 없는 이 난장판의 축제는 전쟁과도 같은 분위기를 연출하고 마을은 온통 붉은 빛으로 물든다.

(1) 토마토축제(La Tomatina) 기원

스페인 발렌시아 주의 마을 부뇰의 토마토축제의 시작은 1944년으로 거슬러 올라간다. 축제의 유래에는 다양한 주장들이 있다. 1944년 토마토 값 폭락에 분노한 농부들이 시의원들에게 토마토를 던진 것이 유래한다는 주장이다. 또 다른 주장은 소년들이 큰머리 민속 축제에 참가하다가 노점에 있던 채소들을 던지면 싸움이 벌어진 것에서 유래한 것이라는 주장이다. 그러나 주민들의 입장은 단순히 마을 사람들까지 토마토를 서로에게 던지는 놀이에서 출발했다는 말도 있다. 하여간 부뇰시는 토마토 농사와는 직접적인 관계가 없지만 이후 토마토 싸움은 많은 사람들에게 계속되었고 오늘날까지 이어져 세계인들에게 사랑받는 축제가 된 것이다.

〈부뇰의 토마토축제에 참가한 사람들〉

(2) 토마토축제의 형식

매년 8월 마지막 주 수요일 오전 11시에 광장에는 올리브 기름칠을 한 긴 장대가 세워지고 그 위에 하몽이 매달려 있다. 누군가 그 하몽을 따는 순간 토마토 전쟁은 시작된다. 미리 사람들끼리 물을 뿌리며 축제의 분위기를 고조시키고 12시가 되면 대포 소리와 함께 5대의 대형 트럭에 실린 100톤의 토마토는 3만 여명의 전쟁놀이의 무기가 되는 것이다. 마을은 온통 토마토의 붉은 색으로 물들고 도로는 토마토로 가득 채워진다. 한 시간이 지나면 대포가 울리고 광란의 놀이는 막을 내리는 것이다. 이제 마을 사람들은 참가자들에게 물을 제공하여 몸을 씻게 하거나 소방차 등이 동원하여 마을을 청소하게 된다.

토마토축제는 50년 대 초 금지된 적도 있었지만 시민들의 열광적인 반응으로 1957년 부뇰 시의회는 공식적인 지역축제로 승인하여 재개 된 축제다. 매년 관광객들이 증가하고 유명해지면서 2002년에는 스페인 관광부로부터 국제 관광객 관심 축제로 선정되었다. 2013년에는 안전에 대한 우려로 참가자의 수도 예약을 통해 제한하고 있으며, 참가비를 받기 시작했다. 토마토축제 주최 측은 참가자와 축제의 안전을 위해 다음과 같은 지침을 내리고 있다. 부상을 방지하기 위해 으깬 토마토만을 던져야 한다. 토마토를 제외한 발사체 사용을 금한다. 참가자들은 트럭이 지나가는 것을 방해해서는 안 된다. 마지막으로 토마토를 던지는 시간이 종료하면 더 이상 토마토를 던져서는 안 된다는 것이다.

Chapter 4. 일본, 중국 축제

01. 일본의 축제
02. 중국의 축제

01 일본의 축제

1. 마츠리(祭り, 축제)의 이해

일본 전통축제를 일컫는 '마츠리(祭り)'는 '마츠루(奉る)'에서 파생된 용어로 '신을 모시다' 또는 신을 봉헌하라 라는 의미에서 유래되었다. 즉 종교적 의식으로 치르던 행사이자 신에 대한 경외심과 감사하는 마음, 신을 기쁘게 하는 고대 제사 의식에서 유래한다. 마츠리는 종교적 행위가 시초가 되었지만 시간이 지나며 많은 사람들이 모여 축하, 기념, 선전, 등 대중이 집단적으로 참여하거나 참여를 위한 이벤트로 발전 되었다. 이는 각 지역의 전통과 문화, 역사를 알리고 더불어 지역경제 발전과 이미지 제고에 상당한 기여를 하고 활성화 시킬 목적으로도 단순한 축제의 영역 그 이상의 가치가 있다.

일본의 마츠리는 종교적 성격과 제례의식이 깊게 연관되어 있는데 이것은 일본 특유의 세습적이고 색이 뚜렷한 지역의 정서와 종교 문화가 결합되어 토착화 되고 계승되어 정착화 된 것으로 이해할 수 있다. 현대의 마츠리는 종교나 제례의 성격보다 다 함께 즐기는 이벤트의 성격이 더욱 강하다. 모두 즐길 수 있는 신나는 놀이나 많은 사람들이 붐비어 유희적 성격을 더욱 강하게 자아낸다. 근대화 사회로 접어들며 도시화됨에 따라 보다 대중적이고 오락성을 띄게 되었다.

오늘날의 마츠리는 지역주민의 자발적인 참여로 진행되고 있으며 지역경제 활성화와 상업적 목적으로 널리 이용되고 있다. 예로 '삿포로 눈축제', '요사코이 소란축제' 등이 속하며 대부분 역사가 짧고 오락적 요소를 포함한 현대적 문화와 관계가 깊다.

마츠리는 높은 경제적 효과를 가져 오는 고객 유치 방법이기도 하지만, 그것을 계승, 유지해 온 지역주민의 아이덴티(정체성)의 원천이라고 할 수 있다. 지역주민의 전통문화의식을 양성하고, 학교와 연계해서 전통문화 학습 등을 통해서 지역사회에서의 활동에 주체적 · 적극적으로 참여할 수 있는 인재 육성 등 마츠리를 중심으로 한 지역커뮤니티를 활성화시켜 가는 시책이 현시점에 요구되고 있다.

대분류	세분류	사례
마츠리(祭り)의 분류	전통 마츠리(祭り)	교토 기온마츠리, 도쿄 간다마츠리, 오사카 덴진마츠리
	현대적 마츠리(祭り)	삿포로 눈축제, 센다이 다나바타 마츠리
	도시형 마츠리(祭り)	아사쿠사 삼바축제, 홋카이도 소란축제

1) 지역전통문화축제

(1) 도쿄(東京)의 3대 축제

① 간다 마츠리(神田祭)

도쿄 치요다구 간다 진쟈 지역에서 열리는 민속 축제로, 매년 5월 15일경에 열린다. 수천 개에 달하는 일본 축제 중 3대 축제에 손꼽히고 에도막부의 초대 쇼오궁(將軍, 장군)인 도쿠가와 이에야스가 1603년 세키가하라 전투에서 승리를 기념해 개최한 축제에서 비롯됐다. 오늘날 신앙 대상인 도쿠가와 장군이 수호신으로 주신이 되었으며 1681년부터 격년제로 바뀌어 홀수 해 치러지고 산노 마츠리(山王祭)와 1년씩 번갈아 실시되어 온다.

간다마츠리는 토요일에 열리는 가마 행진이 유명한데 간다묘진신사(神田明神神社)를 중심으로 개최된다. 3백여 명의 사람들이 신위를 모시는 가마를 지고 도쿄 중심 지역인 간다, 니혼바시, 오테마치, 마루노우치 지역을 가로질러 행진한다.

'미코시(神輿)'는 신위를 모시는 가마를 뜻하는데 지역 자치회나 기업, 상인회에서 준비한 미코시 100여개를 말을 탄 승려와 신도들이 뒤를 따르며 흥을 돋우기 위해 장구나 북 피리 등으로 반주하여 행렬을 진행한다. 이때 이 반주음악을 '간다바야시'라고 하며 서민들과 함께하는 이 행렬은 장관을 이룬다. 간다마츠리는 오사카 텐진 마츠리와 교토의 기온 마츠리를 포함하여 일본의 대표적인 3대 마츠리로 손꼽힌다.

축제의 주요 행사로는 '신코사이(神幸祭), 미코시미야이리(神輿宮入), 다이고페스티벌(太鼓フェスティバル), 레이타이사이(例大祭)'가 있다.

신코사이는 5월 15일 가까운 토요일에 간다묘진신사의 행사로 오전 8시 선동

복장을 한 사람들이 가마를 지고 신사를 출발하여 오후 1시경 '히가시니혼바시' 역 부근에서 휴식하며 제사를 지낸다. 다시 오후 4시경에 미츠코시 백화점 본점에 도착하여 각 자치회와 기업, 상인회 등 여러 단체 미코시와 무사들의 행렬이 합류한다. 이 시간을 기점으로 일반인들이 축제 참여하며 오후 7시경 삼신(三神)이 돌아오면서 토요일 일정이 끝난다.

삼신(三神)의 첫 번째 신은 '오나무치노미코토'(大己貴命)로 결연의 신으로 일본에서는 칠복신(七福神)의 하나로써 다이코쿠텐(大黒天)으로 알려져 있다. 이 신은 풍작과 복덕의 신이라 일컫는다. 두 번째 신인 '스쿠나히코나노미코토'(少名彦命)는 장사와 번창의 신으로 역시 칠복신들 중 하나이며 사업번창의 신이다. 이 신은 에보시(烏帽子), 옛날 무사가 쓰던 건(巾의 일종)을 쓰고 왼손엔 도미를 오른손엔 낚싯대를 쥔 모습으로 바다를 관장하는 어업의 신이다. 에비스(惠比寿)란 명칭으로 유명하다. 세 번째 신 '다이라노마사카도'는 간토(關東) 지방에서 정치의 개혁을 단행하며 스스로의 목숨을 걸고 백성을 지킨 사무라이의 원조로 에도성의 수호신이다. 가마 옆에 처녀와 무녀역할을 하는 4명 정도의 젊은 여성이 함께 행렬한다.

최근 2005년부터 에도막부 성립 400주년 기념을 위해 과거 복원 특별 행사가 추가 되었는데 메기가 지진을 불러들인다는 설화를 바탕으로 1791년 간다마츠리에 등장했었던 무거운 돌로 메기를 누르는 형상의 인형을 복원하여 지진을 막으려는 일본인들의 염원이 담겨진 행사를 하고 있다. 또한 2007년 오오에야마 지역에서 무사 6명이 천왕을 살리기 위해 신의 힘을 빌려 귀신을 퇴치한 170년만의 이야기를 바탕으로 오오에야마 가이진(大江山 凱陣)이라는 거대한 악마 얼굴 형상을 복원하기도 했다.

미코시미야이리(神輿宮入)는 신코사이 다음날 일요일 동네마다 자체적인 행사로 여러 동네에서 수호하는 신을 모신 미코시(神輿)들이 연합해서 각 지역을 돈다. 시간이 어느 정도 지나면 미코시들이 간다묘진신사로 들어가 참배를 하는데 이것을 '미코시미야이리'라고 한다. 오전부터 오후 늦게까지 차례로 1백여 대의 가마가 신사로 들어가는 것으로 이 모습은 생중계되고 마츠리는 절정에 이른다. 다이고 페스티벌은 양일간 미야모토 공원에서 오전부터 저녁까지 연주단이 일본의 큰 북(太鼓)을 연주하고 무녀들의 춤도 볼 수 있는 공연을 펼친다.

레이타이사이(例大祭)는 일본 신사에서 행해지는 가장 큰 제례 행사를 지칭한다. 오후 2시부터 전통복의 신관들이 본전에 들어서 일본 각 지역의 평화와 안전 그리고 행복을 기리는 행사를 진행한다. 간다묘진 경내 안에서 지역을 대표하는 대표자들이 모여 있고 그 뒤를 따르는 일반 관광객들이 레이타이사이를 관람한다. 간다묘진 신사의 레이타이사이 제례행사는 음력으로 9월 15일 진행하였으나 간다마츠리가 5월에 행해지면서 레이타이사이 또한 동시에 5월 개최하게 되었고 정중한 예를 갖춰 제사를 지낸 뒤에 무녀들의 전통공연이 펼쳐진다.

〈'미코시(神輿)'와 참가 지역주민들〉

출처 : www.welcometojapan.or.kr/

② 산노(山王) 마츠리

도쿄 치요다구 '히에신사(日枝神社)'에서 1635년 시작해 열리는 민속축제로 6월 중순에 열린다. 약 일주일 동안 진행되는 '산노마츠리'는 '간다마츠리'와 함께 대규모 지역축제로써 막대한 행사비용이 들며 그로인해 홀수 또는 짝수 식으로 격년 혼 마츠리를 개최하고 있다.

히에신사는 가마쿠라시대(1185~1333) 초기 산노궁(山王宮)에서 처음으로 모셔졌고, 분메이 연간(1469~1487) 오타 도칸에 의해 에도성 수호신으로 모셔지게 되었다. 덴쇼 18년(1590) 도쿠가와 이에야스 장군 입성 후에는 쇼군 가문의 수호신으로 숭배를 받았다. 메이지 유신 후에는 '고쿄(황궁) 수호신'으로서 숭상되었다. 그 시절 모습이 담긴 제례 그림들은 매우 화려하다. 40기의 수레와 마을마다 경쟁하듯 지나가는 행렬은 신코사이에서 확인할 수 있다. 신코사이 전통의례나 제례행사 때 사용되는 수레, 또는 마차인 고호렌, 미야미코시, 다시로 만든 왕조 장식을 약 500면 이상이 둘러메고 1km 넘는 행렬을 한다. 산노마츠리는 이런 전통 행렬과 중세의 '악극'을 상영하며 함께 다양한 프로그램을 관람할 수 있다.

〈'산노(山王)마츠리' 전통복장의 행사참가자〉

출처 : www.welcometojapan.or.kr/

③ 산자(三社) 마츠리

아사쿠사신사(淺草神社)는 '산자사마[三社樣]'라고 부른다. 아사쿠사 신사의 본전은 에도시대 초기의 대표적인 건물로서 에도막부 3대 장군인 '도쿠가와 이에미쓰'가 지은 일본의 중요한 문화재중 하나이다. 도쿄에서 가장 크다고 알려져 있고 언제나 참배객과 관광객으로 붐빈다. 도쿄 마츠리 중 사람들이 가장 많이 모이는 산자마츠리는 5월 중순 아사쿠사 신사를 중심으로 보통 금요일부터 일요일까지 3일 동안 개최된다. 전통 가마인 미코시를 이용한 축제 중 가장 화려하고 웅장하다. 첫째 날, 명물대행렬(名物大行列)로 시작하는데 주최자들과 빈자사라춤, 백로춤, 데코마이 춤을 추는 사람들로 붐비며 둘째 날은 41개 마을의 신을 모신 80여 기(基) 미코시를 들고 센소지로 모여 마츠리 분위기를 고조시킨다. 마지막 날 센소지 창건자 세 명, 즉 각각의 미코시 세 기가 새벽부터 센소지 경내 대기 했다가 각 마을을 순회하게 되며, 이 때 미코시 행렬을 보기 위해 구경하는 관람객들로 아사쿠사 지역 전체가 인산인해를 이룬다.

〈'산자(山社)마츠리' 행사〉 출처 : www.jpf.or.kr

(2) 오사카 텐진마츠리(天神祭)

텐진마츠리(天神祭)는 간사이 지방을 대표하는 지역축제로 일본 오사카(大阪) 지역에서 매년 7월 24~25일에 걸쳐서 개최되는 민속축제이다. 대표적인 일본의 여름축제로 물과 불의 조화를 이루는 것이 특징이며 물의 도시인 오사카를 대표하는 선상마츠리이다. 또한 100여 척의 화려한 배들이 강을 거슬러 오라가 후나토교와 강 위에서 벌어지는 불꽃놀이가 장관이다. 오사카 텐진마츠리는 도쿄의 간다마츠리(神田祭), 교토의 기온마츠리(祇園祭)와 더불어 일본을 대표하는 3대 마츠리의 하나로 역사나 전통 그리고 규모면에서 다른 축제와 확연한 차이를 보일 만큼 유명하다. 현재 축제는 16세기 중반 에도시대 모습과 유사하며 오사카는 상업이 매우 발달해 국가 예산을 담당할 정도로 번창했으며 상인들의 재력으로 다른 축제보다 규모가 컸다.

텐진마츠리는 951년 텐만구라는 신사에서 신령을 바닷가로 옮기는 제례의식에서 유래되었다. 역모로 억울하게 죽은 헤이안시대 정치인이자 최고의 문장가로 '스가와라 미치자네'공의 원한을 풀기 위해 당시 수도인 오사카에 텐만구 신사를 짓고, 신사 근처 오가와 강가에서 가미보코(창과 비슷한 형태의 나무로 만든 무기)를 흘려보내서 창이 도착한 곳에 제단을 쌓고 그 곳에서 의식을 시행한 데서 그 유래가 비롯됐다.

승선장까지 신령을 배에 태우고 미코시를 육로로 운반하는 리쿠토교(陸度御)와 스기와라 미치자네의 신령이 깃든 고호렌을 태운 배를 선두로 오가와 강을 따라 이동하는 후나토교(船渡御), 불꽃놀이인 하나비(花火) 등으로 축제가 구성된다.

천년의 역사를 자랑하는 텐진마츠리는 제장에서 액을 없애고 건강을 기원하는 미소기바라이(禊拂い)를 실시하고 있다. 바로 이것이 호코나가시(鉾流)제사의 기원으로, 그 제장에 배로 봉영했던 것이 후나토교의 기원이 되고 있다고 전하고 있다.

〈스가와라 미치자네(菅原道真)〉

출처 : www.tenjinmatsuri.com/

텐진마츠리는 중 · 일전쟁과 제2차 세계대전으로 제사가 중지되었다가 1949년 후나토교가 부활하지만 지반이 침하됨에 따라 배가 다리를 빠져 나가지 못해 오타비소 도착이 곤란하게 되자 일시적으로 중지되나 1953년부터 배가 다시 상류로 거슬러 올라가는 형태로 바뀌어 실시되었다. 1974년 오일쇼크로 행사가 중지 되었다가 좀 다른 형태의 오미코시가 새롭게 등장하고 해마다 특색 있는 이벤트가 진행되면서 백만 명이상의 방문객이 몰리고 있다.

〈신전가마 '고호렌'(御鳳輦)〉

출처 : www.tenjinmatsuri.com/

텐진마츠리 주요행사는 오가와 강의 나루터로 향하는 4km 거리를 마코시를 메고 행진하며 다른 곳에서 3천여 명의 전통 의상을 입은 사람들이 사자춤을 추면서 관객들의 시선을 사로잡는다. 오후 6시쯤 행렬대가 강가에 도착하면 주요 이벤트인 수상제다 이어지고 화려하게 장식한 100여 척의 배가 강을 가득 메우고 일본 불꽃놀이 하나비(花火)를 선보이며 밤하늘을 수놓는다.

〈후나토교(船渡御)〉
출처 : www.tenjinmatsuri.com/

⑶ 전통과 현대의 조화, 교토 기온마츠리(祇園祭)

매년 7월 1일부터 31일까지 교토 기온 지역, 야사카진자(八坂神社)에서 열리는 축제이다. 869년부터 축제가 시작되었고 1,100년 넘는 오랜 역사가 이어져오고 있으며 교토시 관광협회에서 주관하고 있다. 교토 기온마츠리는 도쿄 간다마츠리, 오사카 텐진마츠리와 함께 일본 대표적 3대 축제이다.

축제의 유래는 869년 일본 전역에 역병이 돌았을 때 병과 악귀를 쫓아내기 위한 '고료오에(御霊会)'라는 제를 올리고 전염병을 퇴치하기 위해 기원한 것으로 전해내려오고 있다. 교토 지역 특성상 고온다습한 내륙 지방으로 인구가 밀집해 있고 상하수도 시설이 미흡해 전염병이 많이 돌았다고 한다. 고대 일본 사회는 역병이 일거나 지진 등 천재지변이 일어나는 이유가 정치적 희생자나 억울하게 죽은 이의 영혼이 저주하기 때문에 한 맺힌 영혼을 달래주고 그 재앙에서 벗어나야 한다고 믿었고 제사를 드린 것이다.

기온마츠리의 주요행사로는 마츠리의 시작을 알리는 행사인 깃푸이리(7월1일 첫날), 기온 마츠리의 꽃, '야마보코(山鉾)'의 순행을 할 가마 순서를 뽑는 의식인 구지도리(くじ取式), 주신을 모시는 가마를 가모가와(鴨川), 강에서 씻는 의식인 미코시아라이(神輿洗), 야마보코 행렬 설치가 끝날 무렵 일반인들이 가마를 끌거나 타

볼 수 있는 이벤트인 히키조메(曳初), 야마보코 순행의 전야제를 한다. 이것은 기온 마츠리의 가장 대표적 행사로 7월 14일부터 16일까지 이어지는데 오랜 전통의 병풍이나 족자 골동품등 귀중한 유물들을 볼 수 있는 요이야마(宵山), 7월 17일부터 본격적으로 교토 거리를 순행하는 야마보코 순행(山鉾巡行)으로 기온마츠리는 절정에 이른다.

'야마(山)'는 산의 모양을 본 따 만든 가마로 신화나 오래된 이야기 속에 나오는 주인공을 상징하는 인형을 만들어 태우고 사람들이 그 가마를 메고 이동한다. '호코(鉾)'는 꼭대기에 창이 달린 가마로 뾰족한 창을 통해 신이 내려온다는 믿음으로 비롯되었다. '호코(鉾)'는 2층, 3층으로 이뤄져 어린아이와 악사들이 타는데 그 무게가 자그마치 12톤에 달한다. 이 야마호코는 높이가 20m가 넘는 것도 있고 가마를 끄는데 성인 남자 30~40명이 필요하다.

'기온바야시(祇園囃子)'는 기온마츠리에서 전통음악을 연주하는 악사인 '바야시(囃子)'가 하는 연주를 말한다. 보통 북을 치는 사람 2명, 피리를 부는 사람 8명, 징을 치는 사람 8명으로 구성되고 교대로 연주를 할 악사들을 포함하여 50여명이 호코에 탄다. 야마호코 순행시 20곡 정도를 자유롭게 선택하여 마츠리의 흥을 돋우고 숙련된 바야시의 연령층은 초등학생부터 노인까지 다양하게 구성되어 있다. 앞서 제비뽑기 한 가마들의 행렬이 잘 이뤄지고 있는지 확인하는 구지아라타메(くじ改め)는 각 가마의 대표가 번호표를 확인하는 과정에서 익살스런 과장된 몸짓을 하고 아이들도 참여하여 관광객들의 환호를 자아낸다. 마지막으로 7월 17일 신을 모신 3채의 가마가 신사를 떠나 제례 때 신을 모신 가마를 임시로 안치하는 곳까지 가는 의식인 '신코사이(神幸祭)' 의식을 한 후 24일 가마를 타고 다시 신사로 돌아온다, 이를 '간코사이(還幸祭)'라고 한다.

교토 기온 마츠리는 오랜 역사동안 수많은 변모가 있었지만 전통 마츠리가 가져야 할 신성성, 일탈성, 주기성, 참여도 면에서 그 특성을 잃지 않고 역할과 기능에 충실했으며 성공적으로 이끌어 왔다고 볼 수 있다. 단순히 관광객에게 보여 지는 겉모습에 치중한 축제가 아닌 전통적인 요소에 지역 주민들 각자 자발적인 참여로 모두 함께 열광하고 즐기며 체험하는 본질적인 축제의 기능을 하고 있다는 점에서 많은 시사점을 주고 있다.

〈야마(山)〉

〈호코(鉾)〉

출처 : www.kyokanko.or.jp/gion/yamahoko.html

〈야마호코(山鉾)〉

출처 : www.kyokanko.or.jp/gion/

〈기온마츠리 행사에 참여하는 지역주민들〉

출처 : www.kyokanko.or.jp/gion/

2) 현대적 형태의 마츠리

(1) 삿포로(札幌) 눈축제(さっぽろ雪まつり)

일본 최북단 섬 홋카이도의 중심지 삿포로는 눈이 많이 내린다. 냉대습윤 기후로 여름과 겨울, 밤 과 낮 일교차가 크다. 일본의 대표적인 대설지역으로 연 중 반 이상은 눈이 오고 추위가 연일 이어진다. 홋카이도는 면적이 8만3천456km^{2}이고 일본 전체 면적의 약 22% 차지한다. 인구는 550만 명 정도이며 우리나라에서는 영화 '러브레터'의 촬영지로 유명세를 탔고 눈이 많이 오는 만큼 겨울 레져스포츠인 스키, 스노우보드가 인기이며 활화산 분화구의 온천욕도 매력적인 관광지로 꼽히고 있다.

맥주 브랜드로도 유명한 삿포로는 사계절 내내 축제가 이어지는데 인구는 약 190만명의 대도시이다. 일본에서 다섯 번째로 크고 홋카이도의 정치 경제의 중심지이다.

'삿포로 눈축제(さっぽろ雪まつり)'는 삿포로 관광협회와 교육위원회, 상공회의소에서 주최하고 삿포로 눈 축제 실행위원회에서 주관한다. 중국의 하얼빈 '빙등제'나 캐나다 '퀘백 윈터 카니발'과 연관 지어 생각할 수 있다. 제2차 세계대전 전 후로 1950년에 시작되었으며 전쟁에서 패한 아픔을 위로하고 극복하기 위해 지역사람들

이 모여 눈 조각을 전시하게 된 것이 축제의 시초이다. 올 해로 69회를 맞는 눈 축제는 매년 2월 초 개최되고 약 일주일 동안 진행되며 오도리 공원과 스스키노 행사장, 츠도무 행사장 등 곳곳에서 진행된다. 삿포로 눈축제에서는 다양한 주제의 눈 조각이 전시되며 이 거대한 눈 조각을 위해 눈을 퍼 나르고 작품을 만드는데 일본 자위대까지 동원된다. 축제에서는 세계 각국에서 온 예술가들과 자원봉사자 그리고 자위대까지 참여하여 5t 트럭 7천대 분량의 눈으로 만든 15m의 거대한 조각상을 선보인다. 최근에는 일본 유명 에니메이션 캐릭터들을 조각품으로 전시하며 인기를 끌고 있다. 겨울이 아름다운 삿포로는 1972년 삿포로 동계올림픽을 개최하였고 1990년에는 동계 아시안게임이 개최되었다. 삿포로 동계 올림픽 개최로 삿포로는 당시 눈 축제를 전 세계에 알리는 계기가 되었다.

축제의 주요행사로는 시내 중심의 오도리 공원과 그 주위 행사장을 중심으로 다양한 눈 조각들을 전시하게 된다. 오도리 공원은 1.5km, 최대 폭 100m 구간 약 150여 점의 작품이 전시되며 세계 각국의 거대하고 정교한 눈 조각품을 감상 할 수 있다.

스스키노 거리는 다양하고 아기자기한 얼음조각 100여 점을 볼 수 있다. 또한 얼음 조각대회와 얼음의 여왕과 촬영대회 등 이벤트가 이어진다. 삿포로 눈축제 또 다른 행사장으로 활용되는 츠도무 행사장은 삿포로시 커뮤니티 돔과 주위에서 진행하게 된다. 실외에서 눈사람을 직접 만들 수 있고 기념사진촬영과 스케이트, 튜브눈썰매도 탈 수 있다. 실내에서는 관광객과 가족들이 먹고 쉴 수 있는 음식점과 휴게소 등의 시설이 갖춰져 있다.

〈오도리 전시장〉

출처 : www.snowfes.com/k/

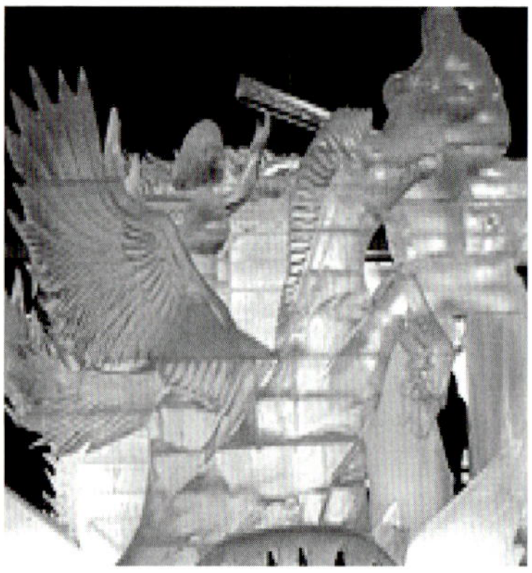

〈스스키노 행사장과 츠도무 행사장〉

출처 : www.snowfes.com/k/

⑵ 센다이의 타나바타 마츠리(仙台- 七夕祭)

타나바타 마츠리((七夕祭, 칠석축제)는 우리가 알고 있는 고전 칠월칠석 견우와 직녀가 만나는 날을 기원하고 축하하는 행사가 축제의 중심이다.

매년 8월에 열리는 타나바타 마츠리(七夕祭) 가운데 가장 유명한 칠월 칠석(타나바타, 七夕)행사이다. 축제의 유래는 17세기경 센다이(仙台)의 영주였던 다테마사무네(伊達正宗)에 의해 시작되었다고 한다. 여름밤 하늘 아래 나무 가지에 소원을 쓴 종이 탄자쿠(短册)를 묶은 대나무나 조릿대를 세워 견우와 직녀라는 두 별의 만남을 기원하고 베틀의 명수인 직녀에게 베틀기술의 숙달을 비는 것에서 비롯되었다.

오늘날 같이 대규모 축제가 진행된 것은 센다이에서 동북 산업박람회가 열린 이후이다. 시 중심가에는 오색의 깃발용 기치와 축하용 화환, 종이학 등이 긴 대나무 장대에 장식되어 거리는 타나바타 분위기에 잠긴다. 타나바타 춤 퍼레이드가 행해질 무렵에 거리는 수많은 사람들로 절정을 이루게 된다.

〈후키나가시(ふきながし)〉

출처 : www.asakusa.gr.jp

타나바타 축제는 별의 제전이라고 불리는 5대 명절 중의 하나로 탄자쿠에는 각자 기원하는 다양한 소원들을 적고 밤하늘에 빛나는 직녀성과 견우성에 바친다. 이러한 풍속은 나라(奈良) 시대에 중국에서 일본으로 전해 들어온 문화이다. 전설에 의하면 은하수를 사이에 두고 빛나는 이 별은 1년에 딱 한번 칠월 칠일 밤에만 만나는 것이 허락된 애틋한 부부의 별로 되어있다. 일본의 타나바타 마츠리는 중국에서의 풍습과 일본의 강가에서 베틀을 짜며 신을 맞이하는 타나바타츠메(棚機津女)의 전설과 혼합되어 명절 행사로 되었다. 원래는 베틀의 명수인 직녀에게 감동한 어느 여성이 수예의 숙달 기능을 기원하며 아름다운 실, 금과 은의 바늘을 밤하늘의 견우성 직녀성 이 두 별에 바치는 제례였다. 이것이 시대와 함께 세상에 널리 퍼지고 '무로마치(室町) 시대'에는 나무에 와카를 매달고 벼루, 붓, 먹을 계절을 상징하는 물건과 함께 차려놓고 수예기술의 숙달을 기원하게 된 것이다. 타나바타 장식을 길게 세우게 하는 풍습은 에도시대 서민들 사이에 확산되어 현재에까지 이르고 있다. 현재에는 기예뿐 아니라 여러 가지 소원이 종이에 쓰여 칠석의 대나무 장식을 화려하게 수놓고 있다.

〈시부야의 후키나가시(ふきながし)〉

출처 : www.blog.naver.com/ayasemiyu/150090792944

3) 도시형 마츠리

(1) 아사쿠사(浅草) 삼바축제

'아사쿠사(浅草)'는 현대화의 최고조를 달리는 도쿄에서 전통적인 색을 잘 간직하고 있어 많은 인파들이 찾는 곳이며 예로부터 서민의 정취를 풍기는 중심지이기도 하다. 아사쿠사를 대표하는 전통 마츠리는 단연 산자마츠리(三社祭)를 으뜸으로 꼽을 수 있지만 8월 하순에 개최되는 '쌈바카니발'은 전통 마츠리와 비교되는 도시형 마츠리의 대표적 축제이다. 세계적인 축제 중 하나인 브라질의 오리지널 쌈바축제를 느끼게 하는 유쾌하고 즐거운 시간을 보내기에 부족함이 없다.

〈아사쿠사 삼바축제〉

아사쿠사는 도쿄의 민간신앙 중심지인 센소지를 중심으로 전통신사와 절, 불상 등이 훌륭히 보존되어 있어 일본의 전통미를 마음껏 체험할 수 있다. 도쿄의 전통적인 음식을 느낄 수 있는 맛 집이 많은 것으로도 꽤 유명하다. 또한 서민정서가 가득한 상점가, 주점거리, 전통 공연장들이 골목 사이에 숨어 있어 여행할 때 걸으면 걸을 수 록 그 곳이 매력 있게 느껴진다.

〈아사쿠사 삼바축제〉

출처 : www.blog.naver.com/dsa1829

대중 연예문화의 발상지인 아사쿠사는 다이쇼 시대부터 TV가 보급 될 때까지 정치 문학에 관한 이야기를 해학과 풍자로 풀어내어 재밌는 이야기를 들려주는 대중 예능의 대명사 라쿠고(落語)와

품위가 넘치는 아사쿠사 오페라 등 일본 대중 연예의 꽃을 피운 곳이 바로 아사쿠사이다. 이 거리에는 많은 영화관이 들어서 있어 볼거리가 많다. 아사쿠사를 관광할 때에는 짧게는 반나절, 길어도 하루 정도 소요된다. 액운을 막아준다는 수호문인 '가미나리몬(雷門)'은 아사쿠사 상징이라고 할 정도로 유명하고 도쿄의 관광지 중 하나인 '가미나리몬' 중앙의 거대한 붉은 제등은 관광책자에도 자주 등장해 아사쿠사에 처음 방문하는 사람도 왠지 익숙하게 느껴진다. 아사쿠사 산책도 이곳에서 시작하면 좋다.

〈아사쿠사 센소지(淺草寺)〉

출처 : www.blog.naver.com/loveeeee9113/110169891850

628년에 창건된 센소지(淺草寺)는 도쿄에서 가장 오래된 절로 그 규모도 대단하다. 센소지 경내로 들어서는 첫 번째 입구인 가미나리몬(雷門)을 통과하면 호조몬(宝蔵門)까지 이어지는 약 300m의 참배하는 길을 '나카미세(仲見世)'라고 한다. 나카미세 주위에 쭉 늘어선 가게들은 에도시대부터 이어진 상점가로 약 100년 이상의 역사를 자랑하는 아사쿠사의 명물 중 하나이다. 전통상품이나 민예품을 판매하여 외국인에게 특히 인기가 많다. 가미나리몬과 본당은 물론이고, 100개의 관음상과 5층 석탑 등 중요문화재로 지정된 니텐몬(二天門, 에도시대 4년에 건설)도 주요 볼거리이다. 여기까지가 아사쿠사 관광의 황금코스이며, 아사쿠사는 이 것 이외에도 볼거리가 참 많다. 가미나리몬 맞은편의 아사쿠사 문화, 관광센터에서 이 지역의 문화재나 이벤트 등의 관련 정보를 얻을 수 있으며 메이지 시대 말부터 형성된 주방도구나 조리용품을 파는 도매상이 모여 있는 가파바시 도구 거리가 있는데 가파거리 명칭은 인근 주민들이 날이 좋으면 다리 위 소매 없는 비옷을 말리는 것에서 유래된 것과 19세기 초 비가 많이 내리면 범람했던 강변을 사비를 들여 정비한 가파야 기하치 라는 지역상인 이름에서 유래한 설이 있다. 당시의 강은 없지만 현재는 가파바시 교차로 부근 사찰에 무덤이 남아있다. 예전에는 골동품 가게가 많았으나 현재는 주방 제품과 관광객을 위한 기념품을 파는 가게가 모여 있어 요리전문가나 관광객들에게 인기가 많다.

(2) 홋카이도 요코사이 소란축제

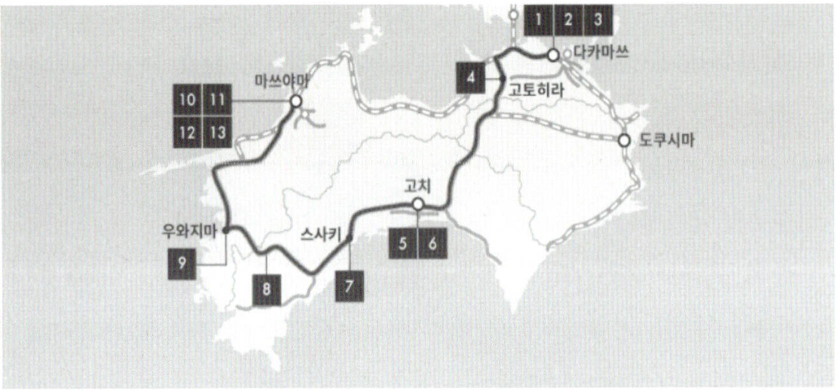

〈그림 1-3〉 혼슈의 서남부에 위치한 '시코쿠

출처 : www.google.co.kr/

홋카이도의 중심지 삿포로는 세계적으로도 인지도가 높은 축제로 대표적인 '삿포로 눈축제'가 있다. 그러나 이 밖에 최근 주목받는 축제로 현대적 감각의 군무와 젊은 층이 선호하고 있는 경쾌한 음악이 함께하는 '홋카이도 요코사이 소란축제'가 있다. 일본 열도 최대의 섬, 혼슈의 서남부에 위치한 '시코쿠(四国, 일본 열도를 구성하는 4개의 주요 섬 중에 가장 작은 섬, 자연경관이 아름다운 것이 특징)'의 현청 소재지 '코치시'에서 행해지고 있는 '요사코이 마츠리'는 일본에서 가장 인기 있는 축제이고 현재까지 이곳의 젊은이들이 가장 참가하고 싶어 하는 축제 중 하나이다. 무엇보다 축제에 참가한 젊은이들의 열정과 땀으로 범벅된 모습에서 보이는 도취감과 희열의 표정이 인상적이다.

약 32만 명의 인구가 살고 있는 지역인 코치시(高知市)의 연중 최대 축제로 자리잡은 요사코이는 매년 8월 둘째 주간 4일간에 걸쳐 진행되고 있다. 요사코이 마츠리의 구성과 내용은 대단히 간단하다. 우선 첫째 날인 9일은 전일제이고 마지막 날인 12일 후야제이며, 8월 10~11일 이틀 본제로 되어 있다. 전일제는 1991년부터 추가되었고 1995년도부터는 후야제가 추가되어 지금처럼 4일간으로 되었다. 그 내용은 축제동안 참가팀들이 그룹별로 떼를 지어 춤을 추는 것인데, 이른바 이들의 춤의 경연장이라고 불리는 곳이 바로 도시의 중심 번화가들이다.

여기서 참가팀은 '오도리코타이' 라고 불리는 댄스 그룹들이다. 일본어로 '오도리'는 춤이며, '오토리코'는 춤추는 소녀나 무희 등을 뜻한다. 그러나 '요사코이'에 참가하는 오도리코들은 다양하게 인정되며 남녀노소 모두 해당되므로 여기서는 성별의 차이나 나이 혹은 프로나 아마추어에 연연하지 않고 춤추는 사람 모두를 가리킨다. 가령 댄서 정도의 의미로 생각하면 된다. 이러한 '오도리코타이'는 오도리코들이 각 그룹을 이룬 것이므로 댄싱그룹으로 표현할 수 있을 것이고 오도리코가 각기 특색 있게 고안한 춤이자 이른바 '요사코이나루코오도리'를 추면서 시내를 흥겹게 난무하는 카니발인데, 그 열기와 규모에 비하여 아주 간단하고도 소박한 전제 규정이 특징적이다. 다른 축제처럼 다양하고 복잡한 여러 행사와 의례, 정교한 구성으로 이루어지지 않는 점이 이 축제의 특징이기도 하다. 아마도 이 점이 많은 참가자들을 모이게 하는 매력적인 요소인지 모르겠다.

축제기간 동안 동시 개최되는 또 다른 행사로 시내의 한 주차장을 공간으로 하여 '요사코이 광장'이란 이름의 축제는 양 일간 오후 3시부터 저녁 9시까지 외부에서 온 관광객이 즉석에서 참가하여 춤을 출수 있게 지도를 해주며 사진 촬영도 가능하다. 이와 함께 '요사코이 프렌도리파크'라는 공간이 마련되는데 본 축제는 양 일간 오후 1시부터 저녁 9시 30분까지 진행되고 이곳은 오도리코들의 대기 장소로써 준비하며 긴장을 풀고 본 경연을 앞둔 리허설을 하는 장소이다.

〈홋카이도의 소란축제 춤 이벤트〉

출처 : www.sapporo.travel

6월 초순 삿포로의 인기 축제 요사코이 소란축제는 대학생들로 구성되며 홋카이도 각지에서 여러 팀이 참가하게 되는데 '요사코이'의 뜻은 '밤에 오세요.' 라는 의미를 담고 있다. 참가자들 모두 각 팀을 구성해 나루코를 잡고서 춤을 추며 그동안 갈고 닦은 기량을 서로 겨루며 젊음을 발산하는 축제이다. '나루코'는 원래 농작물을 먹는 새 등을 쫓아버리기 위한 농기구를 명칭 하는 것인데 요사코이 축제에서는 이것을 양손에 움켜쥐고 '카치카치'하고 요란한 소리를 내며 춤을 추게 되는 없어서는 안 되는 특별한 아이템이 되었다. 이 축제는 전 후 경기진흥책으로서 코치시의 상공회가 중심이 되어 시작한 것이다. 시작은 일본 전통의 춤을 추었다고 하지만 현재 록과 삼바 등 신나는 현대음악과 잘 어우러져 역동적인 춤으로 변모해 많은 젊은이들이 참가하는 화려한 현대적 도시형 마츠리로 발전되었고 각기 타 지역으로도 전해지게 되었다.

홋카이도 민요인 소란절과 함께 요사코이 축제가 혼합 되어서 생긴 이 축제의 유래는 1991년 홋카이도 대학의 한 학생의 간절한 꿈을 향한 열정적인 노력에 의해 시작되었으며 자유분방하고 독창적인 춤으로 홋카이도에 현재까지 확실히 뿌리를 내리고 있다. 거리를 가득채운 젊은이들의 땀과 열정, 웃음 가득한 얼굴들, 열띤 환호성과 생기발랄한 춤, 이것은 바로 요사코이 소란 축제만의 독특하고 유쾌한 매력이고 보는 이들을 흥겨운 분위기에 도취시킨다. 이 축제는 제9회 일본의 이벤트 대상인 '신테마상'을 수상하며 응모한 363개의 이벤트 중에 베스트10 안에 뽑혔다. 요코사이 소란축제는 이제 초여름 홋카이도 삿포로를 대표하는 축제로써 완전히 정착했다고 할 수 있다.

〈홋카이도의 소란축제 퍼포먼스〉
출처 : www.blog.naver.com/namhunsuk/221030438213

(3) 사이오우 축제

매년 6월 5일부터 양 일간 개최되는 사이오우(斎王, 재왕)축제는 일본 동해의 미에 현(三重県) 이세 반도의 남부 메이와에서 열린다.

이 축제의 이야기는 슬픈 전설의 주인공 사이오우를 그리는 것 이다. 여기서 '사이오우'란 천황을 대신하여 이세신궁의 '아마테라스 여신'을 섬기고 모시기 위해 뽑힌 미혼의 황족여성을 말한다. 천황 대신 아마테라스 여신을 섬기고 긴궁에 모신 '삼종신기(三種の神器 산슈노 신키, 세 가지 물건 : 쿠사나기의 칼, 쿠사나기노 검과 야타의 거울 팔지경, 야사카니의 굽은 구슬 팔척경곡옥)를 지켜주는 것이 주된 역할이고 매년 3, 6, 11월마다 풍작을 기원하는 축제에 참석하였는데 이를 '삼절제'라 하였다.

사이오우제도는 덴무 2년 '진신의 난'에 승리한 덴무 천황이 승리를 기원했던 아마테라스 대신에게 감사하고 '오쿠노 히메미코'를 신으로 섬기는 '미츠에시로'로 이세에 보낸 것이 시작이라고 한다. 이후 사이오우제도는 660년 동안 계속 됐고, 60명 이상의 사이오우가 존재했다.

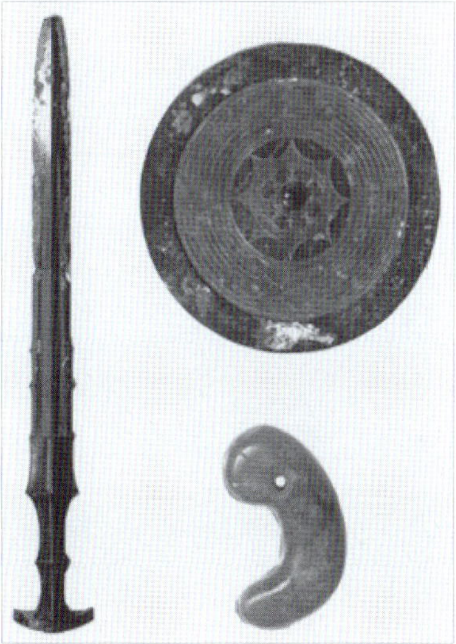

〈사이오우와 삼종신기〉

출처 : www.ko.wikipedia.org/wiki/

사이오우가 주어진 임무에서 벗어날 수 있는 날은 천황이 한 해 두 번 이세신궁으로 방문하는 날 뿐이고 1년의 대부분을 사이코우에서 신들께 기원하며 시간을 보내고 있다. 이들은 신을 섬기는 몸이기 때문에 사랑을 하는 것은 금지되었고, 전설에 의하면 스스로 결백을 증명하기 위해 목숨을 끊은 애절한 이야기 또는 사랑 때문에 사이오우의 자리에서 쫓겨나거나 사랑하는 이와 이별하는 등의 가슴 아픈 사랑이야기가 전해지고 있다. 19세기 막부시대 말부터 태평양 전쟁이 한참이던 시절엔 '아오이마츠리'가 중단되었으나 1956년부터 다시 시작되어 '사이오다이'의 화려한 기모노 의상은 마츠리 구경꾼들의 눈을 즐겁게 한다.

이 축제는 6월 5일 오후 사이오우 숲에서 전야제가 펼쳐지고, 6일 오전에는 나리히라 공원에서 목욕재계 의식이 벌이진다. 축제 오후에는 '보쿠죠우'라는 점술에 의해 뽑히게 된 사이오우가 5박 6일의 여정을 거쳐 이세로 향했던 '사이오우군행'을 화려하게 재현하기도 하고 박물관에서는 축제의 분위기를 더해주는 민속 예술 등이 공연되며 바자회도 열려 더 많은 볼거리를 제공한다. 이 행사는 200여 명의 시민들이 오디션을 통해 뽑혀 관람객의 관심을 모으고 있으며 축제의 적극적인 참여를 통해 그 열기를 높이고 있다. 이것은 새로운 자기발견과 자기발현을 시키는 것이므로 축제에 참가하여 보다 의미 있고 시민들과 함께 즐길 수 있는 축제를 만들어 가려고 하는 지역 주민들의 염원이 담겨져 있다. 결국은 그들이 살고 있는 지역을 보다 좋게 만들어 가는 것과 같은 방향이라는 것을 깨닫게 해 주며 그것은 바로 행복을 느끼는 것이고 궁극적으로는 삶 자체의 느낌이라 믿는다.

〈고대의 화려한 의상을 입고 사이오우 가장행렬을 하는 모습〉

출처 : www.koya-culture.com/news/article.html?no=112563

02 중국의 축제

1. 춘절(春節, 봄축제)

중국의 춘절은 4천여 년의 역사를 가지며 새해를 맞이하는 봄맞이 축제로 중국을 비롯해 중국문화의 가장 큰 명절이다. 축제의 유래는 한 해 농사를 마치며 하늘과 조상에 감사를 표하고 새해에도 풍년을 기원하는 마음으로 행복을 비는 행사에서 유래되었다. 현재는 현대성까지 갖춘 축제로 이어져 오고 있으며 음력으로 새해 시작일이 춘절 당일이 된다. 춘절의 기간은 음력 12월 23일부터 다음 해 음력 1월 15일까지 명절 연휴에 해당된다. 3주간의 기간 중 섣달그믐과 정월 초하루가 가장 화려한 축제문화를 즐길 수 있다.

12월 마지막 주에는 명절 분위기로 거리에 홍등이 늘어서고 집집마다 대문에 길한 대구를 써 넣은 춘련(春聯, 복과 운의 말을 붉은 종이에 적은 것)과 집안에는 연화(年畵,귀신을 막아주는 상서로운 동, 식물을 그려 넣은 행복을 염원하는 그림)를 장식하게 된다. 중국의 전 지역에서 다채로운 행사와 동물의 탈을 쓰고 용춤, 사자춤, 등불놀이를 하며 성대한 축제가 펼쳐진다.

〈행운의 홍등과 연화〉

출처 : www.image.baidu.com/

4천년의 역사를 가진 춘절의 유래는 여러 가지 설이 전해 내려져 오는데 가장 널리 알려진 유래는 서기전 2천년 순임금이 요임금의 뒤를 이어서 하늘의 아들 천자(天子)의 자리에 올랐을 때 하늘과 땅에 제사를 지낸 날 한 해의 시작으로 보았으며 그 날을 기념한 데서 유래했다는 설이다. 농경사회의 고대 중국에서 한 해 결실을 거두고 새해 풍작을 기원하는 제사를 상징하는 것으로 볼 수 있다. 그 후 전한의 7대 황제 한무제와 사마천은 오늘날 우리가 사용하는 음력 기준인 태초력을 제정했으며 24절기 가운데 입춘을 춘절로 정했다. 음력 1월 1일은 춘절이 아닌 원단(元旦, 새해 첫 달 첫날)이라고 청대까지 계속 사용되었다. 1911년 신해혁명 후 중화민국에 들어서면서 정부가 기존 사용하던 음력을 폐지하고 그레고리력을 채택하면서 설도 양력 1월 1일로 정해졌고 이때부터 원단은 양력 1월 1일, 전통적으로 설 명절인 음력 1월 1일은 '봄 축제'인 춘절로 바뀌게 된 것이다. 음력 12월 31일 섣달그믐은 추절에서 가장 중요한 날이 되며 제석(除夕) 또는 제야(除夜)라고도 불린다. 이 날 밤에는 한밤중 내려온 신에게 세배를 하기 위해 잠을 자면 안 되고 연야반이라는 제야음식을 나눠 먹고 그 다음날 새벽까지 밤을 새는 풍습이 있다. 밤을 새는 동안은 이야기를 하거나 마작을 하며 시간을 보낸다.

춘절에는 가족이나 친지들이 모여 다양한 놀이를 하는데 대표적 전통놀이로 용춤 사자춤이 있다. 용은 농경사회에서 매우 중요한 날씨를 관장하는 상징성을 가지고 있기 때문에 중국의 문화권 축제에 자주 볼 수 있다. 사자는 용과 마찬가지로 신성한 동물로 악운을 쫓고 행운을 불러온다고 여겨지기 때문에 사람들은 용과 사자의 형상을 만든 천으로 머리와 꼬리를 조종하며 춤추듯 움직여 놀이를 즐긴다.

〈사자춤과 용춤〉

출처 : www.image.baidu.com/

2. 하얼빈 빙설제(哈尔滨冰雪节)

중국의 유명 지역 축제 중 빼놓을 수 없는 축제가 바로 하얼빈 얼음축제이다. '하얼빈 국제 아이스 페스티벌(Harbin International Ice Festival)', '하얼빈 눈축제', '하얼빈 빙등제' 라고도 불린다. 일본의 삿포로 눈축제, 캐나다 퀘백의 윈터카니발, 오슬로 스키축제와 함께 세계4대 눈 축제 중 하나로 1985년 공식적인 시작 이 후 매해 1월 5일~2월 5일 사이에 헤이룽장 성 하얼빈에서 개최된다.

1980년대 초 하얼빈 빙등은 전 세계적으로 유명해졌고 관람객이 몰렸으며 더불어 아이스 스케이팅, 아이스 스노우 스포츠, 겨울철 수영은 하얼빈의 겨울에 활력을 불어 넣어주는 계기가 되었다.

〈하얼빈빙등제 얼음불빛(冰灯)〉

출처 : www.image.baidu.com/

축제의 유래는 19세기 말 러시아가 만주 정복을 위해 동청철도를 부설하며 30여 개국, 16만여명의 외국인이 거주하는 국제 상업도시로 발전하면서부터 하얼빈 시내에 성 소피아 성당을 비롯하여 다양한 건축물들이 남아 이국적인 풍경이 되었다. 중국 최북단의 하얼빈은 짧은 여름과 긴 겨울로 1월 평균기온 영하 19도이며, 최저 영하 40도까지 내려간다. 그럼으로 자연스럽게 풍부한 얼음과 눈을 이용한 민간예술이 발달하였고 그 중 대표적인 것이 얼음 등불, 즉 '빙등'이다. 1963년 하얼빈 주민들은 빙등 전시회인 '빙등유원회(冰灯游园会)'를 주최하였고 이것이 시초가 되었다. 이로 인해 자연스럽게 이국적인 도시 풍광과 민간 예술의 축제를 성공시키기 위한 발판이 되었다고 할 수 있다. 1983년 홍콩에서 방문한 관리들은 민간 빙등제를 복 감탄하게 되었으며 이것을 착안해 겨울 축제를 기획하였다. 그 해 여름 하얼빈 시 선전부는 매해 얼음과 눈을 주제로 축제를 건의하였고 1985년 1월 5일 자오린(李兆麟) 공원에서 제1회 하얼빈 빙설제를 개최하게 되었으며 매년 마다 주제를 바꿔 다양한 행사들은 고안하여 오늘날 전 세계인들의 인기 축제 중 하나가 되었다.

〈하얼빈 빙설제 눈 조각상〉

출처 : www.image.baidu.com/

3. 칭다오 국제 맥주축제(Qingdao International Beer Festival)

청도(青島)는 중국 산둥성 동부에 위치한 곳으로 지구 최대의 상공업 도시이자 중국 중점 개발 항구도시이다. 이런 도시의 유명한 국제적인 축제가 있는데 바로 전 세계맥주축제 중에서도 그 명성이 자자한 청도 국제 맥주축제이다. 청도 국제 맥주축제는 1991년 청도건립 100주년 기념을 위해 설립되어 매년 8월 둘째 주에 16일간 열린다. 관련 국가 부처 및 위원회와 청도시 인민 정부가 공동으로 주최하는 이 축제는 문화, 관광, 스포츠, 경제 및 무역을 통합한 중국 초대형 문화종합축제이다. 청도시에서 지역관광 활성화를 위해 개최하기 시작했으며 이제는 맥주로 유명한 독일 뮌헨의 옥토페스티벌과 어깨를 나란히 할 정도로 명실상부한 맥주축제이다. 청도 국제 맥주축제의 유래는 청도에 거주하던 독일인 선교사의 살해사건을 빌미로 독일은 청도를 40년간 지배하게 되면서 그 흔적으로 독일식 붉은 벽돌 건물과 맥주 제조 기술이 잔재해 있게 된다. 그 후로 독일의 관여로 맥주 양조장을 설립하며 청도 맥주가 유명해 지게 되었다.

〈청도맥주와 국제 맥주축제〉

출저 : www.image.baidu.com/, www.friendlyshandong.co.kr

우리에게도 유명한 청도 맥주의 시작은 1903년 8월 15일에 독일과 독일 상인의 조인트 벤처에 의해 처음에는 "독일 맥주 회사 청도 주식회사"로 명명되었다. 연간 생산 능력 2천톤으로 모든 생산 설비와 원료는 독일에서 생산되었으며 제품 품질은 우수하였다. 양조장은 현재 Dengzhou Road의 Tsingtao Brewery No.56에 위치하고 있으며 Tsingtao Brewery의 첫 번째 공장은 주로 다양한 종류의 맥주와 기타 고급 맥주를 생산하며 연간 생산 능력은 30만톤이다. 청도에는 Laoshan의 고품질 샘물, 수입 보리, 우수한 누룩, 홉, 합리적인 수식 및 엄격한 기술, 엄격한 관리 등 청도에 고유한 조건이 많이 있기 때문에 양조한 청도 맥주는 섬세하고 부드럽고 상쾌한 맛을 지니고 있다. 몰트 향과 와인 향기를 지니는 청도 맥주는 국외뿐만 아니라 중국 내 맥주 경쟁에서 청도 맥주는 항상 1위를 고수한다. 1906년 최초로 옥토버페스티벌에서 금메달을 수상한 이후로 국제 맥주 대회에서 30개 이상의 금상을 수상했다. 칭다오 맥주는, 독일의 필스너 맥주, 네덜란드의 한니건 맥주 등 세계3대 브랜드 맥주로 맥주 업계에서 인정받고 있다.

축제기간 동안 청도시 곳곳마다 불꽃놀이가 행해지며 북소리와 나팔소리, 악대연주가 울리고 플라워 카퍼레이드 및 각 민속공연팀의 가두 진행 등으로 축제의 열기가 한껏 오른다. 칭다오 맥주축제기간 중 청도를 방문하는 여행자들에겐 잊을 수 없는 추억을 선사하게 된다. 또한 본 행사에서는 칭다오 맥주를 기준으로 수 십여 가지의 중국의 다른 맥주들과 세계 각국에서 선보이는 독특한 맥주들을 경험할 수 있다. 이때에는 전 세계 수많은 맥주 애호가들이 청도를 찾으며 청도의 다양한 여름축제들과 맞물려 수상경기, 모래조각대회, 학술세미나, 패션 쇼 등 다양한 행사를 즐길 수 있다.

이 축제에서는 종일 계속되는 공연과 다양한 볼 거리와 참여하는 행사들이 많다. 하지만 축제의 하이라이트는 저녁시간 중앙무대에서 연출되는 맥주 마시기 대회와 각종 축하공연이다. 화려한 공연들이 눈길을 사로잡으며 절정을 이루는데 이것은 전 세계인의 축제임과 동시에 수많은 방송국들과 협력하여 아시아와 유럽, 미국지역에 동시 방영되고 있다.

4. 운남 이족(彝族) 횃불축제(Yi Torch Festival)

중국 '이족'의 횃불제는 오랜 역사를 가진 운남성(雲南省)의 전통축제이다. 명과 청 시기에는 한족과 소수민족이 함께하는 운남성 전체의 명절이라 하여 전거절(滇炬節)이라고도 하였으며 중화민국 시기에는 정부에서 "날 것을 먹는 것"과 "횃대의 벌목"을 이유로 금지령을 내렸다. 현재 횃불축제를 거행하는 민족은 빠이족(白族) · 이족(彝族) · 나시족(納西族) · 리쑤족(傈僳族) · 라후족(拉祜族) · 푸미족(普米族) · 아츠앙족(阿昌族) · 하니족(哈尼族) 등이 있으며, 이는 운남 전체 소수민족 중 3분의 2를 차지한다. 따라서 횃불축제는 운남에서 가장 영향력이 있는 축제라 할 수 있다.

매년 음력 6월 24일 부터 26일 개최되며 축제의 유래는 노남이족(싸니, 이족의 별칭) 전설에 의하면 옛날 한 폭군이 백성들을 잔혹하게 억압하여 백성들이 봉기를 일으켰는데 그들은 양의 두 뿔과 뒷다리에 횃불을 달아매고 양떼를 폭군의 보루로 몰아 화공으로 성공했다고 한다. 사람들은 이 투쟁을 기념하고자 매년 6월 24일 횃불놀이를 가졌고 후에 답습하여 횃불제를 형성하게 되었다. 낮에는 활쏘기, 경마, 그네뛰기, 씨름, 투우 등의 행사를 진행하고 밤에는 손에 횃불을 들고 전통적인 원무를 춘다.

출처 : www.terms.naver.com/entry.nhn

〈이족 횃불축제〉

출처 : www.125tour.com/

중국 이족 횃불축제의 문화적 의미를 보자면 불은 중국문화에 있어 적어도 세 가지의 의미와 상징을 가지고 있다. 첫째는 힘(力)의 상징이고, 둘째는 생(生)의 상징이며, 셋째는 덕(德)의 상징이다. 횃불축제의 중심 주제인 불은 천지인이 통일되는 원점이며, 더 나아가서는 태양의 부차물이자 축소물이 되고 고대 중국에서 태양은 지존의 조상신으로 받들어졌다.

횃불축제에서 조상, 하늘, 불에 대한 제사는 태양에 대한 제사를 말하며 불에 대한 제사를 통하여 하늘과 인간 및 태양을 연결시키는 것이다. 횃불축제는 태양신에 대한 제사라는 의미를 포함하고 있으며 태양신에 대한 제사는 반드시 여름철에 하는데, 이는 세계 모든 민족의 태양에 대한 제사에서 나타나는 공통점이다. 그리고 태양신에 대한 제사에서 반드시 불이나 불로인한 연기를 피우는 방식 또한 세계 모든 민족의 공통점이다. 이는 불을 피우면 하늘과 인간이 연결되고, 불은 의사를 전달하는 기능이 있기 때문이라고 본다. '하늘에 제사지내고 장작을 태우는 것'은 중국고대의 제천제도이자 횃불축제의 가장 중요한 특징이다. 횃불축제의 가장 중요한 핵심은 불에 대한 제사, 즉 태양에 대한 제사이고 이것을 중심으로 관련 행사들이 합쳐져 전체 횃불축제를 구성하게 되는 것이다.(김인희, 민속학연구14호, 2004).

5. 중국 낙양 모란축제(洛陽 牡丹花會)

중국 국무원이 가장 먼저 지정한 역사문화 유명도시의 하나인 낙양(洛陽)에는 용문석굴(龍門石窟)과 백마사(白馬寺) 등 관광명소가 있고 국가 5A급 관광명소이며, 2천년 유네스코의 세계문화유산에 등재된 용문석굴은 돈황막고굴(敦煌莫高窟), 운강석굴(雲岡石窟)과 함께 중국3대 석굴을 이루고 있다. 낙양은 하남성 서쪽에 위치하며 중원지역의 중앙으로 천하의 중심이라 불린다. 한족이 가장 많고 소수 민족 중에 회족의 인구가 많다.

모란은 낙양을 상징한다. 낙양 모란문화축제는 1983년부터 개최되었으며 처음에는 낙양모란회(會)로 불리다 2010년부터 낙양 모란문화축제로 불리게 되었다. 매년 4월 15일부터 25일까지 약 10일간 하남(河南)성 낙양(洛陽)에 개최되며 낙양의 모란은 "천하제일"이라 칭한다. 모란은 중국인들 사이에서 꽃 중의 왕이라 불리며 낙양의 시화로 "국색천향(国色天香), 만화일품(万花一品)"이라 칭송되어 왔으며 당(唐)대에 낙양모란은 전국에서 가장 왕성하여 모란의 지배와 감상이 이곳의 풍습으로 되었다. 현존 품종만도 350여종이며 그 중 요황(姚黃)과 위자(魏紫)는 모란의 왕과 왕후라 불린다. 또한 모란은 전통적으로도 유명한 꽃이며 그 꽃을 감상하는 것은 낙양 사람들의 오랜 취미였다. 사람들의 생활수준이 향상되고 관광산업이 날로 발전할수록 낙양 사람들은 꽃을 심고 감상하는 일들이 증가되었다. 최근 몇 년간 낙양은 모란문화축제를 계기로 연평균 거래액 인민폐 1,000만원이 넘는 경제무역상담회를 성사시키고 있다.

낙양의 모란꽃축제 개최시 국내는 물론 해외의 많은 관광객들이 낙양으로 몰려들고, 낙양의 대외 개방에도 좋은 계기가 마련된다. 축제기간에는 대형 문예공연이 있으며 연등전시, 꽃놀이, 서화, 사진전과 각종 세미나, 무역상담회 등이 개최된다. 특히 왕성공원, 식물원 등에는 아름다운 모란꽃이 만발할 뿐 아니라 색상과 향기가 구전한 모란연석, 각종 지방 별미음식도 마련된다.

〈낙양 모란축제 행사〉

출저 : www.boomup.chosun.com/

모란꽃(牡丹花)은 중국 당나라 때 현종과 양귀비의 침향정 로맨스에서부터 유명해지기 시작해 중국을 대표하는 꽃이 됐다. 침향정에 활짝 핀 모란, 그 모란을 감상한 후에 현종은 "모란이 아름답기는 하지만 어찌 내 '해어화'만 하겠는가?" 라며 탄성한다. '해어화'는 말을 할 줄 아는 꽃이니 다름 아닌 현종의 몸과 마음을 온통 사로잡은 양귀비를 두고 이른 말이다.

또한 "나라의 색(국색)은 아침부터 통쾌하게 마신 듯 붉고, 하늘의 향기(천향)는 밤새워 옷에 물들인 듯 향기롭네." 당나라 경종 이정봉 시인이 쓴 '모란시'의 한 구절이다.

'국색(國色)'은 나라는 대표하는 색이며, '천향(天香)'은 하늘이 내린 향기라는 뜻으로, 모란을 두고 중국인이 일컫는 말 가운데 대표적인 찬사다. 당나라 이래로 중국의 모란은 울혈증 치료 등 약재로서, 또는 시인과 화가의 으뜸 창작 소재로서 송·원·명·청·근·현대까지 줄곧 사랑의 대상이 됐다. 하남성 낙양과 산동성 하택 등지에서 치러지고 있는 모란 축제는 중국인의 모란에 대한 열기와 관심을 대변하고도 남는다고 할 수 있다.

6. 중국 곡부(曲阜) 국제 공자문화제(祭孔大典)

1989년 9월에 창립 된 곡부 국제 공자문화제는 공자의 고향 투어로서 주로 공자를 기념하고 국가 우수 문화를 테마로 하여 공자의 철학을 기념하고 문화 교류, 관광 개발, 개방성 증진 등의 행사를 개최했다. 경제적 번영, 우정 증진의 목적, 경제, 문화, 관광, 예술, 학술, 경제 및 무역, 과학 기술 활동을 통합하는 목적의 문화제로 발전시켰다.

곡부(曲阜,취푸) 국제 공자문화축제는 중화 인민 공화국이 정한 전국 및 국제 "중국 관광 축제의 선택"중 하나이다. 국가 관광청과 산둥성 인민 정부 후원으로 인민 정부와 지녕시 인민 정부는 공동으로 중국 민족의 문화 정체성과 결속력을 높이기 위한 사업을 후원했다. 9월 26일부터 9월 28일까지 매년 공자 탄생일 (9월 28일, 그레고리력) 축제는 중국 국가 인 공자와 맹자의 수문장이자 운하의 수도이자 유명한 역사적, 문화적 도시인 취푸(Qufu)의 생가에서 열렸다.

〈중국 곡부 국제공자문화제 행사〉

출처 : www.friendlyshandong.co.kr/

공자는 고대 유가사상의 대가로 '산동성 곡부시'에서 태어났다. 그가 태어난 음력 8월 27일에는 공자의 탄생을 기념하여 옛 부터 그에게 제사를 지내왔는데, 1984년에 이를 계기로 "공자탄생 고향여행"("孔子诞辰故里游")의 이름으로 개발해 국내외 관광객들을 불러 모았고, 1989년에는 국무원부총리 우쉐첸(吳學謙)이 발표한 "공자탄신을 이용한 지속적인 활동을 해야 한다"라는 담화에 따라서 "국제공자문화제"로 개칭했다. 그 후 지속적 발전과 함께 2007년 국가급 축제로 승격되었고 그때부터 매년 9월 26일에서 29일까지 4일간 행사가 진행되는데 축제 내용으로는 공자제, 대형 방고 "공자제전악무" 개막식, 공자제전전시회, 공자고향서예전, 공자 가족 묘지전 및 공자 출생지 유람과 공자수학여행, 공자 고향 혼인 풍속쇼, 산동 요리짓기 등이 있다.

공자문화제는 처음에는 시급(市级)행사가 아니었지만, 중국에서 공자의 의미를 재조명함에 따라 점점 대규모로 발전하며 정치적, 전문적인 성격을 띠는 행사로 변해갔다. 중국 곡부의 사람들이 주가 되는 것이 아니라, 외부의 인사들이 주가 되며, 중국의 정체성을 나타낸다. 전통문화에 대한 중국의 자부심을 드러내고 선전을 위주로 하는 내규모 행사로 발전하고 있다고 하겠다(허은진, 2017).

〈중국 곡부 국제 공자문화제 행사〉

출처 : www.friendlyshandong.co.kr/

7. 중국 단오절의 용선(龍船)축제

단오절은 덥고 습한 날씨로 전염되는 각종 질병을 예방하려는 차원에서 시작되었다. 집마다 대문에 창포와 쑥을 걸어놓고 액을 막는 행위로 성인들은 살균, 해독 작용을 돕는 웅황주를 마시고 어린아이들은 몸에 향주머니를 달아 벌레를 쫓아낸다.

음력 5월 5일 단오절에 중국의 각 도시에서 용선(龍舟)경기를 한다. 이 축제의 유래는 기원전 3세기 전국시대에 초(楚)나라의 함락을 비통해 하던 초나라의 시인 굴원이 멱라강(汨罗江)에 몸을 던져 목숨을 끊은 이야기로 전해지며, 이 날이 바로 음력 5월 5일, 우국충정을 기리는 날이 된 것이다. 굴원에 대한 그리움을 기리는 심정으로 가끔 강위에 배를 띄우곤 했는데 그 뒤로 이것이 용주경기(龙舟赛)로 발전되었다. 그리고 그 강 속의 물고기가 굴원의 시신을 먹을까봐 주먹밥을 챙겨와 강 속에 던지곤 했는데 그 뒤로부터 쫑쯔(粽子, 찹쌀과 대추, 돼지고기, 팥, 호두 등을 넣고 대나무 또는 갈대 잎에 싸서 쪄 먹는 음식)를 먹는 풍습이 이어지고 있다.

〈쫑쯔〉

〈용선경기〉

출처 : www.google.co.kr/

용선(龍船) 축제는 드래곤 보트축제(Dragon Boat Festival)라고도 불리우며 중국의 4대 전통 축제 중 하나로 각광 받는다. 특히 중국 남부 해안 지역(장강 중하류지역)에서 매우 인기가 있다. 해마다 단오날 강가나 호수에서 용주경기는 큰 규모로 행사가 진행되며 일부 지역에서는 50척의 용주경기에 참가하여 뱃머리에 화려한 용의 머리를 장식하여 요란한 북소리, 꽹과리 소리, 힘찬 구호소리가 들리며 경쟁하는 것을 보며 관람객들은 환호성이 터져 나온다.

2006년 5월 최초의 국가 무형 문화유산 목록에 포함시켰으며, 2008년부터는 국경일로 지정되었다. 2009년 9월 유네스코는 공식적으로 무형문화유산으로 승인했으며, 드래곤 보트축제는 중국에서 축제로써 최초의 공휴일로 지정되었다.

<드래곤 보트축제 포스터>

출저 : www.image.baidu.com/

8. 난징(南京) 국제매화축제

중국 장쑤성(江蘇省)의 남경(南京)은 전통적인 견직물공업 외 화학·기계·절강·식품 등 공업이 크게 일어나, 장쑤성 최대 공업도시이며, 화중(華中) 지방의 학술·문화의 중심지로써 역사적 배경으로 인하여 명승고적이 풍부하기로도 유명하다. 남경(南京)의 매화 축제는 축제규모나 매화의 종류 등 모든 면에서 중국 최고의 축제 중 하나이다. 겨울의 언 땅 위에 고운 꽃을 피우고 맑은 향기로써 봄을 알리는 매화꽃은 예로부터 불의에 굴하지 않는 선비정신의 표상으로 시나 그림소재에 많이 등장한다. 이런 매화의 기개와 아름다움을 예찬하는 매화축제는 매년 2월 행사가 시작되며, 20일경부터 한 달 여 동안 열리게 된다.

난징 매화축제는 총 350여종 3만 5천 그루의 매화나무가 매화산 가득하게 공개된다. 해마다 40만명 이상의 관광객들이 매화축제를 보기 위해 난징을 방문하며 관광교역회, 전시회, 패션쇼, 용춤, 음식축제 등 다채로운 행사가 개최되어 매화나무 속에서 중국 문화를 다방면으로 체험할 수 있는 기회를 제공한다. 행사 장소는 난징시 동부 외곽에 위치한 중산릉의 매화산인데 이곳은 중국의 4대 매화 풍경구로 꼽히며 부지 총 면적이 26.64ha에 달한다.

<매화나무와 매화축제 공연 모습>

출처 : www.kr.sdchina.com/show/3699103.html

난징(南京) 일대는 아열대 계절풍 기후에 속한다. 사계절이 뚜렷해 겨울은 춥고 여름은 덥다. 특히 매년 초여름에는 장마가 오고 비가 그치고 나면 무더운 여름이 지속된다. 난징의 더위는 충칭(重庆), 우한(武汉)과 더불어 중국의 3대 찜통으로 불릴 만큼 그 위력이 강하다. 가을이 가장 아름답고 날씨도 쾌청하고 좋으니 가능하면 가을에 방문하면 가장 좋다.

<중국 장쑤성 난징 지역>

출처 : www.terms.naver.com/entry.nh

Chapter 5. 동남아시아 축제

01. 태국(Thailand)
02. 말레이시아(Malaysia)
03. 필리핀(Philippines)
04. 싱가포르(Singapore)
05. 인도(India)

01 태국(Thailand)

1. 태국의 일반사항

- 인구 : 약 6,900만 명(2017. EIU 추정치), 세계20위(2018 통계청 기준)
- 면적 : 51.3만km^2 (한반도의 2.3배)
- 민족구성 : 타이족(85%), 화교(12%) 등
- 종교 : 불교(95%), 기타(회교, 기독교 등)
- 언어 : 타이(공용어), 중국, 말레이어
- 시차 : 우리 시간 – 2
- GDP : 4,392억 달러 (2017. EIU 추정치)
- 1인당 GDP : 5,815달러 (2016년 전망)
- 환율 : 1$=33.96바트(2017. EIU)

정식 명칭은 타이(The Kingdom of Thailand)이며, 한자어로 태국(泰國)이라고 한다. 인도차이나반도 북부에 위치하며, 해안선의 길이는 3219㎞이다. 수도는 방콕(Bangkok)이다.

종족구성은 타이족 85%, 중국인 12%, 말레이족 2.9% 등이다. 언어는 타이어와 영어를 사용하며, 국민의 95%가 불교도이고, 4%는 이슬람교를 믿는다.

기후는 고온다습의 열대성이며, 주요 자원으로는 천연고무 · 타피오카 · 쌀 · 주석 · 텅스텐 · 안티모니 · 천연가스 등이 있다. 1961년 이래 4차에 걸친 경제개발계획을 추진하여 연평균 7~8%의 건실한 경제성장을 계속했으나, 최근에는 세계경제 불황으로 인한 수출 부진으로 경제성장이 둔화되고 있다.

2. 태국의 역사

타이는 13세기에 발달한 수코타이 왕조 때 영토를 넓히고, 각종 제도를 정비하여 강력한 중앙집권체제를 구축하였다. 16세기 후반에는 일시 미얀마군에게 지배당하였으나, 곧 물리치고 독립하였다.

19세기 당시 아시아의 다른 나라들이 열강의 식민지가 되었을 때, 독립국으로 계속 존속되었던 유일한 나라이다. 이것은 타이가 당시 유능한 통치자를 만났고, 프랑스와 영국 사이에서 그들의 경쟁의식과 자존심을 적절히 이용한 결과이다.

제1차 세계대전이 일어나자 초기에는 중립을 선언하였으나, 1917년 연합국의 편으로 참전하여 승전국이 되어 국위를 높였다. 1932년 무혈 군사혁명이 일어나 지금의 입헌국주제가 되었으며, 타이는 이후에도 여러 차례의 군사혁명으로 민주화운동이 일어났다.

타이의 정치적 특징은 군부와 민간정치세력 간의 균형 위에서 정치안정을 도모한다는 점이며, 군부의 이익 보호와 지지를 배경으로 민주주의 절차에 따라 정치를 집행한다는 점이다. 국왕은 국민적 단결과 화합의 구심점으로, 국가적 위기 때에는 조정자 구실을 수행한다. 국민들은 오랫동안 독립국가를 유지한 데 대해 긍지를 가지고 있으며, 국왕에 대해 높은 존경심을 나타내고 있다.

또한 불교의 영향력이 매우 커 2만 7천여 개의 사찰이 있으며, 건축, 회화, 조각품, 고전문학 등에 불교적 색채가 강하게 나타나 있다.

3. 축제

(1) 쏭끄란 축제(Songkran Festival)

① 축제시기

매년 4월 13일~4월 15일.

② 축제의미

"송끄란"이라는 말은 산스크리트어에서 나온 것으로 "들어간다, 움직인다"는 의미이다. 태양이 새로운 영역으로 움직인다는 뜻이다. 다시 말해 열 두 달의 사이클이 새롭게 시작된다는 의미인 것이다. 따라서 송끄란은 새해의 시작을 축하한다는 의미를 지니고 있다. 물론 송끄란에는 이 밖에도 다양한 뜻이 포함되 있다.

첫 번째는 감사의 뜻이 깃들어 있다. 훌륭한 업적을 이룬 사람에게 감사한다는 의미, 두 번째는 조상에 대한 숭배의 의미, 세 번째는 가족에 대한 헌신과 사랑의 의미, 네 번째는 사회에 기여한 사원과 승려들에 대한 존경의 뜻, 다섯 번째는 여러 사람에게 이익이 되는 일을 행한 사람에 대한 존경심, 여섯 번째는 사회의 통합을 이끌어가는 정신이다.

그 중 나이 어린 사람들이 어른들을 공경하고 존경심을 드러내는 일은 송끄란의 오랜 전통이라 할 수 있다.

③ 축제내용

"물의 축제"로 널리 알려져 있는 태국 송끄란 페스티벌은 태국 전역에서 다채롭게 개최된다. 송끄란은 태국력에 의한 태국의 전통 설날로 새해를 가족과 친지들이 함께 모여 축하하는 일년 중 가장 크고 중요한 명절이다. 어른들께 존경을 표하는 것은 물론이고 모두 한데 어울려 물을 뿌리며 즐거움을 만끽한다.

전통적으로 송끄란에는 아침 일찍 절을 찾아 스님에게 시주를 하고, 달마의 말씀을 듣고 오후에는 불상에 정화수를 뿌린다. 이 때, 아래 사람들이 축복을 빌며 웃어른들의 손에 정화수를 뿌리고, 이에 대한 답으로 어른들은 건강과 행복 그리고 번영을 기원해 준다. 이렇게 손에 정화수를 뿌려주는 전통에서 비롯된 서로에게 물을 뿌리는 놀이는 이제 송끄란 페스티벌의 상징처럼 되었고, 전 세계인이 모여 더위를 식히며 흥겨운 물싸움을 벌이는 축제의 장이 펼쳐진다.

(2) 야소톤 분 방 파이 로켓축제(Yasothon Bun Bang Fai Rocket Festival)

① 축제시기

매년 5월 둘째 주 금요일부터 일요일까지 3일간 행해진다.

② 축제의미

분 방 파이(Bun Bang Fai)의 '분(Bun)'은 라오어로 '축제'를 뜻하는데, 본래 선행과 그로 인해 얻는 행복을 의미하는 불교 용어 '복덕'(福德, Merit)에 해당했으나 그 범위가 확장되어 축제라는 뜻을 지니게 되었다. 방 파이(Bang Fai)는 로켓 폭죽이라는 뜻으로 대나무의 자른 가지를 가리키는 '방(Bang)'과 불을 뜻하는 '파이(Fai)'가 결합된 것이다. 즉 분 방 파이(Bun Bang Fai)는 로켓축제라는 의미다.

전통적인 농경 국가인 타이에서는 예로부터 한 해의 작황을 결정지을 비가 언제 어느 정도 내리는지가 아주 중요한 문제였다. 사람들은 알맞은 때에 비의 신 바스사칸(Vassakan)을 깨우면 비가 충분히 내려 농사가 잘 되리라고 여겼고, 본격적인 우기로 접어드는 5월 초 하늘을 향해 신을 깨울 로켓을 쏴 올리기 시작했다.

로켓축제는 기본적으로 기우제의 성격이 강하나, 공동체의 결속을 강화하고 문화유산을 나누는 기회이기도 했다.

③ 축제내용

전국적인 축제로 파야 텐 공원에서 벌어지는 대형 로켓발사와 토속춤 공연을 감상 할 수 있다.

농기에 맞추어 적당한 때에 비가 내리기를 빌며 벌이는 연중의식으로 축제의 준비에는 불교에 시주하는 전통이 관찰되며 이것이 점점 강화 되어져 왔다. 3일에 걸쳐 열리는 이 축제기간 동안 지역 주민들의 정신은 더욱 결속되어 진다. 첫째 날은 "완 쑥 딥"이라 불리며 짜오 뿌(Chao Pu)와 도시의 설립 정신에 경의를 표하는 의식이 특징이다. 둘째 날은 로켓 행렬이 이어지는데, 로켓 팀들이 로켓을 행렬에 운반하며 이 마을의 정신인 짜오 뿌에 경의 표하는 의식을 연기하는 아주 생동감 있는 행렬이다. 각각의 행렬은 화려한 댄스단이 호송한다. 다양한 종류의 로켓은 드디어 셋째 날에 발사되고 미인 대회도 같이 열린다. 또한 이 날은 시주의식의 축제 열기와 함께 초신자들의 수임식이 있는 날이기도 하다.

(3) 우본 라차타니 촛불행렬축제(Ubon Ratchathani Candle procession Festival)

① 축제시기

매년 7월 20일부터 8월 5일 행해진다.

② 축제의미

우본 라차타니 자방에서 촛불축제가 열린다. 촛불축제는 아주 오랜 전통을 가진 행사로 불교도들이 사순절 기간 동안 부처에 대한 경의를 표하기 위해 촛불 행진을 펼지는 것에서 유래했다.

③ 축제내용

촛불행렬축제는 꽤 오랜 전통을 가진 행사로 큰 초를 만들어 기름과 함께 승려들에게 바치는 종교적 행사이다. 하지만 이밖에도 다양한 행사가 펼쳐지는데 그 중에서도 가장 아름답게 조각한 초를 가리는 경연대회나 민속의상을 입고 길을 따라 행진하며 공연하는 춤 등이 볼거리이다.

아싸하 부차(Asalha Puja)에게 보시를 하고 카오 판사 불교의식이 열린다. 촛불축제와 전세계인이 참여하는 국제 촛불조각경연대회의 환영식을 보고 관광객을 위해 특별히 준비된 토속음식 "파 카오 랭"을 맛볼 수 있다.

(4) 로이 끄라통(Loi Krathong)

① 축제시기

타이력 열두 번째 달 보름(그레고리력으로는 10월 하순에서 11월 사이) 에 행해진다.

② 축제의미

사람들이 바나나 잎으로 만든 조그마한 연꽃모양의 작은 배(Krathong, 끄라통)에 불을 밝힌 초와 행, 꽃, 동전 등을 실어서 강물이나 운하 또는 호수로 띄워 보내면서(Loi, 러이) 소원을 빈다. 사람들은 끄라통의 촛불이 꺼지지 않고 멀리 떠내려가면 자신의 소원이 이루어진다고 믿는다.

③ 축제내용

태국인들이 가장 사랑하고, 오래 전부터 행해진 태국 전통축제 중 하나인 러이 끄라통은 태국력 12월 보름에 행해지는 축제이다.

밝은 보름달 아래 고요하고 잔잔하게 흐르는 물을 따라 촛불을 깜박이며, 부드럽게 흔들거리며 떠내려가는 많은 "끄라통"은 장관을 이루는데, 끄라통은 각 지역마다 축제의 형태가 다른 특징을 가지고 있다. 연꽃 모양의 바나나 잎사귀 보트에 초 등을 꽂아 강에 띄우는 게 가장 보편적이지만, 치앙마이의 경우는 등불 풍선을 만들어 하늘에 날린다. 이것을 치앙마이에서는 이뼁 페스티발(Yi Peng Festival)이라고 하는데 '콤 러이'라고 불리는 등불 풍선을 하늘에 있는 신에게 날려 보내고, 등불 풍선이 날다가 떨어지는 곳에 슬픔과 액운이 묻힌다고 믿는다. 깜깜한 밤하늘에 수많은 등불풍선들이 흔들흔들 떠오르는 모습은 장관을 이룬다.

가장 유명한 지역축제는 수코타이(Sukhothai) 지방에서 열리는 러이 끄라통 촛불 축제이다. 보통 수코타이 역사공원에서 이루어지는데, 전등 행렬, 미인 선발 대회와 대회 수상자들과 함께 끄라통 띄우기, 각 종 전시회, 불꽃놀이, 민속춤 등이 축제기간 동안 펼쳐진다.

방콕에서는 짜오 프라야(Chao Phraya)강에서 여러 가지 모양의 등불을 떠내려 보내는 라따나꼬신 시대의 왕실 축제를 재현하는 형태의 축제가 펼쳐진다. 강변 주변을 아름다운 조명으로 장식을 하며 미인 선발대회, 끄라통 콘테스트 등과 다양한 전통연극, 공연을 즐길 수 있다.

또한 아유타야(Ayutthaya)지방의 러이 끄라통 땀 쁘라팁 페스티발(Loi Krathong Tam Prathip Festival)은 축제는 한 때 아유타야가 수도였을 때부터 내려오는 것으로 미인선발대회 및 행진, 태국음식축제, 토산품 판매, 수상시장, 보트경주 등 다양한 행사가 펼쳐진다.

언제 방문해도 볼거리와 즐길 거리, 먹거리가 가득한 태국이지만 이 기간 동안 태국을 방문하는 여행객들은 각 지역에서 벌어지는 노래와 춤, 퍼레이드 등을 관람하면서 소원을 빌며 끄라통을 띄우는 행복한 시간을 갖거나 낭만적인 달빛 아래에서 영원한 사랑을 기원하는 매력적인 경험을 해 볼 수 있다.

02 말레이시아(Malaysia)

1. 일반사항

- 인구 : 약 32,042,000명, 세계45위 (2018 통계청 기준)
- 면적 : 329,847km^2(한반도의 1.5배), 세계67위 (CIA 기준)
- 민족구성 : 말레이계(62%), 중국계(22%), 인도계(7%), 기타(9%)
- 종교 : 이슬람교(국교, 종교의 자유 보장), 불교, 힌두교
- 언어 : 말레이어(공용어), 영어, 중국어
- 시차 : 우리시간 −1
- 국내총생산(GDP) : 3,049억 불 (2017. EIU 추정치)
- 1인당 GDP : 9,660불
- 환율 : 1USD=RM 3.96(2018.1)

말레이반도 남부와 보르네오섬 북부에 걸쳐 있으며, 해안선의 길이가 4,675km에 달한다. 영연방의 하나로, 반도의 11개 주는 서말레이시아, 보르네오섬 북부의 2개 주는 동말레이시아라 불린다. 수도는 쿠알라룸푸르(Kuala Lumpur)이다.

종족구성은 말레이인 62%, 중국인 22%, 인도파키스탄인 7% 등으로 이루어져 있으며, 각 민족은 제각기 전통적 문화 · 종교 · 언어 · 사회관습 등을 고집하고 있다. 공용어는 말레이어이며 영어 · 중국어 · 타밀어도 쓰인다. 국교는 이슬람교로 60%를 점유하나, 종교의 자유가 보장되어 불교 19%, 기독교 9%, 힌두교 6.3%의 비율을 보인다.

기후는 말레이반도와 보르네오섬 모두 고온다습한 열대성기후이며, 주요 자원은 생산량 세계1위의 천연고무를 비롯하여 야자유 · 주석 · 원목 · 원유 등이 있고, 이러한 1차산품의 수출이 총 수출의 약 70%를 점하는 전형적 단일재배경제를 이루고 있다. 그 결과 해외시장의 여건변동에 지대한 영향을 받는 취약점이 있고, 주요 기간산업에 있어서 외국자본의 비중이 높다.

2. 말레이시아 역사

말레이반도 부분과 싱가포르를 합쳐서 보통 말라야(Malaya)라고 부르는데, 역사적으로 말라야와 보르네오섬의 사라와크주와 사바주 사이에는 관계가 거의 없었다. 말레이반도에 최초로 생긴 왕국은 4, 5세기경에 발흥했던 북부의 란카수카왕국(말레이인의 불교국)이고, 9세기가 되면서 수마트라의 스리비자야왕국(불교국)이 반도 전역을 지배하였다.

또 13세기에는 수마트라에서 건너 온 말레이인의 일족이 싱가포르에 투마세크왕국을 건설하였고, 14세기에는 자바의 마자파히트왕국(힌두교)이 말라야 전체를 지배하였다. 이 무렵 아랍 상인에 의하여 이슬람교가 전해지고, 1405년 투마세크왕국의 후예가 세운 말라카왕국은 말라야의 여러 토후국 외에 말라카해협을 넘어 수마트라의 동부까지도 지배하였다.

그러나 1511년 포르투갈인의 침공으로 말라카왕국이 멸망하고, 이후 1641년 네덜란드의 말라카 점령을 거쳐, 1786년 영국의 페낭 점령에 이르고, 드디어 영국의 주도권이 확립되었다. 영국은 20세기 초까지 말라야의 여러 토후국과 전략상의 요충을 모두 지배, 식민지경영을 진척시켰다. 중국인, 인도인 노동자를 끌어들여 행한 고무·주석 산업의 개발은 그 대표적인 예이다.

태평양전쟁 때에는 일본에 점령되어(1942~1945), 중국인을 중심으로 많은 주민이 살해되었다. 제2차 세계대전 후 다시 영국의 보호하에 들어갔으나, 1957년 8월 31일 싱가포르를 제외한 11주가 통합되어 말라야연방으로 독립을 이루었다. 1963년 9월에는 헌법을 제정하고, 싱가포르, 사바, 사라와크를 합쳐서 말레이시아가 성립되었으나, 2년 뒤 싱가포르가 탈퇴(축출), 독립하여 현재에 이르고 있다.

사바와 사라와크는 15세기경부터 브루나이왕국의 일부였는데 사바는 18세기 초에 술루(필리핀)의 술탄(Sultan)에게 할양된 후, 18세기 후반에 영국의 북부보르네오특허회사의 소유지가 되었다. 사라와크는 19세기 중엽부터 60년에 걸쳐 영국인 브루크가 브루나이의 술탄에게서 할양받은 지역(브루크왕국)이었다. 사바와 사라와크는 모두 1942년부터 3년간 일본에 점령당하였고, 종전 후 1946년부터 영국의 직할식민지가 되고 1963년에는 말레이시아연방에 가맹하였다.

복잡한 민족 구성과 이에 따르는 민족 사이의 경제활동 차이는 오늘날 말레이시아 국내의 정치 · 경제 · 사회 등 모든 면에서 중대한 문제를 야기하고 있으며, 거의 모든 정당이 민족적 기반위에 설립되고 제각기 자기민족의 이익옹호를 기치로 내세우고 있다.

말레이시아는 말레이계, 중국계, 인도계 및 기타 인종으로 구성된 다민족 국가이다. 따라서 각각의 민족에 따라 다양한 축제가 공존한다. 다민족 사회의 주요 축제들은 각 민족의 신앙적 행사들로서 광범위하게 거행되고 있다. 대부분 이들 종교적 행사는 화려하게 치러지며, 수세기동안 내려온 풍습과 전통을 여전히 지키고 있다. 보통 주요 축제 전에는 도시의 사람들이 고향으로 돌아가고, 각 집집마다 특별한 날을 위하여 열심히 준비한다. 보통 이런 행사가 있는 때에는 대대적으로 집안 청소를 하고 새로이 집안을 꾸미며, 새로운 옷을 마련하고, 축제 음식을 장만하고 먹을 것을 풍부하게 장만한다. 하리라야 아딜피트리(HARI RAYA AIDILFITRI), 중국 설날(CHINESS NEW YEAR), 디파발리(DEEPAVALI), 크리스마스, 가와이(GAWAI)와 카아마탄(KAAMATAN) 축제동안에는 보통 다른 인종들을 집으로 초대하는 오픈하우스(OPEN HOUSE)를 하는 것이 상례인데, 이는 말레이시아에서만 볼 수 있는 독득하고 흐뭇한 풍습이다.

이러한 모임으로 이웃 및 인종 간 친분을 유지하고, 보통 초대한 주인이 손님들에게 음식과 음료를 베푸는 연회적 분위기에서 사회적 유대를 새롭게 돈독하게 하는 기회가 된다.

3. 축제

(1) 하리라야 아이딜피트리(HARI RAYA AIDILFITRI)

① 축제시기

라마단(MAMADAN)이 끝나는 날이자, 이슬람 달력의 10번째 달인 샤왈(SYAWAL)의 첫째 날에 행해진다.

② 축제의미

라마단을 끝낸 말레이시아의 모든 이슬람교도를 축하하기 위해 마련되는 축제이다.

③ 축제내용

말레이시아의 최고의 명절인 하리라야 아이딜피트리 혹은 하리라야 뿌아사(HARI RAYA PUASA)는 축제의 분위기는 라마단의 20일째 되는 날부터 시작하며, 이슬람의 선도인은 하리라야때 아침 기도인들과 함께 고인들의 무덤을 방문한다. 집집마다 대대적으로 청소를 하고, 특별하게 단장을 하고, 한국의 설날처럼 새로운 옷을 입는다. 이때는 이슬람인들이 친구와 이웃들을 초청하는 오픈 하우스를 하며, 시골에는 집집마다 불을 밝혀 놓는다.

(2) 디파발리(DEEPAVALI)

① 축제시기

힌두달력의 7 or 8번째에 행해진다.

② 축제의미

디파발리 혹은 불의 축제는 선이 악을 이겨내는 것을 상징한다.

③ 축제내용

힌두교의 가장 큰 축제인 디파발리는 '빛의 날'이라고도 불린다. 말레이시아는 힌두교인을 비롯하여 종교를 넘어 많은 사람들이 디파발리에 참가해 한해의 복을 기원한다. 이들은 힌두사원에서 가짜 종이돈을 태우며 나쁜 기운을 몰아내며 행운을 기원한다.

(3) 타이푸삼(THAIPUSAM)

① 축제시기

타밀 달력 열 번째 달인 타이(Tahi)월 보름을 전후로 한 3일간(그레고리력으로는 1~2월) 행해진다.

② 축제의미

타이푸삼은 타밀 달력(힌두교 태양력에 근거해 인도 남부 타밀 나두(Tamil Nadu)에서 기원한 달력. 오늘날에는 종교, 문화, 농업 관련 이벤트에 있어서 타밀력을 주로 따른다.) 열 번째 달을 의미하는 타이(Thai)와 '보름달이 가장 밝게 빛날 때'라는 의미의 푸삼(pusam)이 합쳐진 말이다.

타이푸삼(Thaipusam)은 전쟁의 신 무루간(Murugan)이 어머니 파르바티(Parvati) 여신으로부터 악마를 무찌를 수 있는 창을 하사 받아 어둠의 세력을 무찌른 것을 기념해 금욕적 고행을 행하는 힌두교 축제다.

타이푸삼은 어둠을 물리치고 빛이 승리한 것을 축하하는 디왈리(디파발리),

태양신에게 한 해의 추수를 감사드리는 퐁갈(Pongal) 축제와 더불어 말레이시아 힌두교의 3대 축제에 속한다.

③ 축제내용

타이푸삼 전날에는 황소가 이끄는 꽃마차에 수브라마니암상을 싣고 시가행진을 한다. 그 다음날에는 신자들이 카바디(KAVADI)를 메고 주문과 드럼 소리에 맞춰 힌두사원을 돌게 된다. 이곳에서는 타이푸삼 전날이 되면 차이나타운 안에 있는 힌두사원으로부터 바투동굴까지 행렬이 시작된다. 이날 신자들이 아주 정교하게 장식한 금속 혹은 나무 아치의 카바디를 어깨에 메고, 철사 후크 혹은 대못으로 카바디에 연결하여 다른 끝은 신자의 몸 여러 곳에 끼운 아주 독특한 그들만의 풍습을 볼 수 있다. 이 타이푸삼은 셀랑고, 페낭, 네그리셈빌란, 조호, 페락에서 매우 성대하게 행해지고 있다.

(4) 부처님 오신날(WESAK DAY)

① 축제시기

매년 음력 4월 15일 Wesak Day이 부처님 오신 날에 행해진다.

② 축제의미

이 축제는 부처님의 탄생, 개화, 죽음을 다양한 행사를 통해서 기념한다.

③ 축제내용

축제기간에는 가두어진 영혼을 자유롭게 풀어준다는 것을 상징하기 위해 새장에 갇혀 있던 새들을 풀어 주는 행사를 하기도 한다. 한국에서 부처님 오신날에 볼 수 있는 연등행렬을 여기서도 볼 수 있다.

(5) 사라왁 가와이축제(SARAWAK GAWAI FESTIVAL)

① 축제시기

매년 6월초에 행해진다.

② 축제의미

추수절기(Gawai)축제로서 다양한 부족들이 추수를 마치고, 새롭게 농사철을 맞이한다는 뜻이다.

③ 축제내용

말레이시아에서 가장 넓은 사라왁주에서 축제기간 동안 대부분의 회사, 상점 등은 문을 닫고, 인구의 절반이상이 고향으로 돌아간다.

사라와 주는 고대 연대의식을 엿볼 수 있는 다양한 종족과 민족들이 살고 있다. 오랑울루족 등 많은 종족들이 추수감사행사를 올리는데 그중 가장 큰 종족인 이반족(The Ibans)과 비다여족(Bidayuh)의 행사가 가장 성대하다.

사라와 가와이(SARAWAK GAWAI)축제를 준비하기 위해서 다약(DAYAK)인들은 집을 깨끗이 하고 그들 조상들 묘지를 깨끗이 한다. 축제 전날은 가족들이 다 한자리에 모이고, 가족중에서 가장 연소자가 음식을 특별히 장만하여 부모님께 드린다. 뚜악(TUAK)이라고 하는 쌀로 만든 술을 손님들에게 베풀고 함께 춤을 춘다. 이 축제기간 동안 다약인들은 그들이 가장 좋은 옷을 입고, 행사를 위해 가축들을 잡는다. 부족들은 승리의 춤, 닭싸움, 화살을 쏘는 놀이 등을 한다.

(6) 사바 카아만탄축제(SABAH KAAMANTAN FESTIVAL)

① 축제시기

매년 5월 30일에서 31일 사이에 행해진다.

② 축제의미

이 축제는 '땅이 바람을 일으키는 날'로 윤택한 추수를 감사한다.

③ 축제내용

사바에 방문하기 가장 좋은 시기로 가다잔(KADAZAN)과 두순(DUSUN)족들에 의해 이 기쁜 행사가 치루어진다. 이날 눈에 띄는 행사는 미인 행렬, 전통춤, 고위 사제인 보보히잔(BOBOHIZAN)에 의한 절정적 종교의식이다.

03 필리핀(Philippines)

1. 일반사항

- 인구 : 1억 630만명(2018. UN)
- 면적 : 300,400km²(한반도의 1.3배) *7,107개의 도서로 구성, 전체의 65%가 산악지대
- 민족구성 : 말레이계가 주종이며 중국, 미국, 스페인계 혼혈 다수
- 종교 : 가톨릭(83%), 개신교(9%), 회교(5%), 불교 및 기타(3%)
- 언어 : 타갈로그어(Tagalog), 영어
- 기후 : 고온다습한 아열대성 기후
- 시차 : 우리시간 2
- 총 GDP : 3,212억 달러 (2017. 이하 필리핀 중앙은행)
- 1인당 GDP : 2,987 달러
- 화폐단위 : Pexo(1US$=P51.88, 2018.5)

정식 명칭은 필리핀 공화국(Republic of the Philippines)이며, 해안선의 길이는 36289km에 달한다. 면적은 30만km²로, 7,107개의 크고 작은 섬으로 이루어져 있다. 수도는 마닐라(Manila)이다.

인종은 여러 종족간의 혼혈이지만, 주체는 말레이인이 95.9%, 중국인이 1.5%, 기타 3%이다. 언어는 영어와 타갈로그어가 사용된다. 종교는 천주교가 83%, 이밖에 개신교 9%, 이슬람교 5%, 기타 3%로 문화도 기독교문화가 지배적이다.

원래 아시아대륙의 일부로서 대륙의 침강작용으로 생성되었으며, 이에 따라 국토의 대부분이 고지대로서 높이 1,200~2,400m의 산지이며 평지가 적다. 기후는 전반적으로는 고온다습한 아열대성 기후이며, 일부 산악지대는 비교적 쾌적한 산지기후를 보이고 있다. 주요 자원으로는 동·금·니켈·쌀·코프라·설탕·아마카·원목 등이 있다.

2. 필리핀 역사

필리핀 역사의 시작을 명확하게 제시할 수 있을 만한 기록은 없다. 특히 스페인을 비롯한 대외세력이 필리핀에 침투하기 이전의 역사는 흔히 '고대문명'으로 통칭되고 있다. 이 시기의 기본적 통치형태는 '바랑가이(barangay)'라는 족장 지배체제였다. 바랑가이는 대개 30~100가구 정도로 구성되어 있었는데, 마닐라(Manila), 세부(Cebu) 등과 같은 지역에서는 2,000명 이상이 포함된 바랑가이도 존재했다고 한다. 바랑가이에는 독자적 지배자인 다투(datu)가 존재했다. 다투는 최고의 행정권자이자 입법가, 재판관, 군사지배자로서 대부분의 권한을 독식했으나, 마을의 중대사를 결정할 일이 발생하면 마을 원로들로부터 조언을 들었다.

고대시기 필리핀에는 무역을 통해 이슬람이 전파되었고, 참파(Champa)와 교류하였으며 송(宋)과 명(明)의 상인들이 드나들었다. 특히 정화(鄭和)의 원정당시 명나라는 60여 척의 배를 이끌고 3차례에 걸쳐 필리핀을 정벌하기도 했다. 남부 민다나오(Mindanao) 지역은 14세기부터 이슬람 왕국이 성립되어 이 지역의 무역을 통제하였다.

16세기에 접어들면서 필리핀은 외부로 알려지게 되었으며 역사는 문자로 기록되기 시작했다. 우리에게 잘 알려진 마젤란(Ferdinand Magellan)은 스페인 왕실의 후원을 받아 1521년 필리핀을 발견했다. 마젤란은 세부 지역의 막딴(Mactan) 촌장인 라푸라푸(Lapu-Lapu)와 벌인 전투에서 사망하였다. 마젤란 사후 스페인은 필리핀이 무역기지로서 최적의 지역으로 인식하고 본격적인 식민화 작업에 착수했다.

19세기에 들어 필리핀의 결집된 민족주의는 외세에 대한 강한 반발을 외부로 표출하였는데, 이는 스페인의 대 식민지 정책이 유화적으로 변화한 틈을 탄 것이었다. 호세 리살(Jose P. Rizal)이 대표적 인물로 그는 1892년 필리핀민족동맹(La Liga Filipina)을 결성하여 사회개혁을 시도하였다가 까띠푸난(Katipunan)이 일으킨 폭동에 연루된 혐의로 체포되어 1896년 식민당국에 의해 처형당했다.

1898년 필리핀은 스페인으로부터 독립을 선언하였다. 그러나 미국-스페인 전쟁에서 미국이 승리하자 스페인은 필리핀을 미국에게 양도하였다. 새로운 식민지배 하 필리핀의 정치 및 행정체계는 급속한 변화를 맞이하게 되었다. 또한 영어를 널리 사용하도록 교육 체계를 개선하고 전국에 영어로 수업하는 학교를 세웠다. 이는 스페인이 종교를 통해 꾀하려했던 민족정신 말살 정책과 유사한 것으로 민족의식을 희석시키기 위해 교육을 장려한 것이었다.

1941년 일본군은 예고 없이 진주만을 기습 공격하였고, 몇 시간 후 필리핀 곳곳을 공습하기 시작했다. 결국 1942년 1월 일본군이 마닐라를 완전히 점령하였고 1945년까지 필리핀은 일본의 통치를 받게 된다. 일본은 대동아공영권(大東亞共榮圈)을 내세워 백인의 아시아 지배를 종식해야한다는 명분으로 필리핀 통치를 정당화 했다. 1945년 일본이 패망한 이듬해 7월 4일 필리핀은 4세기 간에 걸친 외세의 시달림에서 드디어 해방되었다. 독립 이후에도 미국에 대한 경제적 의존이 지속된 가운데 막사이사이(Ramon Magsaysy, 재임 1953~1957)는 일본 식민지 시기부터 싹트기 시작한 공산주의 세력을 억제하였는데, 특히 후크발랍(Hukbalahap, 抗日人民軍)을 와해시키고 민주주의를 회복했다는 평가를 받는다.

미국이 후원하는 필리핀의 민주주의는 마르코스가 등장하면서 폐기된 것처럼 보였다. 1965년 11월 실시된 대통령 선거에서 민족당 출신의 마르코스 상원 의장은 자유당의 마까파갈(Diosdado Macapagal) 후보를 물리치고 대통령에 당선되었다. 첫 임기(1965~1969) 동안 마르코스는 효율적 세제운영과 대외차관 유치로 국가재정의 안정을 도모하였고, 사회간접자본을 건설하는 한편 각종 밀수 및 범죄자와 공산세력을 소탕하였다. 1969년부터 세계 경제가 하강 국면으로 치달음에 따라 필리핀의 경제도 위기를 맞았다.

3. 축제

(1) 아티-아티한축제(Boracay, Ati-Atihan Festival)

① 축제 시기

매년 1월 2주 동안 개최한다.

② 축제의미

필리핀 칼리보에서 열리는 전통 춤과 음악, 전통의상 축제이다. 13세기에 시작된 이 축제는 산토니뇨(Santo Niño)를 기리기 위한 축제로, 축제 이름의 의미는

'아에타족처럼 되기'이다. 아기예수를 기념하고 13세기 보르네오에서 이주해 온 10명의 족장과 아티족(토착인) 왕 사이의 토지 거래를 기념하는 축제이다.

③ 축제내용

보라카이 칼리보 주민, 단체 혹은 기업들이 참여하여 전통 분장과 화려한 꾸밈으로 퍼레이드와 축제를 즐긴다. 온몸에 숯을 칠하고 전통의상과 토속 액세서리로 치장한 사람들이 밤이 되도록 흥겨운 음악과 함께 춤을 춘다. "할리 비라! 푸에라 파스마! 할라 비라! 비바 산토니뇨!" 라고 외치며, 아기 예수를 기념하고 건강을 기원한다.

(2) 시놀록축제(Cebu, Sinulog Festival)

① 축제시기

매년 1월 셋째 주에 행해진다.

② 축제의미

수호성인으로 받들어지고 있는 아기 예수를 기념하는 축제이다.

③ 축제내용

시놀록 축제는 세부지역의 학교, 단체 및 기업들이 참여하여 그룹마다 아기 예수상을 들고 퍼레이드에 참여한다. 시놀록 복장이나 거인, 퍼레이드카 등의 다양한 방법으로 축제를 즐긴다. 북소리 장단에 맞춰 춤을 추는데, 두 걸음 나아가고 한 걸음 물러서는 춤사위가 특징이다. "핏 세뇨르! 비바 산토 니뇨!" 라고 외치며 기도와 춤을 춘다.

(3) 디나기양축제(Iloilo, Dinagyang Festival)

① 축제시기

매년 1월 넷째 주에 행해진다.

② 축제의미

기독교 종교를 기념하고 신성한 아이 예수의 명예를 경축하는 축제이다.

③ 축제내용

디나기양 축제는 수호신 산토 니뇨에게 경의를 표하며, 다양한 방법으로 축제를 즐긴다. 필리핀 전통 악기들과 화려한 축제 의상으로 흥을 더하며, "비바 세뇰 산토 니뇨"를 외치며 축제의 뜻을 전한다. 화려한 불꽃놀이는 축제의 밤을 더 아름답게 만든다.

(4) 파낙뱅가축제(Panagbenga Festival)

① 축제시기

매년 2월 23일~3월 3일에 행해진다.

② 축제의미

칸카나-에이(Kankana-ey)방언으로 "꽃피는 계절"을 의미한다. 1990년 강진으로 인해 황폐해진 바기오땅에 다시 생기를 불어 넣기 위해 시작되었으며, 바기오 지역에 봄이 온 것을 축하하는 행사이다.

③ 축제내용

소나무의 도시 바기오의 꽃철이다. 바

기오 주민들은 이 시기에 휴식을 취하며, 시원한 날씨와 이 도시의 문화에 흠뻑 젖는다. 형형색색의 옷을 입고 고지대의 다양한 꽃을 흉내 낸다. 꽃으로 침대를 만들고, 파낙 벵가(Panag Benga) 퍼레이드가 펼쳐진다.

바기오(Baguio)의 파낙뱅가 축제는 데이지, 장미를 비롯한 수천 송이의 꽃을 장식하고, 여러 기업과 단체에서 준비한 꽃마차가 축제의 하이라이트이다. 각각의 독특한 테마로 꾸며진 마차는 축제를 더 화려하게 장식한다.

(5) 알리완축제(Aliwan Festival)

① 축제시기

매년 4월 마지막 주에 행해진다.

② 축제의미

"Fun/Entertainment"(즐거움/오락)이라는 의미의 축제이다.

③ 축제내용

마닐라 파사이(Pasay)지역에 열리는 축제로 필리핀에서 열리는 큰 축제 중 하나이다. 여러 마을의 풍습, 특산물, 문화 등을 확인할 수 있는 축제이며, 필리핀 여러 각 지역에서 재능 있는 스트릿 댄서들이 참여하여 댄스 페스티벌, 경연 대회, 축제 여왕 퍼레이드 등 다양한 프로그램으로 축제의 열기를 더 뜨겁게 한다.

(6) 파히야스축제(Pahiyas Festival)

① 축제시기

매년 5월 15일에 행해진다.

② 축제의미

'고귀한 봉헌'이라는 뜻으로 추수 감사 축제이다.

③ 축제내용

퀘존(Quezon)지역에서 열리는 파히야스 축제는 감사제의 수호성자인 산 아시드로 라브라도를 기념하기 위해 시작되었다. 이곳의 특산물인 '키핑(Kiping)'이라 불리는 쌀로 만든 빵을 이용한 장식의 진수를 볼 수 있다. 사람들은 마을의 수호성인에게 풍년을 기원하면서 집집마다 키핑으로 장식을 한다. 또한 축제의 막바지에는 장식이 가장 멋진 집에 상을 주기도 한다. 지역 사람들은 수확한 곡식, 과일, 채소 등을 집과 거리에 장식하며 감사를 표한다. 또한 각각의 그룹마다 준비한 마차 페스티벌과 미남/미녀 선발 대회로 축제의 즐거움을 더한다.

(7) 핀타토스축제(Pintados Festival)

① 축제시기

매년 6월 29일에 행해진다.

② 축제의미

선사시대부터 문신은 타클로반 원주민들에게 용기와 힘을 상징하는 축제이다.

③ 축제내용

타클로반(Tacloban) 핀타도스 축제는 필리핀 고유의 전통이 살아 숨 쉬는 문신 축제이다. 짙은 문신을 한 비사야 섬의 원주민인 핀타도스(고대전사)들이 수확이 끝난 후 신에게 감사의 의식을 표함으로 시작되었다. 축제기간에 타클로반 주민들은 고대전사의 모습을 재현하기 위해 바디 페인트와 갑옷을 꾸며 입고 격렬한 장단에 맞춰 춤을 춘다.

(8) 카다야완축제(Kadayawan Festival)

① 축제시기

매년 8월 16일~22일에 행해진다.

② 축제의미

'삶의 찬양'이라는 의미이며, 자연에 대한 경의와 풍성한 수확에 감사를 뜻하는 축제이다.

③ 축제내용

카다야완 축제는 필리핀 민다나오의 가장 큰 축제이며, 파살라맛이라 불리는 개막식으로 축제의 막을 시작한다. 이 지역에 사는 여러 부족들의 전통음악과 춤, 놀이, 민속예술품을 한 자리에서 볼 수 있다. 축제의 하이라이트는 마지막 날 펼쳐지는 퍼레이드. 다바오 전통 난을 비롯해 이곳에서 생산되는 꽃으로 만든 배 퍼레이드와 다양한 거리공연들이 열린다. 축제 기간 동안 월드 뮤직 페스티벌과 다바오 리버 페스티벌, 토속 악기 공연, 민다나오 전통 춤 축제, 라이브 밴드 공연 등 풍성한 볼거리들이 준비된다.

축제 기간 동안 지역 주민들뿐만 아니라, 많은 관광객 또한 카다야완 축제를 즐긴다.

(9) 마스카라축제(MassKara Festival)

① 축제시기

매년 10월 19일에 행해진다.

② 축제의미

축제 명칭 '마스카라(Masskara)'는 '대중', '군중'을 의미하는 영어 mass에 '얼굴'을 의미하는 에스파냐어 kara를 붙여 만든 합성어다. 즉 '마스카라'는 '미소 짓거나 웃는 많은 얼굴들'이라는 의미로, 초기부터 축제의 슬로건이던 '미소의 도시(City of Smiling Faces)'의 의미를 반영한 것이다.

바콜로드(Bacolod)는 과거 대표적인 사탕수수 생산지였다. 80년도 설탕 가격이 급격히 하락하였고, 그해 4월에 설탕을 운반하던 선박이 침몰하는 참사가 있어 바콜로드 경제와 사회에 큰 어려움이 있었다. 이러한 분위기를 탈피하고자, 시민 모두 웃고 있는 탈을 쓰는 축제가 시작되었다.

③ 축제내용

많은 사람이 동참하며 바콜로드에 희망의 꽃이 피게 되었다. 축제 의미에 맞게 바콜로드 주민들은 웃는 얼굴 형상의 가면을 쓰고 화려한 퍼포먼스와 이벤트로 축제를 즐긴다.

또한 마스카라 페스티벌 기간 중에 바콜로드 지역 내 최고 미인을 선발하는 미스 마스카라 선발대회가 열리는데, 우승자에게는 필리핀 전 지역 대상 미인 대회에 참가할 수 있는 자격이 주어진다. 기타 행사로 축제 기간에는 스포츠팬들을 위한 프로그램이 준비돼 있다. 주로 젊은이들을 대상으로 한 스포츠 경기가 많으며, 체스, 시장컵 쟁탈 정구대회, 골프, 수영 경기, 산악 오토바이 경주 등이 열린다.

04 싱가포르(Singapore)

1. 일반사항

- 인구 : 561만명(2017)
- 면적 : 719km^2(서울시 605.5km^2)
- 민족구성 : 중국계(74.2%), 말레이계(13.3%),인도계(9.2%), 기타(3.3%)
- 종교 : 불교(33.3%), 기독교(18.3%), 이슬람(14.7%), 도교(10.9%), 힌두교(5.1%), 기타(17.7%)
- 기후 : 고온다습의 열대성 기후
- 언어 : 영어(통용어), 중국어, 말레이어, 타밀어
- 시차 : 우리시간 −1
- 국내총생산 : 3,240억 달러(2017.이하 싱가포르 통계청, 통상산업부)
- 1인당 GDP : 57,722달러

정식 명칭은 싱가포르공화국(Republic of Singapore)으로, 영연방의 하나이다. 싱가포르 섬과 그 부속도서 및 크리스마스제도로 구성되어 있으며, 해안선의 길이는 820km이다.

면적은 647km^2, 수도는 싱가포르(Singapore)이다.

종족구성은 중국계 74.2%, 말레이계 13.3%, 인도계 9.2% 등이다. 언어는 헌법상 말레이어가 국어이지만, 중국어, 영어, 타밀어(Tamil) 등도 사용되고 있다. 종교는 불교 353.3%, 기독교 18.3%, 이슬람교 14.7%, 힌두교 3.7% 등이다.

부존자원이 없기 때문에 국제무역과 해외투자에 크게 의존하는 개방경제체제를 운용하고 있으며, 아시아에서 일본 다음가는 경제부국으로 성장하였다. 특히, 동남아시아지역의 금융중심지로 아시아달러시장이 개설되어 있어 경제성장에 중요한 구실을 하고 있다.

주롱(Jurong)에는 대공업지대가 건설되어 있으며, 주요 공업부문으로는 식품·고무·섬유·목재공업 등이 발달되어 있다.

다민족국가로서의 균형을 위하여 종교에 따라 서로 다른 사회관습을 유지하고

있으며, 대표적인 사회복지시책으로서 중앙복지연금제도를 설치하여 유사시에 대비한 일종의 강제저축제도를 실시하고 있다.

한편, 사회보장제도는 아직 도입되지 않았으나 1955년부터 봉급자의 노후보장, 지체불구로 인한 취업불능에 대비한 강제저축제도를 마련하여 운영하고 있으며, 정부측에서 주택정책을 강력히 추진하여 현재 싱가포르 국민의 70% 이상이 공동주택에 거주하고 있다.

2. 싱가포르 역사

싱가포르는 1819년 당시 이 섬을 지배하고 있던 영국인 래플즈(Raffles, T. S.)가 조호르왕국의 수석사법관과 영국 상관(商館) 설립협정을 체결한 뒤, 영국 동양무역의 거점이 되었다.

제2차 세계대전 중에는 일본군의 점령 하에 들어간 일이 있으며, 1959년 영연방 내의 자치령이 되고, 1963년 말레이시아연방에 속하여 있다가, 인종적 · 경제적 대립으로 인하여 1965년 8월 9일 말레이시아연방에서 탈퇴하여 헌법을 제정하고 독립공화국이 되었다.

1959년 제1회 입법의회 선거에서 인민행동당(PAP)이 다수를 획득한 이래 리콴유(李光耀) 총리가 이끌면서 안정과 번영을 이룩하였다. 특히, 1968년부터 4년마다 실시된 총선에서 인민행동당은 거의 전 의석을 독점하고 있다.

3. 축제

(1) 타이푸삼축제(Thaipusam Festival)

① 축제시기

매년 1월 31일에 행해진다.

② 축제의미

힌두 신화의 무르간(Murgan)이 어머니 신을 만나는 날을 의미하는 축제이다.

③ 축제내용

다채로운 전통이 있는 연례 힌두 페스티벌인 타이푸삼으로 인해 싱가포르에 교통 정체가 발생한다. 신자들은 타이푸삼 기간 동안 축복을 기원한다. 대대적이고 다채로운 행진을 중심으로 하는 타이푸삼은 싱가포르의 힌두교 신자들이 은총을 구하고, 맹세를 이행하며, 감사를 표하기 위해 매년 행진하는 의식이다.

선, 젊음, 힘을 대표하며 악을 무찌르는, 무루간 신(Lord Murugan)으로도 알려진 수브라마냐 신(Lord Subrahmanya)을 기리는 의식이다. 이 축제는 이틀간 계속된다. 전날 밤에는 (무루간 신 동상을 실은) 마차 행렬이 탱크 로드의 스리 탄다유타파니 사원에서 케옹 시악 로드의 라얀 시티 비나야가 사원까지 행진한다.

싱가포르의 타이푸삼 의식은 이른 아침에 시작한다. 첫 번째 신자 무리는 보통 우유통과 나무로 만든 카바디(Kavadi)를 갖고 간다. 어떤 신자들은 혀를 꼬챙이로 뚫고 화환과 공작새 깃털로 장식된 나무 카바디를 어깨에 메고 가기도 한다. 대못이 박힌 카바디를 어깨에 메고 가는 신자들은 매우 공을 들여 준비해야 한다.

실제로 한 달 내내 영혼을 깨끗하게 하려고 채소만으로 식사를 해온 신자들에게 타이푸삼은 클라이맥스이다. 마음에서 물질적 욕구가 사라지고 몸에서 육체적 쾌락이 사라졌을 때 비로소 신자는 어떤 고통도 느끼지 않고 신성한 과업을 행할 수 있다고 한다.

물론, 타이푸삼 행진에 참여하는 사람들이 모두 극단적인 것은 아니다. 대못이 없는 카바디를 지고 가는 사람들도 많고, 여자들은 힌두교도들에게 풍요와 다산을 상징하는 우유 항아리만 들고 가기도 한다. 이 행사를 위해 자동차 운행이 금지되므로 세랑군 로드의 스리 스리니바자 페루말 사원과 탱크 로드의 스리 탄다유타파니 사원 사이 어디서나 구경할 수 있다. 신자들은 응원을 하기 위해 노래와 기도를 하며 따라오는 친척들과 친지들과 함께 4.5km를 걷게 된다. 행렬이 스리 탄다유타파니 사원에 도달하면 제물과 숭배의 행위로 냄비에 담긴 우유를 로드 수브라마니암(Lord Murugan)의 동상에 붓는다.

'카바디'는 타밀어로 문자 그대로 '매 걸음에 희생'이라는 의미이고, 자세히 살펴보면 그것이 사실이라는 것을 알게 된다. 신자들은 행렬 내내 반원형의 강철 또는 나무틀인 '카바디'를 지고 가야 한다. 바가 있어 어깨에 짊어질 수 있고, 꽃과 공작새 깃털로 장식되어 있습니다. 몸을 찌르는 긴 못이 박힌 것도 있다.

(2) 리버 홍바오(River Hongbao)

① 축제시기

매년 2월 14일 부터 2월 24일에 행해진다.

② 축제의미

음력설을 기념하는 축제이다.

③ 축제내용

리버 홍바오는 1987년 이래 계속해서 싱가포르의 축제 행사로 진행되었다.

마리나 베이 플로팅 플랫폼인 NS 스퀘어에서 개최되는 이 상징적인 이벤트는 현지인과 여행객 모두가 즐길 수 있는 싱가포르 음력설의 대표적인 기념행사가 되었다.

이 활력적인 축제에서 대형 등부터 군침이 도는 음식까지 오감을 만족시키는 중국 문화를 체험할 수 있다.

NS 스퀘어에 조명을 비추고 있는 수작업으로 만든 실물보다 큰 대형 등 중국 출신 장인이 중국 신화 및 전설 속 인물을 묘사한 신비로운 대형 등을 구경하며, 놀라운 체험을 할 수 있다. 행운의 신과 12간지 초롱 등이 참가자의 인기를 끈다. 놀이 기구부터 카니발 게임까지 수많은 기타

활동으로 지루할 틈이 없다. 이 다채로운 축제 향연에서는 오페라 및 기타 거리 공연을 선보인다.

리버 홍바오의 오프닝 나이트 및 음력설 전야 카운트다운 파티와 각 행사마다 자체적으로 불꽃놀이를 선보여, 희망차며 상서로운 분위기에서 새해를 맞이한다. 축제 동안 매일 펼쳐지는 불꽃놀이는 물론이고 NS 스퀘어(마리나 베이 플로팅 플랫폼)에서 화려한 마리나 베이 스카이라인을 배경으로 불꽃놀이가 펼쳐진다.

(3) 하리 라야 아이딜피트리(Hari Raya Aidilfitri)

① 축제시기

매년 6월 15일에 행해진다.

② 축제의미

이슬람교의 성스러운 한 달간의 라마단을 마무리하는 희생제(Festival of Eid)를 의미하는 축제이다.

③ 축제내용

하리 라야 아이딜피트리에 싱가포르의 무슬림들은 용서, 유대감, 음식을 통해 금식 기간의 끝을 즐거운 마음으로 축하한다. 라마단은 이슬람교도들이 회개하는 기간이며 약 30일 간 먼동이 틀 때부터 저물 때까지 금식을 합니다. 이슬람교도들은 이 기간에 숭배, 기부 행위, 그리고 자비로운 행위를 하는 기간이다.

싱가포르의 하리 라야 아이딜피트리는 희생제라고도 한다.

싱가포르의 많은 말레이인 가족들은 같은 색상의 새 옷을 입는데, 남자들은 헐렁한 셔츠와 '바주 말라유'라는 바지를, 여자들은 '바주 쿠룽'이라는 헐렁한 긴 소매 블라우스와 치마를 입는다.

신전에서 특별한 기도를 낭송하며 하루가 시작된다. 그 다음은 부모님을 보러 가는 시간이다. 이슬람교도들은 전통적으로 일 년 간 저지른 잘못에 대해 연장자들에게 용서를 구한다. 그리고 친척들과 친지들을 방문해 집에서 요리한 잔치 음식을 즐긴다.

싱가포르의 하리 라야 아이딜피트리는 맛있는 전통 말레이 음식들이 있어 더욱 즐거운 곳이다. 하리 라야 만찬에 초대받는다면, 쇠고기 '렌당'(매콤한 쇠고기 스튜), '사요르 로데'(코코넛 우유 그레이비에 조리한 야채)와 '삼발'(칠리 페이스트) 등 다양한 요리와 함께 보슬거리는 흰 쌀밥 또는 '케투팟'(쌀 떡)을 맛볼 수 있다.

디저트 역시 맛있는데, 특히 '쿠에'(케이크)가 맛이 좋다. 안에 야자 설탕을 넣어 공 모양으로 빚은 '온데-온데'와 달콤한 코코넛을 입힌 찐 쌀 떡 '푸투 피링'을 맛을 볼 필요가 있다.

라마단 기간에 무슬림은 '자카트 피트라(zakat fitrah)'라고 하는 의무적인 종교적 세금을 내는데, 회교 사원에서 이를 모아 가난한 사람과 도움이 필요한 사람들에게 배분한다. 무슬림은 다른 신도들의 경제적인 어려움을 덜어주는 것이 자신의 개인적인 책임이라고 생각한다.

하리 라야 아이딜피트리의 하이라이트 중 하나는 여자들이 가장 아름다운 '바누 쿠룽'과 어울리는 머리 스카프('투둥')을 착용한 모습을 구경하는 것이다. 선명한 색상과 화려한 문양, 그리고 바주의 칼라 주변에 섬세한 수를 놓아 실크나 손으로 염색한 바틱으로 만든 의상을 감상해 본다. 이 전통 의상은 싱가포르의 더운 날씨에서 입기에 매우 편하고 실용적이어서 지금까지도 즐겨 입는 복장이다.

(4) 드래곤 보트 페스티벌(Dragon Boat festival)

① 축제시기

매년 6월 18일에 행해진다.

② 축제의미

이 축제와 관련되는 전설은 중국 전국시대의 청렴한 재상인 주유안(Qu Yuan)에 대한 이야기이다. 황제의 신뢰받는 조언자였으나 정치적인 음모에 휘말려 황제에게 추방을 당한 후 절망에 빠진 그는 강에 몸을 던져 생을 마감했다. 백성에게 추앙을 받던 사람이었으므로 어부들은 식인 물고기가 그의 몸을 먹지 못하게 하려고 결사적으로 노로 물을 두드리기 시작했다. 다른 사람들은 쌀밥을 잎에 싸서 물속으로 던져 물고기를 유인하려 했다.

③ 축제내용

신나는 북소리와 맛있는 덤플링(dumpling)은 드래곤 보트 페스티벌을 싱가포르 페스티벌 중 가장 흥겨운 축제로 만들어 주는 요소이다. 다채로운 색상의 드래곤 보트 페스티벌의 뿌리가 애국심과 정치라는 점은 흥미롭다. 드래곤 보트 경기와 덤플링은 드래곤 보트 페스티벌의 두 가지 주요 요소이다.

오늘날 축제의 두 가지 가장 눈에 띄는 점인 드래곤 보트 경주와 덤플링이 탄생했다. 이 이야기는 중국인 어부들이 강에 사는 '용'들을 달래기 위해 용 모양의 보트를 사용했던 전통과 어우러져 한나라 때부터 스포츠로 발전했다.

요즘도 길고 좁은 보트의 모양부터 용의 머리가 그려진 뱃머리, 노 젓는 박자를 맞춰주는 북소리까지 많은 고대의 경기 요소들이 그대로 남아있다.

싱가포르에서, 참가자들이 열정적으로 노를 젓고, 인도자가 북을 두드리며 깃발이 휘날리고, 관중들이 좋아하는 팀을 응원하며 축제 분위기는 무르익어 간다. 격렬한 액션과 비극적인 역사, 그리고 짜릿한 동료애가 어우러져 흥미진진하고 신바람 나는 볼거리를 제공한다.

이 축제의 하이라이트인 세계초청 용선경주대회가 센토사섬의 실로소 비치에서 행해진다. 해마다 세계 각국의 용선경주팀이 출전하여 우열을 가린다. 중국에서는 경쟁자들이 돌이나 막대기를 서로 던질 수 있어 드래곤 보트 페스티벌 중에 부상자들이 흔했다. 누구든 보트에서 떨어져 익사하면 강에 사는 용에게 바치는 제물로 여겼다.

이 축제의 인기 품목인 찹쌀 덤플링(중국어로 '장'이라고 함)은 삼각형이며, 갖가지 소를 넣고 판단 잎으로 싸서 만든다. 돼지고기와 마름 열매, 버섯을 넣

은 '박 장'도 인기가 있으며 노냐(페라나칸) 버전에는 삶은 돼지고기와 5가지 향신료 가루, 그리고 설탕에 절인 겨울 멜론을 가득 채운다. '키 장(Kee zhang)'은 소가 없고 설탕이나 '굴라 멜라카(야자 설탕의 말레이어)' 시럽에 적셔 달콤하게 먹는다.

(5) 싱가포르 푸드 페스티벌(Singapore Food Festival)

① 축제시기

매년 7월 13일~7월 29일에 행해진다.

② 축제의미

싱가포르의 풍부한 유산과 문화를 보여주는 대표적인 음식축제이다.

③ 축제내용

싱가포르인들의 음식에 대한 사랑은 도시를 가득 채운 호커 센터, 카페, 미슐랭 스타 레스토랑을 넘어 몸 안에 흐르고 있다. 그리고 현지인처럼 먹거리를 즐기기에 연례 싱가포르 푸드 페스티벌(SFF)보다 더 좋은 곳은 없다. 이곳에서는 현지 문화와 자랑스러운 전통과 현대의 요리들이 접시에 담겨 제공된다.

연례 축제에서는 현지의 인기 요리 셀렉션과 재미있는 라이프스타일 이벤트(라이브 음악과 함께 즐기는 바비큐), 그리고 좀처럼 보기 힘든 현지 최고 셰프들의 콜라보를 만나 보실 수 있다. 직접 배우는 것을 좀 더 즐기신다면 다양한 요리 수업 및 워크숍에 참가하여 싱가포르의 여러 문화에서 유래된 유서 깊은 레시피를 배울 수 있다. 음식을 통해 싱가포르의 무수한 문화를 깊이 탐구해 볼 수 있다. 진지한 식도락가이거나 혹은 문화 투어와 워크숍을 통해 좀 더 배워 보길 원하는 분들 등 누구나 상관없이 현지 거리의 호커(hawker : 길거리 음식점) 음식과 전통 간식에 숨겨진 이야기의 매력에 빠지게 된다.

2017년 행사에는 방문객들이 SFF의 대표 이벤트인 STREAT에서 모드-신(Mod-Sin) 요리로 잘 알려진 싱가포르 요리를 통해 독특한 현대식 요리의 맛을 본다. 또 다른 하이라이트는 '아바큐스 시즈(abacus seeds)'(얌 뇨키), 아이스 볼 같은 전통적인 인기 품목을 가져와 옛날 가격 그대로인 한그릇에 50센트로 다시 판매한 차이나타운의 The 50 Cents Fest였다. 다른 주요 이벤트로는 푸드 스타일링 워크숍, 댄스 공연이 포함된 미식 쇼케이스 및 현지 호커들을 집중 조명한 사진전이 있다.

(6) 중추절

① 축제시기

매년 9월 24일에 행해진다.

② 축제의미

가을 추수의 끝을 의미하는 중추절은 전통적으로 신들에게 감사하는 축제이다.

③ 축제내용

싱가포르의 중추절은 가족, 등불 행렬, 아주 달콤한 문케이크와 함께 하는 축하행사이며, 가을 추수의 끝을 의미하는 중추절은 전통적으로 신들에게 감사하는 시간이다.

일 년중 달이 가장 밝은 때이므로 달의 전설이 이 축제의 일부가 됩니다. 국민들을 폭정에서 구하기 위해 무자비한 왕이 마시려던 불로장생의 묘약을 마셔버린 왕비 창이의 이야기가 가장 주목할 만 하다. 그녀는 달로 올라갔고 그 후 중국인들에게 달의 여신으로 숭배되었다고 전해진다. 중추절은 달을 경배하는 페스티벌이므로 해가 지면서 축제가 본격적으로 시작된다. 달구경 파티는 이 행사를 즐기는 인기 있는 방법이며, 가족과 친지들이 종이 등의 부드러운 빛 아래서 차를 마시고 월병(문케이크)을 먹고, 기분이 내키면 당나라 시대의 방식으로 시를 짓기도 한다.

전통을 즐기는 사람들은 종이로 만들어 초로 밝힌 등이나, 보다 화려하게 여러 색상의 셀로판지와 철사로 뼈대를 넣어 자동차부터 만화 캐릭터까지 갖가지 모양으로 만든 등을 들기도 한다. 섬 곳곳의 축제 장소, 특히 차이나타운에서 아름다운 대형 등을 가까이서 감상할 수 있는데, 창조적이고 예술적인 전통 공예의 솜씨에 감탄하게 된다. 또 거리의 바자에서 월병(문케이크)와 맛있는 차를 맛보고 매일 밤 펼쳐지는 공연을 감상하는 등 장식 대회를 구경할 수도 있다. 작은 바구니에 담긴 아기 돼지 모양의 귀여운 비스킷은 실제로 전통 문케이크와 동일한 도우로 만들었다. 처음에는 평평한 페이스트리에 시험 삼아 오븐에 구운 비스킷이었지만, 이제는 인기를 얻어 그 자체로 고유한 식품이 되었다.

월병(문케이크)은 중추절의 주요 하이라이트이다. 전설에 따르면 원나라가 몽골의 지배로부터 독립할 때 반군들이 월병 속에 비밀 메시지를 넣어 반란을 조직했다고 한다. 오늘날에는 전통적인 선인장씨 페이스트와 달걀노른자부터 초콜릿에서 샴페인 트루플까지 다양한 속을 넣은 스노우스킨 버전까지 다양한 종류의 월병이 있다. 입맛을 개운하게 하는 진한 중국차와 함께 즐기는 것이 가장 좋은 방법이다.

(7) 디파발리(Deepavali)

① 축제시기

매년 11월 6일에 행해진다.

② 축제의미

연례 힌두 축제로 빛이 어둠을 이긴다는 의미를 지니고 있다.

③ 축제내용

디파발리 기간에는 화려한 색상, 매혹적인 향기, 수천 개의 오일 램프 빛이 리틀 인디아 거리를 수놓는다. 싱가포르의 주요 문화 페스티벌 중 하나인 디파발리("디왈리" 또는 "전등 축제"라고도 함)는 선이 악을 물리친 것을 기념하는 축제이다. 이 시기에 싱가포르와 전 세계에 분포한 수 천여 힌두인 가정에서는 빛으로 집안을 밝히고, 선물을 교환하며, 음식을 나눠 먹고, 다산과 풍요의 신

락슈미(Lakshmi)와 같은 신들에게 푸자(pooja : 기도)를 올린다.

디파발리기간 동안 힌두교도들의 집을 살펴보면, 각 출입문은 밀가루, 쌀, 또는 꽃잎으로 만든 선명한 색의 아름다운 그림으로 장식된다. 기하학적인 패턴이나 꽃문양 또는 동물이나 자연을 실감나게 표현한 그림도 있다. '랑골리'라고 불리는 이 예술 작품은 신을 집안으로 안내해 앞으로 1년간 집안을 축복해 달라고 청하기 위해 만드는 것이다.

(8) 걸신축제(Hungry Ghost Festival)

① 축제시기

매년 8월 11일~9월 9일에 행해진다.

② 축제의미

중국인들에게는 죽은 자들의 영혼이 지상을 떠도는 시기를 의미하는 축제이다.

③ 축제내용

걸신 축제는 초현대적인 싱가포르에서 연중 지역 문화와 전통 의식에 흠뻑 빠져볼 수 있는 최고의 시간이다. 미국에 할로윈이 있는 것처럼, 중국인들에게는 죽은 자들의 영혼이 지상을 떠도는 때인 걸신 축제(중국어로 중원절이라고도 함)가 있다. 관습에 따르면 이 혼령들을 무시하면 장난을 친다고 하여 음력으로 7월에 해당하는 이 기간에 갖가지 제물을 바친다.

주택가나 공동주택 주변의 금속 통들은 고인이 된 가족들에게 사후 세계에서 필요한 물품을 제공하여 달래기 위해 친척들이 태우는 종이로 만든 돈, 자동차, 시계, 장신구 등을 담기 위해 만든 것이다. 밖에 내어놓은 음식을 밟지 않도록 조심해야 한다. 많은 사람이 적합한 제단에 음식(오렌지, 쌀, 때로는 새끼 돼지까지)과 향을 올려놓지만, 오솔길 옆이나 나무 아래에 두는 사람들도 있다. 혼령들에게 돈과 음식을 제공하는 것만으로는 충분하지 않은 듯 여흥을 제공하는 것 역시 중요하다.

앙 모 키오와 이순 등 하트랜드 저택의 넓은 들판에 대형 텐트가 세워져 시끌벅적한 식사와 경매가 진행된다. 중국식 오페라와 '게타이'(중국어로 '노래 무대'를 뜻하며 라이브 공연을 말함) 등의 공연에서는 신과 여신들의 이야기, 외설적인 스탠드업 코미디, 노래와 춤이 펼쳐진다. 이 축제의 중심은 '게타이' 공연으로 떠도는 영혼들을 위해 열리는 인기 있는 공연이다. 하지만 오늘날의 '게타이'는 전혀 다르게 변해 LED 불빛으로 장식된 세련된 무대에서 펼쳐진다. 젊고 섹시한 공연자들이 사투리로 부르는 전통적인 노래뿐 아니라, 영어와 북경어 팝송을 테크노 버전으로 노래한다. 혼령들의 취향마저도 시대를 따라 변하는 것처럼 보인다.

(9) 하리 라야 하지(Hari Raya Haji)

① 축제시기

매년 8월 22일에 행해진다.

② 축제의미

희생의 페스티벌을 의미한다.

③ 축제내용

하리 라야 하지 동안 싱가포르의 무슬림들은 기도와 묵상으로 믿음을 기억한다. 4일간에 걸쳐 진행되는 하리 라야 하지는 선지자 이브라힘(아브라함)의 신에 대한 완전한 신앙과 믿음을 기린다. 하나님이 이브라힘에게 그의 아들 이스마일(이시마엘)을 제물로 바치라고 명령했을 때 이브라힘이 즉시 복종했던 이야기를 되새기는 의식이다. 하나님은 이브라힘을 멈추게 하고 아들 대신 바칠 양을 주셨다.

이 기간에, 신도들은 가장 좋은 옷을 입고 모스크에 모여 설교들 듣고 기도를 한다. 하지만 여기서 가장 중요한 의식은 '코르반'(희생)이다. 신자들은 살아있는 양, 새끼 양, 염소, 소 등을 바치고 기도를 올리면서 빠르게 경정맥을 잘라 도축한다. 이것은 선지자 이브라힘이 기꺼이 자기 혈육을 제물로 바치려 했던 믿음을 형상화한 것이다. 그 다음 가축을 깨끗이 씻고 고기는 잘라서 나누어 준다.

하리 라야 하지는 신체적인 필요보다는 정신적인 필요를 다루는 축제이다. 전통에 따르면 가축의 값을 지불한 사람은 고기의 3분의 1을 차지하고, 3분의 1은 가족과 친지들에게 돌아간다. 이 축제가 자비에 관한 것이며 부를 나누고 축복을 기억하는 것이므로 가난하고 불우한 사람에게 마지막 3분의 1을 나누어 준다. 이후에 무슬림들은 부모와 가족, 친지들을 방문하며 함께 식사하며 긴장을 푼다. 공공연한 만찬과 놀이는 거의 없다. 이것은 신체적인 필요보다는 정신적인 필요에 관한 축제이기 때문이다.

하리 라야 하지는 사우디아라비아의 메카를 방문하는 연례 성지 순례인 '하지'의 끝을 기념하는 날이기도 하다. 이 고된 여행은 선지자 모하메드의 발길을 따라간 다음 신성한 도시에 도착하면 일련의 상징적인 의식을 거쳐 마무리하게 된다. '하지'는 이슬람교의 5번째 기둥으로 생각되며 금전적으로 여유가 있고 건강한 무슬림이라면 일생에 최소한 1번은 수행해야 한다.

05 인도(India)

1. 일반사항

- 인구 : 1,354,052,000명, 세계2위(2018 통계청 기준)
- 면적 : 약 330만km^2(세계 7위, 한반도 15배)
- 민족구성 : 인도아리안 72%, 드라비디안 25%, 기타 3%
- 종교 : 힌두교(80.5%), 이슬람교(13.4%), 기독교, 시크교, 불교, 자이나교
- 시차 : 우리시간 –3시간 30분
- 언어 : 힌디어(40%)외 14개 공용어, 영어(상용어)
- 총 GDP : 2조2,510억불('16 IMF)
- 1인당 GDP : 1,581불('16 IMF)

인도의 정식 명칭은 인도공화국(Republic of India)이며, 힌디어로는 바라트(Bharat)라고 쓴다. 수도는 뉴델리(New Delhi)이다. 국토 면적은 3,287,590km^{2}로 세계 7위다. 서유럽 전체 크기와 비슷하고 남한 면적의 33배(한반도의 15배)에 이른다.

지역에 따라 차이가 심하나 대체로 열대몬순형 기후이며, 3월~6월은 혹서기, 7월~9월은 우기, 10월~2월은 건기로 대별된다. 힌디어, 영어 외 21개의 공용어가 사용되고 있다. 80.5%에 이르는 대다수의 사람들이 힌두교를 믿고 있으며, 13.4%의 사람들이 이슬람교를 신봉한다. 그 밖에 기독교(2.3%), 시크교(1.9%), 불교(0.8%), 자이나교(0.4%)등 다양한 종교가 있다.

2. 인도 역사

인도는 세계에서 역사가 가장 일찍이 발달한 나라 중 하나로, 서기전 2500년 무렵에 이미 인더스(Indus)강 유역에 청동기 도시문명이 형성되었다. 그리고 기원전 7세기 무렵에는 불교와 자이나교가 흥기하는 등 인도의 특색 있는 문화와 사회형태

가 만들어졌다. 그 뒤 마우리아(Maurya)제국이 인도의 통일제국을 이룩하였다.

마우리아제국은 찬드라굽타(Chandragupta)에 의해서 기원전 317년에 건설되었는데, 3대 1세기에 걸쳐 강대한 상비군과 관료제도를 주축으로 아프가니스탄 남부에서 마이소르(지금의 카르나타카) 북부에 이르는 영토를 지배하였다. 그러나 이 제국이 쇠퇴한 뒤 약 5세기 동안 통일 지배는 무너지고 분열된 상태가 되었다.

이어 4세기 전반에 출현한 굽타(Gupta)제국이 북인도 일대를 지배하고 마우리아제국 이후의 지배체제와 사회구조를 재편하게 되었다. 8~12세기에 걸쳐 무슬림(Muslim) 세력이 서북부지방을 침입하게 되었고, 이들에 의한 무슬림왕조가 계속 이어져 내려왔다.

인도의 정치적 통일과정은 1526년 무굴(Mughal)제국 성립 이후부터 시작되었다. 무굴제국의 건설은 제3대 악바르(Akbar, 재위 1542~1605)에 의해서 행해졌다. 그는 주위의 세력들을 무찌르고 무굴 세력을 확립하는 동시에 황제의 지위와 권력을 구축하였다. 무굴제국은 그 뒤 약 150년 동안 번영을 누렸으나, 18세기가 되면서 모든 지방의 세력들이 독립해서 분립하거나 혼란상태에 빠지게 되었다. 이와 같은 분립된 상황 속에서 영국의 식민지 침략이 본격화되기 시작하였다. 포르투갈 · 네덜란드 · 프랑스 · 영국의 상인들이 연이어 인도에 건너와서 각지에 상관(商館)을 설치하고 면직물 · 향료 등의 무역에 종사하였다. 이들은 무역의 패권을 둘러싸고 서로 각축을 벌였는데, 영국이 다른 나라를 제압하고 마침내 프랑스를 격파하여 패권을 장악하였다.

1765년 영국은 벵골(Bengal)의 영유권을 획득해서 인도 식민지 지배의 길을 걷기 시작하였다. 그리고 1600년에 설립된 동인도회사가 벵골을 영유하게 되자 인도를 통치할 기관으로 인도 총독을 두었다.

그 무렵부터 19세기 초에 걸쳐 인도의 모든 왕국들을 상대로 한 전쟁을 통하여 영토를 빼앗거나 복속시켜서 북서부를 제외한 모든 지역에 지배권을 확립하였다. 인도는 영국의 산업혁명 이후 급격히 늘어난 상품 시장, 원료 공급지가 되고 말았다.

그러나 1857년 영국군의 인도용병(印度傭兵) 반란이 있었으며, 이는 농민에서 구지배계급에 이르는 광범한 계층이 참가한 대반란이어서 큰 충격을 주었다. 영국은 1858년 동인도회사에 의한 통치를 마치고 직접 통치하기 시작하였다. 인도인들은 인도인들대로 힌두교의 종교와 사회를 반성, 개혁하려는 운동이 일어났다.

마침내 1885년 인도 국민의회파(Indian National Congress)가 창설되었다. 국민의회파는 인도 경제가 빈곤한 것은 부(富)가 영국으로 유출되기 때문이라고 하고, 또 인도인들의 정치를 향상시키기 위해 힌두교도의 종교와 사회를 개혁해야 한다고 주장하였다.

한편, 인도의 독립을 요구하는 정치운동도 전개되었다. 그리하여 국민의회파는 스와라지(Swaraj : 자치 · 독립) · 스와데시(Swadeshi : 국산품 사용) · 민족교육의 강령을 내걸고 반항하였다. 독립을 위한 투쟁방법을 둘러싼 급진파와 온건파의 대립도 있었으며, 힌두교도와 이슬람교도와의 대립도 깊어져 1906년에는 무슬림연맹(Muslim league)이 발족하였다.

새로운 민족운동이 전개된 것은 제1차 세계대전 후 간디(Gandhi,M.)의 지도하에 비폭력적인 저항운동이 시작되면서부터였다. 젊은 사람들 사이에 사회주의나 공산주의 사상이 퍼져 나갔으며 노동운동이나 농민운동도 활발해졌다. 대공황 후의 제2차 비폭력적인 저항운동에 의해서 독립을 요구하는 열기가 높아졌으며, 마침내 인도 민중의 힘이 결집되었다.

제2차 세계대전이 시작되면서 회의파는 전쟁비협력을 선언하고 영국의 철수를 요구하는 투쟁을 전개하였다. 그러는 동안 1906년에 창설된 무슬림연맹은 파키스탄시역의 분리를 결의하였고, 전후에는 각지에서 힌두교도와 이슬람교도 간의 싸움이 일어나 결국 1947년 8월 15일 인디아공화국과 파키스탄공화국으로 분리해서 각각 독립하였다.

인도는 비동맹운동 창설을 주도한 이래 주도적인 역할을 수행해 오고 있다. 아울러 인도, 아시아대륙에서의 안정 유지 및 대미 · 러 관계에서 균형주의를 취하고 있다.

인도의 경제는 풍부한 인적 · 물적 자원을 바탕으로 한 자급자족적인 경제구조, 국민경제의 농업 의존성, 격심한 빈부 격차 등을 특징으로 한다. 독립 이래로 사회주의적인 혼합경제체제를 유지해 오고 있다. 그러나 인종 · 종교 · 언어의 다원성과 이질적 문화의 공존, 카스트제도 등으로 인하여 경제발전은 침체되어 있다.

인도는 풍토조건이 상이한 광대한 지역, 지방에 따라 다양한 인종과 180여 종의 복잡한 언어, 종교간의 갈등, 격심한 빈부 격차와 68%의 높은 문맹률, 생활 저변에까지 깔려 있는 사회적인 신분제도(카스트제도) 등의 많은 이질성 · 다양성, 그리고 갈등요소를 가진 복합사회이다.

3. 축제

(1) 두세라축제(Dussehra Festival)

① 축제시기

힌두교 태음력 일곱 번째 달인 아슈비나(Āśvina) 1일에서 10일까지 열흘간(그레고리력으로는 9월~10월경) 행해진다.

② 축제의미

두세라(Dussehra) 또는 비자다샤미(Vijayadashami)는 고대 인도의 서사시 〈라마야나(Ramayana) : 라마 왕의 일대기〉의 주인공 라마(Rama)왕이 악마 라바나(Ravana)를 물리치고 승리를 거둔 것을 기념하는 힌두교 전통 축제다. 전하는 이야기에 따르면, 힌두교 달력 일곱 번 째 달인 아슈비나 10일째에 라마왕이 마침내 악마를 물리치고 승리를 거두었다. 이후 힌두교인들은 이 날을 '승리의 10일'로서 성대하게 기념했는데, 지역에 따라 숭배하는 신과 그 형식은 차이가 있다.

③ 축제내용

두세라는 인도 전역에서 벌어지는 축제이기 때문에 지역에 따라 열리는 행사들이 조금씩 다르다. 두르가 여신을 모시고 기도를 올리고 집집마다 인형과 장난감으로 장식을 하며, 그 지역 고유의 춤을 선보이거나 횃불 행렬, 코끼리 행렬이 펼쳐지기도 한다. 두세라 축제가 끝나면 인도의 긴 여름이 끝나는데, 북부 인도는 이런 계절 변화를 바로 느낄 수 있는 지역이다.

두세라를 기점으로 날씨가 선선해지며 계절이 바뀌는 시기여서, 새로운 일을 시작하거나 이사를 가거나 여행을 하기 좋은 때로 여겨진다. 예전에는 전쟁을 하기 좋은 때로 생각하기도 했다. 지역색이 강하고 다양한 두세라 축제지만 인도 전역에서 행해지는 공통적인 행사로 힌두교식 제사인 야즈냐(yajña), 〈라마야나〉를 연극으로 옮긴 〈람릴라(Ramlila)〉, 물건을 사원에 봉납하고 축성을 받는 아유다 푸자(Ayudha Puja)가 있다.

(2) 두루가축제(Durga Festival)

① 축제시기

매년 9월~10월경에 행해진다.

② 축제의미

청명한 푸른 하늘은 이 달들의 상징과도 같은 하얀 양털 구름, 부드러운 산들바람, 따뜻한 햇빛 그리고 'kash' 꽃들로 정돈 된다. 이 시기는 두루가 푸자를 위한 것으로 벵갈의 중요 축제이고, 모든 벵갈 사람들의 마음에 새로운 희망을 가져다 주는 시기이기도 하다.

③ 축제내용

두루가 푸자(Durga Puja) 또는 두루고차바(Durgotsava)는 사라와티 푸자(Saraswati Puja)의 끝과 연결된 축제로 시작된다.

찬디로부터 마할라야와 동트기전의 찬송가가 두루고차바의 강림을 알린다. 축제 준비와 행사에 대한 기대는 푸자를 하는 날과 Shashit, Saptami, Ashtami 그리고 Nabami 때에 최고조에 이른다.

드럼의 박자, 심벌즈를 치는 소리, 종의 울림, 두루가 형상전의 춤들, 공기 안에서 흔들리는 향 등이 전체적인 두루가 푸자의 모든 형식이다. 위의 형상들은 곧 행렬 안에서 물속에 담기게 되는데 이 날이 비요얌이다. 벵갈 사람들은 그들의 일상의 삶으로 돌아가 다음 해를 기다리며 여신을 환영하게 된다.

오늘날 우리가 아는 것처럼 두루가 푸자는 인생의 노정, 신분의 차이, 신념과 종교로부터 모든 사람들을 한데 묶는

축제이다. 소수의 집에서 그들이 여전히 개인적인 푸자를 가짐에도 불구하고 두루가 푸자는 공동체 축제 이다. 두루고차바는 여러 계층의 사람들을 위한 생계의 원천으로 자리매김해왔으며 광고인, 성직자, 꽃파는 사람, 드럼연주자, 식료품업자, 과자를 만드는 사람, 자원봉사자 등은 이 축제의 부분이면서 전부라고 할 수가 있다.

이 시기는 선물을 교환하는 때이며, 드디어 새 옷을 입기 위한 시즌이라고 할 수가 있다. 이 푸자는 종교적 열광을 생기게 할 뿐만 아니라 무수한 사람들에게 수입을 준다.

(3) 디왈리축제(Diwal Festival)

① 축제시기

힌두 달력 여덟 번째 달 카르티카(Kārtika)의 초승달이 뜨는 날을 기준으로 그 이틀 전과 그 이틀 후까지 5일간(그레고리력으로는 10~11월경)열린다.

② 축제의미

힌두 달력 여덟 번째 달(Kārtika, 카르티카) 초승달이 뜨는 날을 중심으로 닷새 동안 집과 사원 등에 등불을 밝히고 힌두교의 신들에게 감사의 기도를 올리는 전통 축제이다.

이 날은 크리슈나(Krsna)가 악귀 나라카슬라를 퇴치한 날, 라마(Rama) 신이 악신 라바나(Ravana)를 멸망시켜서 수도로 귀환한 날, 비슈누(Visnu)가 왜인으로 권화(權化)해서 악귀의 왕 바리를 죽이고 인도신화의 미의 여신인 라크슈미(Lakshmi)를 구출한 날 등으로 지방·종파에 따라서 다양하게 전해지고 있다. 또한 겨울의 파종기를 맞이하는 제사로, 상인들에게는 신년의 제사이기도 하다.

디왈리는 홀리와 더세라에 이어 전 인도가 기념하는 3개의 중요한 페스티발 중에 하나이다.

③ 축제내용

디왈리축제는 다른 축제들과는 달리 형식이나 성질에서 다른 면을 보이고 있으며 그 이유는 칼리 의식과 연관되어 있기 때문이다. 이 디왈리축제의 신화적인 배경은 많고 다양하게 이루어져 있다.

첫 번째는 더세라 승리의 주역인 라마가 랑카에서 라바나(악마)를 물리치고 난 후 아요디아로 돌아올 때 아요디아 사람들이 불과 등으로 이 날을 기념한 것을 신화적 배경으로 가지고 있다. 또 다른 신화로는 카르틱의 달에 나락카수라라는 악마가 현재의 마투라 지역의 부린다반의 모든 시골처녀를 납치함으로써 이에 분노한 크리쉬나 신이 악마 나락카수라를 죽이게 된다. 그리고 이 지역의 모든 시골 처녀들이 구출 받게 되며 이것을 기념하기 위하여 온 마투라와 부린다반 지역에서 등과 불로써 축하를 벌이는 것이 또 다른 신화적 배경이다. 다른 신화적 배경은 부와 지혜의 상징으로 나타나는 락시미 여신이 이날에 각 가정을 방문하여 축복을 내려준다는 신화 속에서 발견할 수 있다.

이 락시미 여신은 어둡고 더러운 곳을 싫어하기 때문에 사람들은 이 날 집안을 깨끗이 청소하고 새 옷과 새로움으로 단장하고 락시미 여신을 맞이하는데 이 때 사람들은 집안 구석구석을 빛추기 위하여 그리고 이 여신이 자신의 집을 잘 찾아오게 하기 위하여 불과 등으로 환히 밝히는 이유가 있다.

역사적인 전제로서는 다음과 같은 것이 있다.

찬드라 굽타 2세가 사카스를 정복하고 나서 '사카리 비크라마디티아라'는 이름을 가지게 되며, 이 왕은 승리와 함께 자신의 수도인 마가드 지역으로 되돌아오게 된다. 이 때 그의 백성들은 자신들의 왕의 승리를 기념하기 위하여 불과 등으로 온 도시를 장식한다.

이 축제의 사회적 측면의 배경을 보면 매우 흥미롭다.

비 아리안 계통의 종족들인 카티야, 카우시키, 빠르나사바리 그리고 기타 종족들에 의하여 칼리 숭배의 증거들을 발견할 수 있다. 여신인 칼리는 크리쉬나 차투르다시 달의 가장 어두운 날에 숭배되어져 왔다. 그녀는 두렵고 벌거벗은 대상으로서 인지되어 왔으며 어둠만이 그녀의 옷이었다. 어둠으로 인하여 칼리 숭배

는 가장 환한 조명하에서 치뤄지게 되며 폭죽들이 악마의 악한 정신들을 막기 위하여 터트려 진다. 시간이 지남에 따라 이 축제는 아리안의 제의식으로 진입하게 되며 점차적으로 이 두려운 형상이 다른 형태로 대체되게 되었다.

칼리 여신은 각각 다른 지역들에서 여러가지 이름으로 나타나게 된다. 안드라 프라데쉬와 카라나타카 주에서 이 칼리 여신은 차문데시와리라고 불려지며 칸치 지방에서는 카막쉬 그리고 미낙쉬로 불려지며 마두라이를 비롯하여 더 아래쪽의 인도 남부에서는 무크 암비카로 불려진다. 인도의 동쪽 지역들에서는 마하 칼리로 불려지고 있다.

이 칼리 푸자는 동쪽 지역 특히 뱅갈 지역에서는 중단되었었다. 그러나 16세기 경에 크리쉬나난다 아람바귀쉬가 이 칼리 푸자를 초기의 형태로 재 도입했다. 점차적으로 이 칼리 푸자는 쉬바 숭배로 연결되어 졌으며 뱅갈 지역의 독특한 특징을 이루어 가게 되었다. 뱅갈 사람들은 이 축제를 대중적이고 익숙한 현상으로 만들어 갔다. 그리고 두려운 여신인 칼리는 쉬야마, 바드로칼리, 락샤칼리, 시다칼리 등등으로 되어갔다. 가장 대중적인 형태로서의 칼리 푸자는 칼리와 쉬바의 숭배에 있다. 이 축제는 현재 전 인도인의 축제이며 디왈리는 빛과 등불의 축제로서 자리매김하고 있다. 더러 관광객들에게도 축제가 주는 환상적인 분위기에 젖게 하기에 충분하다.

집집마다 양초나 등불을 켜놓고 불꽃놀이를 하는 힌두교의 불(light)의 축제이며 선물을 교환하였다.

(4) 로리축제(lohri Festival)

① 축제시기

매년 1월 14일에 행해진다.

② 축제의미

우리의 추석에 해당하는 축제로써 이날은 인도인들의 달력으로 밤의 길이가 가장 길어지는 동짓날이고, 겨울의 마지막 날이다. 이날이 지나면 낮이 길어지고 차차 기온도 올라가 사람들은 움츠린 마음을 활짝 펴기 시작한다. 그러나 가장 큰 즐거움은 수확의 기쁨이다.

③ 축제행사

이 축제시기가 인도의 겨울이 정점에 달할 때이기도 하다. 이 축제를 기념하는 사람들은 동네 곳곳에 화톳불을 집히고 크게 불을 밝혀서 많은 사람들이 그 불 주변으로 모여들어 함께 즐기는 시간을 갖는다.

노래를 하며 춤을 추며 음식을 서로에게 나누기도 하면서 이 축제를 기념한다. 또한 화톳불에 여러가지 음식을 던져 넣고 악사를 불러 흥겹게 춤추고 노래를 부르며 밤늦게까지 즐거운 시간을 갖는다.

(5) 홀리축제(Holi Festival)

① 축제시기

인도의 음력 12월 15일 보름, 양력으로 매월 2~3월경 개최한다.

② 축제의미

홀리는 힌두력으로 한 해의 마지막 달인 12월 팔구나(Phalguna) 달의 보름날(Purnima)을 맞아 겨울이 끝나고 봄이 시작됐음을 축하하는 봄맞이 축제다. 국가공휴일인 팔구나 달 보름날을 중심으로 인도 전역에서 축제가 펼쳐지는데, 지역이나 힌두교 종파에 따라 수일에서 1주일가량, 길게는 2주일까지 축제 분위기가 이어진다. 세계 공통의 그레고리력으로는 보통 3월경에 해당하지만 때때로 2월 하순에 오기도 한다.

이 시기 인도는 힌두력으로 볼 때 한 해의 마지막을 보내며 새해를 맞이하는 때이자 겨울에서 봄으로 계절이 이동하는 때다. 기온이 온화하고 봄꽃들이 산과 들에 만발한다. 봄 곡물의 수확으로 풍성함도 더해진다. 이처럼 화창한 계절을 맞아 인도인들은 떠들썩하고 요란하게 축제를 즐긴다. 홀리는 이미 서기 전부터 존재한 것으로 알려진 오랜 전통을 가진 축제로, 인구의 80% 이상이 힌두교도인 인도에서 락샤 반단(Raksha Bandhan), 두르가 푸자(Durga puja), 디왈리(Diwali) 등과 더불어 가장 중요한 힌두교 축제 가운데 하나다. 또한 종교적 의미를 넘어서는 전 국민적 명절이며, 인도의 축제 가운데서도 가장 이채롭고 화려한 축제로 손꼽힌다.

③ 축제내용

홀리 축제는 광활한 인도의 각 지역에 따라 다양한 이름으로 불리고 있다. 인도 북부에서는 홀리로, 인도 남부에서는 팔구니 푸르니마(Phalguni Purnima)로 주로 불린다. 지역에 따라서 다른 이름을 쓰기도 하는데, 비하르와 아셈 주에서는 파그와(Phagwah), 벵갈 주에서는 돌 푸르니마(Dol Purnima), 돌 자트라(Dol Jatra), 바산토차브(Basantotsav), 오디샤 주에서는 돌 자트라(Dol Jatra), 타밀나두(Tamil Nadu) 주에서는 카마비라스(Kamavilas), 카마 다하남(Kama Dahanam) 등으로 부른다. 축제는 지역에 따라서 보통 2일에서 1주일 정도의 일정으로 치러진다. 길게는 보름 정도까지 축제 분위기가 이어지는 지역도 있다. 축제의 핵심적인 의례는 보통 홀리 당일을 포함한 3일에 집중돼 있다.

홀리 당일을 맞으면 사람들이 거리로 나와 다양한 빛깔의 색 가루나 색 물감을 서로의 얼굴이나 몸에 문지르거나 뿌린다. 어린아이들과 젊은이들은 더 과격하게 즐기는데, 색으로 목욕을 한다는 표현이 어울릴 만큼 서로에게 색 가루나 색 물감이 든 풍선을 던지거나 물감이 든 물총을 쏘아댄다. 색 가루나 물감을 뒤집어쓴 사람들이 춤추고 노래 부르며 사원과 거리를 온통 형형색색으로 물들이는 장관을 연출하므로 홀리는 '색채의 축제(festival of colours)'로 널리 알려져 있다. 이 이색적이고 화려한 축제를 보기 위해 해마다 전 세계에서 관광객이 몰려든다.

(6) 퐁갈축제(Pongal Festival)

① 축제시기

타밀력 아홉 번째 달인 마르가즈히 마지막 날부터 열 번째 달인 타이 초사흘까지 4일 동안(그레고리력으로는 1월 13~15일경 시작) 행해진다.

② 축제의미

퐁갈(Pongal)축제는 인도 남부의 타밀나두(Tamil Nadu)를 중심으로 치러지는 추수감사 축제다. 같은 시기 인도 전역에서 이와 유사한 축제가 열리는데, 퐁갈은 인도 남부와 남아시아에 널리 퍼져 있는 타밀족의 풍습에 뿌리를 둔 축제로 타밀력(힌두교 태양력에 근거해 타밀나두에서 기원한 달력. 오늘날에는 종교, 문화, 농업 관련 이벤트에 있어서 타밀력을 주로 따른다) 아홉 번째 달인 마르가즈히(Margazhi) 마지막 날부터 열 번째 달인 타이(Thai) 초사흘까지 나흘 동안 이어진다.

퐁갈(Pongal)은 '끓어 넘치다'라는 의미이며, 축제 때 만드는 달콤한 쌀 요리 역시 '퐁갈'이라고 부른다. 축제 둘째 날, 쌀과 우유, 설탕을 넣고 솥이 넘치도록 끓인 퐁갈을 신에게 바치는데, 넘쳐흐르는 쌀은 번영과 풍작을 상징한다. 축제 기간에 끓인 퐁갈은 우선 신에게, 그 다음 소에게 바친 뒤 가족, 친지와 나누어 먹는다.

③ 축제내용

퐁갈축제는 나흘에 걸쳐 진행되며 각 날마다 부르는 명칭과 주요 행사가 다르다. 오늘날 도시에서는 가장 중요한 축제일인 두 번째 날에만 행사를 치르는 경우가 있으나 많은 지역에서 전통대로 나흘 동안 축제를 이어간다. 퐁갈축제가 열리는 동안 타밀족은 농사와 긴밀한 관계가 있는 태양신 수리아(Surya), 구름과 비의 신 인드라(Indra)를 비롯해 가네샤(Ganesa), 파르바티(Parvati) 여신 등을 숭배하며 기도를 올린다.

퐁갈축제는 이른 아침 새 단지에 쌀을 담아 넘치도록 끓이는 것으로 시작되며,

축제 기간에 “쌀이 끓었습니까?”라는 인사말을 건네고 “끓었습니다”라고 답하는 풍속이 있다. 타밀나두 지방은 과거 힌두교가 융성했던 만큼 소를 숭배하는 곳이지만 퐁갈축제 기간에 ‘잘리카투(Jallikattu)’라는 투우 경기가 열리기도 했다.

Chapter 6. 한국의 축제

01 문화예술 축제

1. 안동국제탈춤페스티벌(Andong Mask Dance Festival)

(1) 안동

경상북도 북부의 중심도시로 동쪽은 영양군 · 청송군, 서쪽은 예천군, 남쪽은 의성군, 북쪽은 영주시 · 봉화군과 접하고 있으며, 경상북도에서 면적이 가장 넓은 시로, 서울 면적의 2.5배에 다다른다.

고유의 전통이 살아 숨 쉬는 하회마을, 한국 최고(最古)의 목조 건물인 봉정사, 그리고 도산서원 등 안동지역의 문화와 결합해 한민족의 정신문화를 직접 체험할 수 있는 장소로 주요관광지로는 안동 하회마을, 안동포마을, 암산유원지 등이 있으며, 안동의 대표 특산품으로 안동간고등어, 안동소주, 안동식혜, 안동찜닭, 안동건진국수, 안동포, 안동헛제삿밥 등이 유명하다.

(2) 축제성격

안동국제탈춤페스티벌은 매년 9월과 10월에 걸쳐 안동에서 개최되는 축제로 세계적인 탈춤인 하회별신굿탈놀이를 현대적으로 계승하고, 세계 보편 문화인 탈과 관련된 문화를 안동시에서 선도하며, 안동 지역이 보유한 전통 문화 유산을 창조적으로 계승하겠다는 취지로 1997년부터 시작되었다.

안동국제탈춤페스티벌은 한국탈춤과 외국탈춤 공연이 주를 이루는 축제로 한국의 탈춤 공연으로는 중요무형문화재로 지정된 13개 팀이 1997년부터 매년 참여하였고, 2000년부터는 지방문화재로 지정되어 있거나 문화재로 지정되지 않은 탈춤도 참여하기 시작하였으며, 첫해인 1997년 안동국제탈춤페스티벌에 참여한 외국 공연단은 3개국 공연단에 불과했으나 해를 거듭할수록 외국공연단의 참가가 증가하면서 세계의 탈과 춤이 모이는 국제적인 축제로 발전하였다.

국내외의 다양한 탈춤들을 참여시키는 국제적 축제를 통해 안동의 문화적 역량을 높이고 관광 자원으로 활용함으로써 지역 문화 발전에 이바지할 수 있는 여건을 조성한 안동국제탈춤페스티벌은 문화체육관광부의 지원에 힘입어 우리나라를 대표하는 대한민국 글로벌육성축제로 자리메김하고 있다.

⑶ 행사내용

안동국제탈춤페스티벌은 매년 주제와 관련된 캐릭터를 선정하여 홍보와 진행에 내세우고 있으며, 주요프로그램으로는 탈춤, 판소리 한마당, 세계탈놀이 경연대회, 사물놀이 등의 특별 공연과 세계 탈전시회, 세계창작탈공모전, 탈춤배우기, 장승전시회, 선유줄불놀이를 비롯해 유교 문화권의 특색을 살린 도산별시, 안동차전놀이, 놋다리 밟기 등 다양한 부대 행사가 이루어진다.

축제를 더욱 활성화시키기 위하여 안동민속축제와 하회마을전통축제를 같은 시기에 개최하여 안동 지역 문화예술 공연단들의 부대 행사 참여를 적극 권장하고 있으며, 탈과 관련된 프로그램 개발에 집중하여 2004년부터 Maskdance 경연대회를 개최하여 현대인들에게 익숙한 대중 춤을 축제로 편입시켰으며, 현대적 탈춤의 기본 춤사위, 로고송을 개발하여 대중들이 탈춤을 즐길 수 있는 프로그램을 만드는 등 전시, 공연, 기타 체험 프로그램이 매년 확대되면서 축제가 풍성해지고 있다.

〈안동국제탈춤페스티벌〉

자료 : 안동축제관광조직위원회(www.aftf.or.kr)

〈안동국제탈춤페스티벌〉

자료 : 안동축제관광조직위원회(www.aftf.or.kr)

(4) 성과 및 여행정보

안동국제탈춤페스티벌은 한국의 술과 떡과 잔치, 청도소싸움축제, 영주인삼축제, 봉화송이축제 등과 함께 경상북도 5대 축제 가운데 하나로, 전통문화의 전승과 재현을 통해 문화 시민으로서의 자긍심을 고취시키는 계기를 마련하였고, 국내외 탈춤 단체들이 서로의 신명을 함께 느끼며 문화적 교류를 꾀하는 탈춤인의 진정한 축제의 장으로, 지역 경제를 활성화하는 계기가 되고 있으며, 축제 관람자들은 국내외 탈춤을 행사 기간 중 접할 수 있어 문화 체험 기회의 장을 마련하고 있다.

또한 안동시는 문화 활성화 정책의 일환으로 관광 산업을 고부가가치 산업으로 육성하기 위한 방안으로 낙동강변과 하회마을에서 진행하던 축제를 안동시내로 축제장을 확장시키기 위해 안동국제탈춤페스티벌을 위한 공연시설장으로 안동탈춤공원을 신축하여 축제 인프라를 확대하는 등 안동국제탈춤페스티벌은 하회탈춤을 모태로 현대 사회에 부응하는 축제적 시스템과 즐거움을 만들어 나가면서 안동 문화를 세계적으로 알리는 계기를 마련하였다.

(5) 찾아가는 길 안내

① 영동고속도로 → 만종JC → 중앙고속도로(남원주IC) → 영주 → 서안동IC

② 중부내륙고속도로 → 충주 → 점촌함창IC → 문경(3번국도) → 예천(34번국도)

③ 시외버스 : 동서울에서 안동까지 1일 32회 운행(강남터미널에서 1일 18회 운행)

④ 열차 : 청량리 → 안동구간 1일 8회 운행

⑤ 축제장에서부터 하회마을, 봉정사, 도산서원을 연결하는 인근 투어버스를 운행

- 축제장 → 천리고가교 → 기차역 → 안동초등 → 신시장 → 태화3거리 → 송현5거리 → 시외버스터미널 → 학가산온천 → 풍산읍 → 안동한지 → 하회마을
- 축제장 → 천리고가교 → 안동역 → 교보생명건너편 → 안동초등앞 출발 → 봉정사
- 축제장 → 천리고가교 → 교보생명앞 출발 → 안동역 → 도산서원

2. 자라섬국제재즈페스티벌(Jarasum International Jazz Festival)

(1) 가평

경기도 동부 북한강 중류에 위치한 가평군은 북한강이 동쪽 경계를 따라 흐르면서 청평호를 이루어 뛰어난 자연환경을 가진 관광명소로 알려졌으며, 주요관광지로는 8만여 평의 레저타운을 자랑하는 대성리국민관광지, 아침고요수목원, 유명산자연휴양림, 청평자연휴양림, 칼봉산자연휴양림 등과 함께 청평호반, 호명호수, 용추구곡, 운악망경, 명지단풍, 적목용소, 축령백림, 유명농계의 가평 8경과 대표 특산품으로 표고버섯대장조림, 향어회, 잣, 국수호박 등이 있다.

청평댐의 완공으로 인해 북한강 상류에 생성된 자라섬은 자라 형상의 작은 봉우리로 이루어진 자라목 마을과 자라산이 바라보고 있는 섬이라는 의미에서 '자라섬'으로 명명되었으며, 중도 · 서도 · 남도 3개의 섬과 2개의 부속섬으로 구성되어 있으며 육지와 연결되기 때문에 도보로 이동이 가능하다. 자라섬이 가평군을 대표하는 관광지로 주목받게 된 계기는 2004년 '자라섬국제재즈페스티벌'이 개최되기 시작하면서 널리 알려지게 되었다.

자료 : www.jarasum.net 〈자라섬〉

(2) 축제성격

자라섬국제재즈페스티벌은 자라섬과 가평읍내 일대에서 매년 9~10월 중에 약 3~4일간 개최되는 대한민국을 대표하는 재즈음악축제이다. 국내에서는 생소한 장르인 '재즈(jazz)'를 소개함과 동시에, 음악을 잘 모르는 사람도 즐길 수 있도록 '자연 속의 소풍 같은 축제'를 지향함으로써 재즈의 대중화와 한국 음악계의 저변 확대를 도모하고 있다.

자연과 어우러진 자라섬 캠핑장의 야영시설 등을 적극 활용해 음악축제와 캠핑을 효과적으로 접목시켜 20~30대 청년층에서부터 중장년층, 가족 단위의 관객까지 다양한 계층의 관람객을 유치하고 있으며, 제4회 축제부터는 '자라섬 국제재즈콩쿠르'를 연계 프로그램으로 진행함으로써, 국내외 신진 연주자 발굴의 장을 마련하고 있다.

2008년부터 2010년까지 3년 연속 문화체육관광부 지정 '문화관광축제 유망축제'로 선정된 데 이어, 2011년과 2012년에는 '대한민국 문화관광축제 우수축제'를 거쳐, 2013년부터 현재까지 음악축제로는 최초로 '대한민국 문화관광축제 최우수축제'로 선정되었고, 또한 환경부에서 지정한 녹색생활 홍보대사로 4년 연속 위촉되는 등 주변 환경과 조화를 이루는 자연 친화적인 축제로 손꼽히고 있다.

(3) 행사내용

자라섬국제재즈페스티벌의 가장 대표적인 프로그램으로는 유료 초청 무대, 무료 초청 무대, 무료 오프밴드 무대, 소규모 실내 클럽 무대로 나뉜다. 공연장 시설은 재즈 아일랜드와 파티 스테이지로 구분되는 유료공연 무대를 기본으로 하여, 페스티벌 라운지 · 재즈 큐브 · 재즈 팔레트 등의 여러 구역에서 무료공연 무대가 구성되어 있다. 이에 따라 메인스트림 재즈 외에도 스윙 · 비밥 · 보사노바 · 퓨전 · 일렉트

릭 · 월드뮤직 등 다양한 장르별 재즈 뮤지션들의 초청 공연이 펼쳐진다. '국가별 포커스 프로젝트'는 각국의 대사관 및 문화원과 협조를 통해, 스웨덴 · 노르웨이 등 매년마다 특정 국가의 재즈음악과 대표적인 뮤지션을 초청하여 집중 조명하고 있다.

재즈 육성 프로젝트로 국제재즈콩쿨(짝수해)과 보다 젊은 인재들을 육성하기위한 크리에이티브 뮤직 캠프(홀수해)를 실시해 선발된 소수정에는 페스티벌 기간 동안 내한한 정상급 연주자들을 비롯한 다양한 장르의 강사진들과 합숙 훈련을 가지고, 다음 해 페스티벌 메인 무대에 서게 된다.

〈자라섬국제재즈페스티벌〉

자료 : Jarasum International Jazz Festival 네이버 이미지

(4) 성과 및 여행정보

자라섬국제재즈페스티벌은 가평군에서 주최하고 2005년 '자라섬재즈센터'를 설립

후 자라섬국제재즈페스티벌 사무국에서 운영하고 있으며, 2004년 초대 축제를 3만 여 명의 관객으로 시작해 2016년 제13회 축제에는 약 21만 명의 관람객이 방문하여 13년동안 누적관객수 216만 명을 달성하였고, 해마다 활발한 국제 교류를 통해 아시아 · 유럽 · 미국 등 전 세계 40여개국 이상에서 총 530개팀 이상의 재즈 아티스트가 참여하는 세계정상급의 재즈페스티벌로 자리잡고 있다.

축제 기간에는 가평의 특산물을 이용해 자라섬국제재즈페스티벌 공식 음료인 '자라섬 뱅쇼(vin chaud)' 및 '재즈 막걸리' 등의 제작 · 판매로 지역경제 활성화에 동참하고 있으며, 축제가 종료된 이후에도 자라섬국제재즈페스티벌 사무국이 운영하는 '자라섬재즈센터'에서는 가평군민을 대상으로 재즈음악 교육, 청소년 특강, 장날 콘서트 등의 주민 참여 프로그램을 지속하고 있다.

자라섬국제재즈페스티벌은 재즈 음악의 진수를 보여주는 세계적인 뮤지션들을 직접 만날 수 있고 그들이 들려주는 선율에 몸을 맡기고 함께 교감하는 감동적인 축제로 문화관광대표축제를 향해 나아가고 있다.

(5) 찾아가는 길 안내

① 승용차 : 서울춘천고속도로 → 화도IC → 대성리 → 청평 → 가평

② 버스 : • 동서울종합터미널 → 가평 경유 춘천행 → 가평터미널 하차
• 잠실역 5번 출구 앞 → 7000번 버스 탑승 → 가평터미널 하차
• 청량리역 환승센터 1번 승강장 → 1330-2번

③ 지하철 : 상봉역 → 경춘선 춘천행 탑승 → 가평역 하차

④ ITX 청춘열차 : 용산역/청량리역 → ITX 춘천행 탑승 → 가평역 하차

〈자라섬국제재즈페스티벌 공식음료〉

자료 : www.jarasum.net

3. 춘천마임축제(Chuncheon International MIME Festival)

(1) 춘천

춘천은 강원도 중서부에 있는 시로 삼면이 의암호·춘천호·소양호의 인공호수로 둘러싸인 호반의 도시로 고산 준령과 협곡들이 서로 조화를 잘 이루고 있는 보기 드문 관광지로 춘천8경(春川八景)에는 소양정(昭陽亭)·우두정(牛頭亭)·고산(孤山)·청평산(淸平山)·구곡폭포(九曲瀑布)·등선폭포(登仙瀑布)·삼악산(三岳山)·곡운구곡(谷雲九曲)이 있다.

춘천시의 관광 코스는 서울방면에서 등선폭포·삼악산·춘천댐·중도유원지·위도유원지·골프장 및 우두산공원~소양댐과 소양강유원지·삼천리유원지·춘천시내 관광코스가 있으며, 또 다른 코스로는 등선폭포·의암댐·삼천리유원지·춘천시내관광·소양댐·우두산공원·춘천댐·중도유원지의 코스가 있다.

일정별 관광코스로 당일 코스는 소양댐, 청평사, 소양예술농원 일정, 강촌과 문배마을 일정, 공지천, 중도 일정, 남이섬 일정 등이 있고, 1박 2일 코스로는 남이섬, 김유정문학촌 일정, 화목원, 박물관, 인형극장 일정, 소양댐, 청평사, 춘천옥광산 일정, 강촌, 삼악산, 공지천 일정, 2박3일 코스로는 남이섬, 소양댐, 청평사 일정, 소양댐, 청평사, 강촌 일정 등이 있다.

대표적인 축제로 강변가요제, 김유정추모제, 소양강문화제, 의암제, 춘천국제애니타운페스티벌, 춘천국제연극제, 춘천닭갈비막국수축제, 춘천마임축제, 춘천인형극제가 있으며 대표적인 음식은 막국수와 닭갈비가 유명하다.

(2) 축제성격

춘천마임축제는 예술 공연과 축제를 잘 조화시킨 행사로 세계적인 프랑스 미모스마임축제, 영국 런던마임축제와 어깨를 나란히 하는 아시아의 대표적인 마임축제이다. 1989년 한국마임페스티벌이라는 명칭의 행사로 출발하여 1995년 해외 마임단체에 문호를 개방하면서 명칭을 춘천마임축제로 바꾸고, 매년 5월 말에 마임의 대중화와 마임 예술의 발전을 주제로 (사)춘천마임축제가 주최하고 춘천마임축제

운영위원회가 주관하는 춘천의 대표 거리예술축제이다.

2000년 축제에서는 '세계로 향한 우리의 몸짓'을 슬로건으로 도깨비난장이라는 새로운 형식의 프로그램을 도입하였으며, 도깨비난장은 총 3부로 각 부마다 마임 · 음악 · 무용 · 퍼포먼스 · 설치미술 · 문학 · 토크 · 단편영화 등 다양한 장르의 공연을 야외무대에서 관람할 수 있다.

2001년 문화체육관광부 지정 문화관광축제로 선정되어 유망축제, 우수축제, 최우수축제를 거쳐 현재까지 국내 유일한 마임축제로 자리매김하고 있다.

〈춘천마임축제〉

자료 : 춘천마임축제 사무국

(3) 행사내용

춘천마임축제에서는 아카데미와 극장공연, 창작, 제작공연 등 마임예술이 가진 풍부한 상상력과 예술적 색채를 부각하여 마임예술의 대중화를 위해 예술성과 놀이가 공존하는 독특한 성격의 축제를 지향하고 있으며, 국내 10개 마임극단과 프랑스 · 이스라엘 · 일본 · 몽골 · 독일 · 폴란드 · 캐나다 · 영국 등 여러나라 다수의 극단과 7개 학교의 아마추어 마임극회가 참가하고 있다.

무박 2일간 펼쳐지는 '밤샘 도깨비난장'은 '춘천마임축제'의 고유 레퍼토리로 우리 고유의 난장처럼 해질녘에 막을 올리고 동틀 무렵 막을 내리는 프로그램으로 가족 또는 연인과 함께 아름다운 일탈을 꿈꾸는 이들에게 행복한 기억을 제공한다.

국내외 마임예술단체 참여와 아! 수라장, 도깨비 난장, 미친 금요일, 찾아가는 공연, 도깨비 어워드, 물의 도시, 불의 도시, 봄의 도시, 체험 프로그램 등이 극장공연, 페스티벌 클럽, 문화예술회관, 축제극장 몸짓, 공지천, KT&G 상상마당, 중앙로, 수변공원, 춘천시내 곳곳에서 펼쳐진다.

(4) 성과 및 여행정보

춘천국제마임축제는 '한국마임페스티벌'이라는 명칭으로 1989년 시작해 1995년부터는 국제행사로 규모를 확대하면서 춘천마임축제로 이름을 바꾸어 연례적으로 춘천에서 열리게 되는 마임이라는 특화된 장르의 축제로 정착해 왔다.

다양한 현대마임의 예술적 가치를 높이고 국제적인 교류를 통해 한국마임의 발전을 꾀한다는 공연 예술적인 측면과 지역민의 동참을 유도하고 공연자가 함께 만들어 가는 전통마을 축제의 재현이라는 지역 축제로서의 목표를 지향하여 문화관광부 지정 '우수관광문화축제'에 3년 연속 선정됐으며, 문화개혁을 위한 시민연대가 지정한 '관객이 선정한 좋은 축제 BEST 5', 2000년에는 '강원도 축제평가 1위'에 오르기도 했다. 춘천마임축제는 매년 5월 마지막 주 수요일부터 5일간 펼쳐진다.

(5) 찾아가는 길 안내

① 물의 도시 : 아!水라장(주소 : 강원도 춘천시 중앙로)

- 남춘천역 → 명동입구 정류장에서 하차 : 66번, 9번
- 남춘천역 → 인성병원 정류장에서 하차 : 150번
- 춘천역 → 명동입구 정류장에서 하차 : 150번, 11번
- 춘천역 → 소양로우체국 정류장에서 하차 : 12번
- 시외버스터미널 → 명동입구 정류장에서 하차 : 50번, 81번, 7번, 64-2번

② 봄의 도시 : 극장공연(축제극장몸짓)(주소 : 강원도 춘천시 춘천로 112)

- 남춘천역 → 약사아파트 정류장 하차 후 도보이동(6분) : 150번, 9번

- 춘천역 → 디아펠리즈 정류장 하차 후 도보이동(5분) : 150번
- 춘천역 → 부속초교후문 정류장 하차 후 도보이동(12분) : 11번
- 시외버스터미널 → 약사아파트 정류장 하차 후 도보이동(6분) : 81번
- 시외버스터미널 → 약사명동주민센터 정류장 하차 후 도보이동(12분) : 50번

③ 불의 도시 : 도깨비난장(주소 : 강원 춘천시 삼천동 200-9)

- 남춘천역, 춘천역, 시외버스터미널 → 삼천동사거리 정류장 하차 후 도보이동 (13분) : 64번

02 지역특산물 축제

1. 이천쌀문화축제(Icheon Rice Cultural Festival)

(1) 이천

이천시는 경기도 최동남쪽에 있는 한국의 중앙부에 위치해 있으며 광주산맥의 연장인 낮은 구릉과 남한강의 지류인 복하천, 송곡천, 청미천이 흘러 충적평야가 발달하여 토질이 비옥하고 수리시설이 잘 되어 있어 논농사에 좋은 조건을 갖추고 있다. 2010년 이천시는 도자 산업 전반에 대한 인프라가 잘 구성되어 있으며 예술인이 많이 산다는 점을 인정받아 서울시와 함께 우리나라에서 처음으로 유네스코 창의도시로 선정되는 등 이천시의 문화 저력이 세계적으로 크게 인정받고 있음을 알 수 있다.

쌀과 더불어 도자기로 유명한 이천의 주요 관광지는 도드람산 삼봉, 설봉호, 설봉산 삼형제 바위, 설봉산성, 산수유마을, 반룡송, 애련정, 노성산 말머리 바위, 이천도예촌의 이천9경과 이천쌀, 토종무, 백사 산수유, 호박 고구마, 도자기, 땅콩, 라이스 칩 등의 특산품을 자랑한다.

(2) 축제성격

이천쌀문화축제는 농경문화의 역사와 이천쌀의 우수성을 알리고, 이천 농산물의 소비촉진을 유도하기 위해 이천시에서 기획하여 해마다 10월에 열리는 농경문화 축제이다. 임금님께 진상됐던 '진상미'로서의 명성과 친환경농업 실천, 특히 결실기에 일조량이 많고 밤낮의 기온차가 커서 결실이 잘되는 기후와, 찰흙과 모래가 적절히 혼합되어 양분 흡수가 잘되는 사양질 토양, 마그네슘 성분이 많은 지하수를 사용하여 밥맛이 좋을 수밖에 없는 좋은 입지적 조건을 가진 이천쌀과 농경문화의 백미인 가을걷이를 전국적인 관광축제로 승화한 잔치 한마당으로, 1999년 이천 농업인축제로 시작하여, 2001년 이천햅쌀축제로 명칭을 변경하며 본격적인 지역축제로 발돋움하기 시작하여 지금의 명칭인 '이천쌀문화축제'로 개명을 하였다.

어린이들과 청소년들에게는 전통농경문화를 체험할 수 있으며, 어른들은 옛 향수를 자아내면서 함께 어울릴 수 있고 이천쌀 생산자와 소비자가 만나는 직거래 장터의 역할도 한다.

〈이천쌀문화축제〉

자료 : 이천쌀문화축제홈페이지(www.ricefestival.or.kr)

(3) 행사내용

주요 프로그램은 기획행사, 상설행사, 부대행사, 연계행사로 진행되며, 농업인축제, 농산물축제, 농촌문화축제 등의 각종 이벤트와 행사, 공연, 판매, 먹을거리 등이 펼쳐진다. 기획행사에는 개막식, 길놀이, 읍면동의 날, 거북놀이 공연과 상설행사는 체험행사와 전시 · 판매로 나누어지는데, 체험행사를 통해 짚공예 사랑방, 풍년마당질, 짚가리 방방, 십이지신 탁본뜨기, 땅강아지와 헐랭이, 풍년대장군, 햅쌀여장군, 형님 먼저! 아우 먼저!, 풍년대박 터뜨리기, 용싸움 놀이, 떡메질, 절구질 등을 체험할 수 있다.

대표프로그램인 이천쌀밥 맛보기, 가마솥밥 짓기, 이천쌀밥 명인전 등의 체험은 도시에서 볼 수 없는 우리네 전통농경문화를 접해볼 수 있는 유익한 프로그램으로 인기가 높다. 또한, 전시·판매를 통해 러브미(Love米), 이천쌀 특별전시전, 현대 농기계전, 농경문화 사진전, 햅쌀장터, 맛보기장터, 시골장터(난전) 등을 경험할 수 있다.

⑷ 성과 및 여행정보

이천쌀문화축제는 전국 최고의 품질과 맛을 자랑하는 이천 쌀을 이용하여 다양한 테마와 스토리를 엮어 '먹고, 보고, 즐기는' 체험형 축제로 이미지를 탈바꿈 한 결과, 쌀 판매액이 급증하고 있으며, 해를 거듭할수록 축제는 대동놀이 프로그램의 완성도를 높이려는 노력과 가마솥 밥 짓기 행사, 이천 쌀밥 명인전, 무지개 가래떡 만들기와 함께 세계 쌀 요리 경연대회, 쌀 도매가 구입, 택배 무료 등 보고 참여하는 실속있는 축제로 인식되어 국내외 관광객 또한 급증하고 있다.

이천쌀문화축제는 전국 최고의 이천 쌀을 특성화된 상품으로 개발해 쌀 소비 촉진은 물론 농사 소득을 높여 행복한 농민이 사는 이천을 대표하는 문화행사로 문화체육관광부로부터 '문화관광 최우수축제'를 장기적으로 이어가고 있다.

⑸ 찾아가는 길 안내

① 자가용 : 중부고속도로 서이천IC, 영동고속도로 이천IC 이용

② 시외버스 : 강남, 동서울, 인천, 수원, 성남터미널 → 이천터미널(60분 소요)

③ 지하철 : 양재 → 판교 → 이천(시청) → 셔틀버스

2. 보성다향대축제(Boseobg Green Tea Festival)

(1) 보성

보성은 대한민국 최남단인 전라남도 남부의 중앙에 위치해 산, 바다, 호수가 잘 어우러진 '3경 3향'의 고장이다. 제암산 등 임금 제(帝)자를 가진 명산과 청정해역인 득량·여자만, 내륙호수인 주암호의 아름다운 풍광이 조화를 이뤄 3경(景)을 연출하고 있다. 원래부터 한국차의 명산지로 잘 알려져 있는 곳으로 지리적으로 볼때 한반도 끝자락에 위치해 있어 바다와 가깝고, 기온이 온화하면서 습도와 온도가 차 재배에 아주 적당한 조건을 갖추고 있다. 제주도를 제외하고는 내륙에서 가장 큰 규모이고, 차의 품격도 국내 제일을 자랑한다. 보성차밭(대한다원)은 수려한 자연경관으로 이루어진 곳으로 150만평 규모의 차밭으로 대한다업관광농원은 한국 유일의 차(茶)관광농원이다. 또한 발길 닿는 곳 마다 관광객의 발길을 붙잡는 천혜의 관광지가 즐비한 곳으로 천봉산 자락의 벚꽃길은 '한국의 아름다운 길 100선'에 선정될 만큼 빼어난 경관을 자랑한다.

보성9경으로 1경 녹차밭, 2경 한국차박물관, 3경 소설 태백산맥문학관, 4경 율포관광단지, 5경 대원사, 6경 제암산 자연휴양림, 7경 일림산/용추계곡, 8경 보성 비봉리 공룡알화석 산지, 9경 주암호/서재필기념관이 있다.

(2) 축제성격

보성은 다양한 천혜 자원을 바탕으로 계절별 축제를 가지고 있으며, 봄이 무르익는 5월이면 찻잎 따기 등 다양한 체험 등을 할 수 있는 전국 최대 차문화 축제인 '보성다향대축제'가 열린다. 차 만들기, 찻잎 따기 등 50여 가지가 넘는 다양한 행사를 통해 차의 참 맛을 느끼고, 우리 차의 소중함을 깨닫는 시간을 만들어 준다.

오랜 역사와 함께 국내 녹차 생산량의 약 40%를 차지하는 국내 최대의 차 생산지이며 차산업의 발상지라는 자부심 속에서 지난 1985년 5월 12일 '다향제'라는 이름의 차문화 행사를 활성산 기슭의 다원에서 국내 최초로 개최, 차의 풍작을 기원하는 다신제와 찻잎 따기, 차만들기, 차아가씨 선발 등의 행사를 실시한 이래 1986년 제2회 다향제를 제12회 군민의날 행사와 병합하여 '보성다향제'로 명명한 후

2009년 '보성다향제 녹차대축제', 2015년 '보성다향대축제'로 축제명칭을 변경하여 명실상부한 대한민국 차문화 축제로 거듭나고 있다.

보성군이 주최하고, 보성다향제추진위원회가 주관하는 보성다향대축제는 2003년 문화관광축제 예비축제로 선정된 후 유망축제를 거쳐 2018년 우수축제에 선정되는 등 지속적인 성장을 보이고 있다.

〈보성다향대축제〉

자료 : 보성군청 홈페이지

(3) 행사내용

전국 최대 차문화 축제인 '보성다향대축제'는 주요 행사로 국제차문화교류전, 한국차아가씨선발, 국제차요리 페스티벌, 국제명차선정 페스티벌, 다례 시연, 차 체험 및 시연, 차인의 한마당, 일림산 철쭉행사, 군민의 날 행사, 일림산 철쭉기차여행 등이 펼쳐진다. 국제차문화교류전에서는 한·중·일 3국의 전통다례시연이 있고, 국제차요리 페스티벌에서는 3국의 차를 이용한 각종 음식전시와 음식 만들기를 통해 각국의 차음식 문화를 비교, 체험해 볼 수 있다.

차 체험 및 시연에서는 풍다를 기원하는 다신제와 관광객이 직접 찻잎을 따볼 수 있는 체험과 차도구 만들기, 녹차뷰티 미용체험, 전통 천연염색 체험, 전통 민속놀이, 대원사 템플스테이, 녹차밭 버스투어, 녹차밭 자전거 하이킹, 해수녹차탕 등이 상설체험으로 마련되어 있다. 그 밖에도 한중일 무아차회, 보성달빛차회, 다신제, 이순신호국다례제, 명인다담(茶談), 보성소리체험, 차밭힐링트래킹 등의 체험프로그램과 한국차박물관, 보성녹차전시판매, 농특산품전시판매, 조형물 및 야간경관조명전시 등의 전시·판매 행사와 전국학생차예절경연대회, 다향 백일장 및 사생대회, 보성녹차큰장터, 그린티하우스, 보성로컬푸드마켓, 다문화 푸드코드, 야생차나무 장터 등의 판매 프로그램도 진행된다.

(4) 성과 및 여행정보

2010년 보성차밭 주변에 조성된 '한국차소리 문화공원'에 터를 잡은 '한국차박물관'은 개원한지 2년 여만에 국내 최고의 '다례교육 명소'로 자리잡고 있으며, 한국차박물관에는 차에 대한 역사와 이해, 차와 건강, 세계 차, 고대~근·현대까지 차의 발자취, 시대별 유물, 차 문화의 역사 등을 한눈에 볼 수 있는 전시실과 차 예절을 배울 수 있는 차 문화 체험공간이 꾸며져 있다. 지금까지 5000명이 넘는 학생과 일반인이 다례교육을 체험하는 등 갈수록 인기를 끌고 있다.

또한 보성다향대축제는 외래관광객 유치확대 및 지역경제 활성화를 위해 타 축제보다 관광상품 가능성과 차별화된 프로그램 운영에 높은 평가를 받아 2012년부터 문화체육관광부 지정 유망축제로 선정되었으며, 참여·체험프로 확대로 보다 더 다양한 볼거리, 체험거리, 살거리, 먹거리 등을 적극 개발 명실상부한 한국의 차문화 대표축제로 성장 발전하고 있다.

축제기간 부대행사로 보성녹차마라톤대회, 어린이날 행사, 득량추억마을 코스프레축제, 일림산철쭉문화행사를 진행하여 보다 다양한 볼거리를 제공하고 있다.

(5) 찾아가는 길 안내

① 서울·대전 출발 : 경부고속도로(천안논산고속도로)/중부고속도로 → 호남고속도로 → 동광주IC → 광주 제2순환도로 → 화순 → 29번국도 → 장수교차로

② 인천·목포 출발 : 서해안고속도로 → 일로IC → 죽림분기점 → 서영암 →

목포광양 고속도로 → 보성IC → 장수교차로

③ 대구 출발 : 중부내륙고속도로 → 칠원분기점 → 남해고속도로 → 광양IC → 순천만IC → 목포광양고속도로 → 보성IC → 장수교차로

④ 부산 출발 : 남해고속도로 → 광양IC → 순천만IC → 목포광양고속도로 → 보성IC → 장수교차로

⑤ 셔틀버스 운행

- 보성체육공원 ↔ 축제장
- 벌교읍사무소 ↔ 축제장
- 보성비봉공룡공원 ↔ 축제장(판소리성지 경유)
- 한국차문화공원 입구 ↔ 축제장 순환버스 상시 운행

3. 강경젓갈축제(Ganggyeong Salted Seafood Festival)

(1) 강경

삼백년의 시와 공을 간직한 역사도시 강경(江景)은 충절과 예학의 고장 충청남도 논산시 서부에 있는 읍으로 금강과 통하고, 내륙으로 통하는 논산천, 강경천, 염천 등과도 이어지는 수로과 육로를 잇는 큰 포구로 번성하였다. 함경남도 원산시에 있는 동해안의 원산항과 더불어 '조선 2대 포구'로 불렀던 항구로 하항(河港)이었고, 쌀을 비롯한 서해 해산물 등의 집산이 활발하여 금강 유역에서 생산되는 농산물을 전국적으로 유통시키는 중심지 역할을 하였고, 팔고 남은 물량을 오래 보관하기 위하여 염장법과 수산가공법이 발달 하였다.

7~8십여 년까지만 해도 제2대 포구, 평양 · 대구와 함께 전국 3대 시장으로 유명했던 강경은 근대의 흔적이 가장 많이 남아 있는 도시 중의 하나로 기나긴 시간이 흘러 축적되어 온 도시 고유의 기억이 새겨져 있다.

지금은 금강 하구 둑으로 물길이 막힌지 오래지만 강경 사람들의 50년 이상의 젓갈담그기 비법은 그대로 이어져 오늘날에도 전국 제일의 젓갈시장 명성을 지키고 있으며, 옛 부둣가인 강경읍 염천동(鹽川洞) 일대에는 30여개의 대형 젓갈백화

점들이 들어서 있으며 그 젓갈가게들은 모두 50평 이상의 토굴형 대형 저장고를 갖추고 있다.

(2) 축제성격

강경은 각종 수산물이 집산되어 거래되던 곳으로 어물을 염장, 발효시켜 젓갈로 만들어 판매하면서 반찬과 김장재료로서 강경젓갈은 전국적으로 유명해졌으나 호남선 철도의 개통과 육상교통의 발달로 쇠퇴하기 시작하여 옛 명성과 영화를 잃고 소도읍으로 전락되어 희미해져버린 강경의 명성과 지역 상권을 되살리고자 지난 1997년 제1회 강경젓갈축제를 시작하는 계기가 되었다.

젓갈 산업은 논산시 강경읍의 경제를 견인하는 특화 산업으로 이러한 상황을 반영하여 강경젓갈축제와 연계하여 강경전통젓갈젓을 널리 알리는 한편 옛 번창했던 강경을 되살리자는 취지에서 금강 변에 강경젓갈전시관을 건립하였다. 이러한 이유를 시발점으로 시작된 축제는 지금 문화체육관광부 지정 최우수축제로 선정되는 성과를 이루어내고 있으며, 오늘날까지 전통을 살린 130여 개의 대형 젓갈상점이 강경젓갈시장에서 성업할 수 있는 계기를 마련하였다.

(3) 행사내용

강경젓갈축제의 특징은 모든 재료를 원산지에서 직접 가져와 선조로부터 이어받은 전통비법에 현대화된 시설로 정갈하게 제조하여 전국의 어느 젓갈과 비교될 수 없는 옛 고유의 참 맛을 그대로 간직한 젓갈을 판매 · 소개하는 축제로 유명하다. 젓갈김치 담아가기, 황석어젓 만들기, 가마솥햅쌀밥과 젓갈시식, 어린이물고기잡기 등의 체험 프로그램과 개막축하공연, 젓갈마당극, 강경포구인형극 등의 문화행사, 전국퓨전 젓갈음식 요리대회, 강나루 불꽃놀이 등 특별행사, 전국학생 강경포구 사생대회, 강경골목 팔씨름왕, 강경포구 젓갈딱지왕, 소원성취 종이배띄우기 등의 다양한 프로그램을 체험할 수 있다.

임이정, 팔괘정, 죽림서원, 관촉사, 대둔산 등 볼거리와 함께 퓨전 젓갈음식, 황복탕, 연산 오골계, 안천매운탕, 강경읍 황산리 영양불고기 등의 대표적인 먹거리를 제공하며 축제장소는 강경포구, 젓갈시장, 옥녀봉, 젓갈전시관에서 진행된다.

〈강경젓갈축제〉

자료 : 강경젓갈축제홈페이지

(4) 성과 및 여행정보

200년 전통을 가진 강경젓갈은 현대인의 입맛에 맞게 저염도 저온 처리와 과학적인 숙성방식을 적용하여 한단계 높아진 위상으로 그 규모나 질적인 면에서 그동안의 축제와는 다른 차원의 볼거리와 먹거리를 제공하는 풍성한 향토문화축제로 발전하고 있다.

한국젓갈의 원조! 한국젓갈의 고향! 전국 최대의 젓갈창고라는 부분을 강조하며 활성화 시키는 방안으로 전체적으로 커다란 선박의 형태를 하고 있는 총 면적 969m^2 규모의 4층 규모의 강경젓갈전시관을 건립하였다.

전시실에서는 강경의 역사 · 강경젓갈의 제조 과정과 변천 과정 및 효능을 보여주는 사진과 세계의 수산 발효 식품 전시와 홍보 영상물 상영, 특히 강경젓갈축제 때에는 맛있는 젓갈김치를 담그는 과정을 어린이들과 부모가 함께 체험할 수 있는 체험관 운영과 문화관광해설사가 전시관 전체를 안내해 주고 기념촬영을 할 수 있는 포토 존과 젓갈을 구입하여 택배로 보내는 서비스를 운영하고 있다.

강경의 관광지로는 강경역 마곡창고, 신사참배거부기념탑, 활 쏘는 정자 덕유정, 강경역사문화관, 연수당한약방, 객주 서옹선 고택, 미내다리, 죽림서원, 임리정, 팔괘정, 옥녀봉, 황산전망대 등이 있다.

(5) 찾아가는 길 안내

① 축제장 주소 : 충청남도 논산시 강경읍 옥녀봉로 27번길 30-5

② 자가용

- 경부 고속도로 - 호남고속도로 논산IC(지방도 68호) → 강경(약 20분소요) 서대전IC(국도 1호) → 강경(약 40분소요)
- 경부고속도로 - 천안 논산간 고속도로 서논산IC → 강경(약 10분 소요) 연무IC → 강경(약 10분 소요)
- 국도 및 지방도연결 - 1번국도와 23번 국도가 연결(대전에서 약 40분)

③ 시외버스

- 서울강남터미널 → 논산시외버스터미널(오전 6~오후 7시 50분, 50분 간격. 2시간 소요)
- 논산시외버스터미널 → 강경버스터미널(15분 소요. 30분 간격) → 걸어서 5분

④ 열차

- 호남선 강경역에서 하차
- 용산역(호남선) → 논산역(2시간 30분 소요), 강경역 → 행사장 : 걸어서 5분

⑤ KTX 고속철도 : 용산역 → 논산역(오전 6시 35분~오후 7시 35분, 50분 간격, 1시간 30분 소요)

03 민속전통 축제

1. 강릉단오제(Gangneung Danoje festival)

(1) 강릉

백두대간의 동쪽 영동지역 중앙에 위치한 강원도의 도시로 영동지방의 정치·경제·문화·교육의 중심지일 뿐만 아니라 천혜의 자연조건과 수많은 유무형의 문화유산을 간직한 전국적인 관광지로 지역 경제구조가 제조업보다는 관광산업 위주의 서비스업이 활발한 도시이다. 강릉단오제를 비롯한 중요무형문화재가 많고 신사임당, 이율곡 등의 인물을 배출한 곳이기 때문에 도내 다른 지방보다 문화재가 많은 도시이다.

주요 관광자원은 무릉계, 십자소, 식당암, 청심대, 구룡폭포, 만물상, 보현사, 경포대, 경포해수욕장과 민속자료로 지정된 선교장과 보물로 지정된 오죽헌, 해운정 등이 있으며, 유명한 경포8경으로는 녹두일출, 죽도명월, 강문어화, 초당취연, 홍장야우, 증봉낙조, 환선취적, 한송모종이 있으며, 특산물로는 개두릅, 갯방풍, 산마늘, 초당 순두부, 갑골한과, 주문진 오징어, 오죽 분재 등이 유명하다.

(2) 축제성격

강릉단오제는 단옷날을 전후하여 펼쳐지는 강릉 지방의 향토 제례 의식으로 이 축제에는 산신령과 남녀 수호신들에게 제사를 지내는 대관령국사성황모시기를 포함한 강릉 단오굿과 함께 전통 음악과 민요 오독떼기, 관노가면극, 시 낭송 및 다양한 민속놀이가 개최된다.

음력 5월 5일인 단옷날에 거행하는 향토신제로, 중요무형문화재 제13호로 지정되었으며, 유네스코가 세계무형문화유산으로 지정한 우리나라에서 가장 역사 깊은 축제로, 강릉 고을을 지켜주는 대관령 산신께 제사하고, 산길의 안전을 기원하며, 풍작과 풍어 그리고 집안의 태평 등을 기원하는 제례의식으로 단오제례, 단오굿, 관노가면극 등 3가지 부문으로 나뉘어 전승되고 있다. 4주 동안 계속되는 단오제는 신에게 바칠 술을 담그고 굿을 하는 것으로부터 시작되며, 이 굿에서는 신목(神木), 깃털 · 종 · 대나무 등으로 만든 제물인 화개(花蓋)가 중심 역할을 담당하며 축제는 유교 · 무속 · 불교의 제례 의식이 공존한다는 점이 특징이라 할 수 있다

〈강릉단오제〉

자료 : 강릉단오제보존회(www.danoje.or.kr)

(3) 행사내용

단오제의 가장 대표적인 행사로 중요무형문화재 제13호 단오굿을 하기위해 음력 3월 20일부터 제사에 소용될 신주(神酒)를 빚는 데서 시작하여 단오 다음날인 5월 6일의 소제(燒祭)까지 약 50여 일이 걸리는 대대적인 행사이다. 5월 1일 5단오날은 본제가 시작되는 날로, 화개를 모시고 굿당으로 가서 굿과 관노가면극을 행하며 5월 4일은 6단오, 5일은 7단오로 무굿과 가면극이 있으며, 단오날을 본제날로 여기고 있으며, 5월 6일은 8단오로 서낭신을 대관령국사서낭당으로 봉송하는 소제를 끝

으로 약 50일 동안의 단오제는 막을 내린다.

본제에서 무당의 굿거리는 해마다 약간씩 다르지만 부정굿을 시작으로 하여 청좌굿, 달맞이, 세존굿, 조상굿, 성주굿, 천왕굿, 심청굿, 칠성굿, 손님굿, 계면굿, 12산신굿, 꽃노래굿, 거리굿 등으로 구성된다.

그밖에 관노가면극, 그네, 씨름, 줄다리기, 궁도농악경연대회, 농요경창대회 등 수많은 민속놀이와 단오신주시음, 창포머리감기, 단오부채그리기, 관노탈그리기, 수리취떡시식, 단오부적체험 신통대길놀이 등 다양한 행사가 개최된다. 전국 최대 규모의 노천 시장인 난장은 오늘날 이 축제의 중요한 요소로서, 이곳에서는 이 지방의 토산물과 공예품이 판매되고 여러 가지 경연과 서커스도 공연된다.

(4) 성과 및 여행정보

강릉 단오제는 우리나라에서 가장 오랜 역사를 자랑하는 축제로 지역 주민들이 하나가 되어 화합하고 단결하는 협동 정신을 대표하는 축제라 할 수 있다. 오랜 역사를 자랑하는 강릉의 대표축제로 2005년 유네스코 세계무형유산으로 등재된 강릉단오제는 토속 신앙과 주민들의 삶이 어우러진 독특하고 이색적인 문화재로 무속신앙인들이 펼치는 굿은 어느 곳에서도 볼 수 없는 전통문화의 독창성과 다양한 예술성을 자랑하는 축제로 국내와 해외 관광객들이 모여들어 축제기간 강릉은 일년 중 가장 혼잡을 이루는 기간이며 지역경제에 이바지하는 기간이기도 하다.

사회문화적인 영향으로는 전통문화놀이의 시연, 타 시·도의 무형문화재 공연, 외국인 민속공연 시연 등을 통해 수준 높은 다양한 문화를 체험할 수 있고 애향심 고취, 연대감 조성 등의 계기가 되고 있으며, 수리취떡의 브랜드화 등 강릉단오제 음식의 고품격 브랜드 포지셔닝 및 다양화 등을 위해 노력하고 있다.

(5) 찾아가는 길 안내

① 축제장소 : 강원도 강릉시 노암동 722-2번지

② 강릉역 - 택시요금 : 약 3,000원

③ 버스터미널 - 택시요금 : 약 4,000원.

2. 문경전통찻사발축제(Mungyeong Traditional CHASABAL Festival)

(1) 문경

경상북도 북서부에 위치한 문경시는 경상북도의 북쪽 울타리이자 관문으로 북쪽으로 충청북도 단양군 · 제천시 · 충주시, 동쪽으로 예천군, 남쪽으로 상주시, 서쪽으로 충청북도 괴산군과 접하고 있다. 논밭이 적고 산이 많은 지역이라 문경사람들은 땅속 무연탄을 파서 팔고 흙으로 도자기를 빚어 생업을 삼았던 흔적으로 이화령 고개를 넘어서면 즐비한 도예가마를 만나게 된다.

문경시가 개최하는 축제로는 전통차를 테마로 하여 관광객들이 전통문화를 체험할 수 있는 문경한국전통찻사발축제, 문경 지역의 명산들을 아울러 산악관광지로 거듭나기 위한 문경마운틴페스티벌, 아름다운 자연환경과 더불어 전통문화를 체험할 수 있는 과거길달빛사랑축제, 문경시의 특산물인 오미자를 활용한 문경오미자축제 등이 있다.

천혜의 수려한 자연환경을 자랑하는 「전국 최고의 모범도시 · 미래 창조의 관문, 청정문경」은 수도권과 영남을 연결하는 교통의 요충지로서 2015 경북문경세계군인체육대회를 저비용 · 고효율 대회로 성공 개최한 창조행정도시이며 문경새재아리랑과 국보급 아리랑대장경을 보유한 아리랑 중심도시로, 한국인이 꼭 가봐야 할 한국관광 100선 1위와 한국관광의 별에 선정되었다.

(2) 축제성격

찻사발(茶碗)이란 차를 마시는 사발 또는 주발로, 다완 또는 차완이라 불려지고 있으며, 해마다 4월 말에서 5월 초에 열리는 문경전통찻사발축제는 민속문화 발굴 및 재현을 통한 민속문화의 계승발전과 보급으로 시민화합의 도모와 문경전통문화 기여에 의의를 두고 있으며, 문화체육관광부 대한민국 대표축제로 선정된 이후 내 · 외국인 관광객 증대를 통한 외연확장은 물론, 축제 정체성 확립을 위한 체험과 공연 프로그램 확대로 대표축제로서의 품격을 보여준 축제로 평가받고 있다.

문경전통찻사발축제는 앞으로 축제와 지역의 관광자원을 연계한 프로그램 및 관광상품 개발 확대를 위한 노력과 문경새재를 활용한 축제 공간의 확대, 축제 안내표지판을 비롯한 안내체계 개선 등의 꾸준한 노력으로 성장하고 있다.

(3) 행사내용

특색있는 개막식으로 호평받고 있는 아름다운 찻자리 경연대회와 국내 최대 규모의 집단 차회인 문경새재국제명상차회 등 다례시연 프로그램을 확대하고, 대표프로그램인 사기장의 하루체험존을 별도로 조성해 체험의 몰입감을 높이고 있으며 축제장 입구에 배치된 한복체험과 차담이 어드벤처, 망각의 찻집 등도 관광객들에게 좋은 평가를 받고 있다.

기획전시행사로 전국 찻사발 공모대전, 도예명장 특별전, 한/중/일 도자 국제교류전과 특별행사로 가루차 투다 경연대회, 문경전통발물레 경진대회, 찻사발 깜짝경매, 체험행사로 도자기 빚기, 망댕이가마 불지피기체험, 다례체험, 찻사발 쌓기, 찻사발 엽전 받기, 도자기 소원쓰기, 발물레 빨리 돌리기 등이 있다.

〈문경전통찻사발축제〉

자료 : 문경시청

〈문경전통찻사발축제〉

자료 : www.sabal21.com

(4) 성과 및 여행정보

1999년부터 경상북도 문경새재 오픈세트장에서 개최되는 문경전통찻사발축제는 문화체육관광부 대표축제에 이어 현재 최우수축제로서 대한민국 전통을 대표하는 축제로 자리매김 하고 있다.

지역 전통 도자기를 매개체로 문경 문화, 관광자원, 특산물을 알리는 역할과 특색 있는 프로그램을 바탕으로 완성형 축제의 모습을 보여주면서 매년 수십만 명의 관광객을 유치하고 있으며, 특색 있는 개막식으로 호평받은 아름다운 찻자리 경연대회와 국내 최대 규모의 집단 차회인 문경새재국제명상차회 등 다례시연 프로그램을 확대하고 대표프로그램인 사기장의 하루체험존을 별도로 조성해 체험의 몰입감을 높이려는 노력이 호평을 받고 있다. 특히 물레 찻사발 빚기, 찻사발 그림 그리기, 사기장의 하루체험, 망댕이가마 불지피기 등 찻사발 제작 과정을 체험하는 프로그램과 티셔츠 핸드페인팅, 페이스페인팅, 다례 체험, 발물레 빨리 돌리기, 찻사발 장원급제 등 다양한 체험행사로 매년 수십만명의 관광객을 동원하고 있다.

(5) 찾아가는 길 안내

① 자가용

- 서울 : 경부고속도로 - 영동고속도로(신갈JC) - 중부내륙고속도로(여주JC) - 연풍IC - 진안삼거리 - 문경새재
- 대구 : 경부고속도로 - 중부내륙고속도로(김천JC) - 문경새재IC - 새재휴게소-문경
- 대전 : 경부고속도로 - 중부고속도로(남이JC) - 증평IC - 연풍IC 교차로 - 진안삼거리 - 문경새재
- 부산 : 남해고속도로 - 중앙고속도로(대저JC) - 경부고속도로(동대구JC) - 중부내륙고속도로(김천JC) - 문경새재IC - 새재휴게소 - 문경새재

② 시외버스

- 시외버스동서울터미널 → 문경터미널 오전 6시~오후 6시 30분(30분 간격)
- 대구북부터미널 → 시내버스문경터미널 → 문경새재도립공원 입구(10분 간격)

③ 통행료

- 점촌 ↔ 문경 1,500원, 점촌 ↔ 관문 1,500원
- 점촌 ↔ 진안 1,500원, 문경 ↔ 진안 1,500원

3. 김제지평선축제(Gimje Horizon Festival)

(1) 김제

전라북도 중앙부의 서쪽에 위치한 시로 북쪽의 만경강과 남쪽의 동진강 사이에 펼쳐진 망망한 김만평야를 안은 김제는 전체 면적의 거의 절반이 논으로, 우리나라 쌀의 40분의 1이 이곳에서 생산되며 광활한 농지가 끝없이 펼쳐져 있어 지평선을 바라볼 수 있다.

또 제언(둑)으로 우리나라에서 쌓은 것으로 가장 오래된 벽골제지(碧骨堤址)가 있으며 김제벽골제비 및 제방이 사적 제111호로 지정되어 있으며, 이 외에도 50여 개의 크고 작은 제언이 있다.

전주시 · 군산시 · 익산시 · 정읍시 · 부안군과 연결되는 국도가 시가지에서 교차하고, 호남선 철도와 호남 고속 국도, 고속 철도가 지나며 전주, 익산, 군산을 잇는 전라북도의 주축 도로가 지나는 전라북도 교통의 중심지이다.

김제시에서는 이러한 관광자원을 이용한 지평선축제 · 벚꽃축제 · 포도축제와 같은 다양한 관광축제가 매년 열리고 있으며, 특히 벼농사 문화의 발생지인 벽골제의 의미를 되새기고자 해마다 9월에서 10월 사이에 김제지평선축제를 개최하여 누렇게 물결치는 벼들이 하늘과 만나는 모습은 장관을 이룬다.

(2) 축제성격

김제평야와 만경평야는 한반도에서 유일하게 하늘과 땅이 맞닿은 지평선을 바라볼 수 있는 곳으로 우리나라 최대의 쌀 생산 지역이다. 이런 곡창지대를 배경으로 매년 9월~10월경에 열리는 김제지평선축제에서는 쌀에 관련된 역사와 문화를 만날 수 있으며, 농사를 체험해 보지 못한 세대들에게 수확의 기쁨과 농경문화를 직접 보고 느낄 수 있는 귀중한 경험을 안겨 준다.

김제지평선축제에는 김제의 자연환경과 그 자연에서 생산되는 쌀을 널리 알리기 위해 김제시가 주최하고 김제지평선축제추진위원회가 주관하여 1999년부터 열리고 있으며, 벽골제 일대를 중심으로 농경문화 체험 행사와 농경 생활에서 유래한 전통

문화 예술 행사, 쌀을 주제로 한 프로그램 등을 진행한다.

또한 지역 특화 문화콘텐츠 업그레이드로 축제의 주제성과 대표성을 강화한 차별화된 체험축제로 지역 주민과 관광객이 모두 하나 되어 만들어 가는 어울림 대동축제를 지향하고 있으며, 지역 문화 · 관광자원 및 새만금 연계 체류형 관광상품 개발로 지역 소득창출에 이바지하며 세계로 나아가는 글로벌 명품축제를 지향한다.

〈김제지평선축제〉

자료 : 한국관광공사

(3) 행사내용

김제지평선축제는 농작문화를 경험할 수 있도록 글로벌행사, 전통행사, 체험행사, 부대행사, 야간행사 등 다섯 가지로 나뉘어 진행한다. 글로벌 행사로는 글로벌 벼 베기 농촌체험, 세계인 쌀 음식 솜씨자랑, 글로벌 그네뛰기 경연대회, 세계인 대동 연날리기 등이 진행되며, 전통행사로는 벽골제 제사, 조선으로 떠나는 여행 '신관사또전', 단야낭자 · 콩쥐팥쥐 인형극, 벽골제 전설 쌍룡놀이, 풍년기원 입석 줄다리기, 대한민국 막걸리 페스티벌, 지평선 허수아비 퍼포먼스, 지평선 전국 농악경연대회 등이 진행된다.

전통행사로는 벽골제 제사, 지평선 전국 농악 경연 대회, 단야낭자/콩쥐팥쥐 인형극, 벽골제 전설 쌍룡놀이, 풍년기원 입석 줄다리기, 유네스코 등재기념 농악기획 공연과 체험행사인 농기구체험, 벼고을 민속놀이 마당, 아궁이 쌀밥짓기, 새끼 · 가마니 체험, 벽골제 수상 체험, 가족대항 초가집 만들기가 있으며, 지평선 열린 음악회를 비롯한 다양한 문화행사와 응답하라! 추억의 거리, 농촌풍경 3D홍보관, 지평선 명품장터, 농촌 체험, 전국 줄다리기 대회, 지평선 대지아트, 지평선 시골 먹거리 장터 등의 부대행사와 야간에 진행되는 벽골제 쌍룡 횃불퍼레이드와 김제 벽골제 야행프로그램은 풍부한 즐길거리를 제공한다.

〈김제지평선축제〉

자료 : www.festival.gimje.go.kr

(4) 성과 및 여행정보

김제지평선축제는 우리나라 유일의 비경인 지평선을 테마로 하는 전국적인 문화행사로, 도작 농업의 발상지인 김제를 브랜드로 내세워 전통 · 현재 · 미래가 조화를 이루는 축제와 정신문화와 물질문화를 담아내는 축제를 지향하고 있다. 지평선을 새로운 테마로 개발하여 관광 김제의 이미지를 만들어 내고, 도작 농업의 발상지임을 부각시켜 김제 쌀의 브랜드화를 추진하며, 추수감사제의 성격을 부여하여 역사적 전통성을 계승하고 지역 주민의 통합을 꾀하는 데 주안점을 두고 있다.

김제지평선축제는 도작문화를 직접 느끼고 체험할 수 있는 체험적 문화 축제이며 청정 저공해 지역에서 생산하는 고품질 쌀과 총체보리를 먹여 키운 한우의 브랜드를 알리고 주변의 전통문화 유적지로 시간여행을 즐길 수 있는 문화 관광 축제이며, 농촌의 향수를 느끼고 관광객들의 생활 속에 자리 잡을 수 있는 생활 문화 축제이다.

문화체육관광부 지정 5연속 대한민국 대표축제인 김제지평선축제는 호남평야의 중심지 벽골제에서 우리 한민족의 근간인 아름다운 농경문화의 정체성 계승과 한민족의 얼과 함께 면면히 이어온 소중한 도작문화의 전통과 농경문화를 테마로 지역 이미지를 창출하고 주민 소득증대와 연계한 전통농경문화체험축제의 우수사례이다.

(5) 찾아가는 길 안내

① 자가용

- 인천 ↔ 서김제IC : 2시간 30분 소요
- 목포 ↔ 서김제IC : 1시간 10분 소요
- 서울 ↔ 서전주IC : 2시간 30분 소요
- 광주 ↔ 금산사IC : 1시간 20분 소요

② 열차 : 용산역 → 김제역 : 새마을호

③ 시내권 무료 셔틀버스 운행(지평선 축제기간)

- 운행시간 : 매일 오전 8시~오후 10시 30분(6대 노선)
- 운영 노선 : 6대 노선(김제역, 터미널, (구)문화예술회관, 구산사거리, 중앙병원, 국도29호선 임시주차장)
- 도착지 : 벽골제[김제시 부량면 벽골제로 442(신용리 119-1)]
- 외국인 전용 무료 셔틀버스 운영(서울 광화문)
- 예약방법 : http : //shuttle.dongbotravel.com

04 인물역사 축제

1. 수원화성문화제(Suwon Hwaseong Cultural Festival)

(1) 수원 화성

수원 화성으로 잘 알려진 수원은 경기도 중남부에 있는 도시로 경기도 도청이 있는 만큼 경기도의 정치, 행정, 경제의 중심지이며 왕도가 될 뻔했던 고적의 도시, 이름난 관광도시이다. 수원의 자랑인 화성은 세계적으로 고고학·미술사적 가치를 지닌 동양 성곽 건축물 중 가장 아름답고 과학적인 성이라는 평가를 받아 유네스코로부터 세계 문화유산으로 선정되었다. 또한 수도를 수원으로 옮기려던 천도 계획으로 오늘날 성곽도시 수원은 고적 명승지의 고적이 풍부한 도시이자 효원의 도시로 알려져 전국적 효자·효부들에게 매년 표창식을 거행하는 등 효심의 상징도시로 유명하다.

수원 8경은 수원시 북쪽 광교산의 눈 덮인 아름다운 경치, 장안문 북쪽 연못에 핀 우아한 연꽃, 광교산 계곡에서 흘러내리는 맑은 물과 물보라, 홍화문 동쪽편의 달 떠오르는 광경, 수원천의 긴 제방 양편에 늘어선 수양버들, 팔달산의 울창한 숲에서 아지랑이처럼 모락모락 올라오는 산기(山氣), 서호 수면에 황금빛 노을, 진달래꽃으로 붉게 물든 화산(花山)을 말한다.

(2) 축제성격

수원 화성행궁은 조선 정조임금이 아버지 사도세자를 위해 쌓은 성곽으로, 1997년 12월 유네스코(UNESCO)가 지정한 세계문화유산 가운데 하나이다. 수원화성문화제는 정조의 효심과 개혁사상의 산물인 화성 축성의 역사적 의미를 기리고자 수원시가 매년 10월 개최하는 문화관광 축제이다.

인천에 있던 경기도청이 1964년 수원으로 이전하면서 경기도청 청사 신축 기공식날인 10월 15일을 경축하기 위해 '시민의 날'로 제정하고 화홍문화제(華虹文化祭)를 창설하면서 관광축제로 자리 잡았다. 2000년부터 종전의 화홍문화제를 수원 화성문화제로 명칭 변경해 개최하고 있으며, 10월 14일 집행위원들의 화산릉 참배와 제등행렬, 타종, 불꽃놀이를 거쳐 15일의 시민의 날 경축식과 서막 선언을 비롯해 사흘에 걸쳐 문화 예술행사 및 우리 고유의 민속놀이, 정조대왕릉행차연시 등이 행해지며, 정조대왕 능행차 연시는 정조대왕이 아버지 사도세자의 산소를 참배하기 위하여 행차하던 모습을 재연한 퍼레이드로 능행차에는 1,500여 명이 출연하는데, 이들이 걸친 장비와 의상, 소품은 조선 시대 궁중에서 실제로 사용하였던 것을 재연한 것이다.

초창기의 단순했던 문화제에 문화적 요소를 가미하기 시작한 것은 1985년 22회 때부터로, 정조의 부친이었던 사도세자의 묘를 양주 영우원에서 수원 화산의 현륭원으로 천장하고 화성행궁을 설치한 사실을 근거로 삼아, 효심(孝心)을 문화제의 중심적인 사상으로 도입하면서 시작되었다.

(3) 행사내용

화성문화제에서 가장 중요한 행사는 정조대왕 능행차를 재현한 것으로, 과거에도 행차 행렬을 문화제 기간에 보여준 바 있으나, 현재와 같은 대형의 능행차 행렬을 추진하게 된 것은 1996년 화성 축성 200주년을 기념하면서부터이다.

「원행을묘정리의궤(園幸乙卯整理儀軌)」의 반차도에 따르면 이 행사에 동원된 사람은 약 5,661명, 말 1,417필로 전해지고 있으며, 현재 화성문화제의 정조대왕 능행차에는 4,000여 명의 인원이 역사적 고증을 바탕으로 최대한 원형에 가깝게 능행차를 재연하고 있으며, 구간별 다양한 상황극과 퍼포먼스를 마련하여 다양한 볼거리를 제공하고 있다.

그 밖에 축제기간 다양한 프로그램에 출연하게 되는 정조대왕과 그의 어머니 혜경궁 홍씨를 선발하고, 경축타종, 사도세자와 혜빈홍씨 가례의식, 화성 깃발전, 궁중문화체험, 과거시험, 전국 팔씨름 수원 화성 천하장사 대회 등 다양한 프로그램과 부대행사로 벽돌 많이 들기, 아령왕 등 힘겨루기 대회와 투호 던지기, 제기차기 등 민속놀이 대회도 개최된다.

또한 수원화성문화제 기간에는 다양한 전시와 예술 문화 공연이 쉼 없이 이어지고, 팔달 문화지역 시장거리축제, 한·중·일 등 수원과 국제 자매 도시를 맺은 나라들의 전통 요리를 직접 맛볼 수 있는 음식문화축제도 함께 진행된다.

〈원행을묘정리의궤〉

자료 : 수원문화재단

⑷ 성과 및 여행정보

수원화성문화제는 정조대왕의 효 사상과 개혁정신을 담아 현재 수원을 효원의 도시로 알리는 근거를 마련한 문화제로 향토민속과 지방 문화예술의 전통을 다지며 애향심을 고취시키는 대표적인 지역 문화예술 종합축제로 발전하였다.

수원화성문화제는 시민들의 자발적 참여를 유도하기 위해 기획 단계부터 시민참여기획단을 참여시키고, 시민자원봉사제를 도입해 축제 현장에서 있는 그대로의 축제를 평가하는 현장 평가단을 구성해 축제전반에 걸친 성과에 대해 평가하는 시스템 운영으로 방만하지 않고 내실 있는 운영을 위해 노력하고 있으며, 유사 행사를 통합·축소하여 예산 절감을 기하는 등의 변화를 추구하고 있으며, 또한 화성이 세계문화유산에 등재되면서 외국관광객의 참여 빈도가 매년 증가하는 등 세계적인 관광 상품으로 발전하고 있다.

(5) 찾아가는 길 안내

① 수원역 4번출구(노보텔 앞) 일반시내버스 11, 13번 탑승 → 화성행궁, 수원성지 정류장 하차

② 수원역 7번출구(수원역 건너편) 일반시내버스 60, 660, 7-2번 탑승 → 화성행궁 정류장 하차

③ 수원역 환승센터 일반시내버스 700-2번 탑승 → 화성행궁 정류장 하차

④ 수원역 9번출구 일반시내버스 11, 13, 46, 16, 16-1, 16-2, 26, 32-1, 32-2, 32-5, 50-2, 50-5번 탑승 → 팔달구청 화성행궁 수원성지 하차

⑤ 매교역 7번출구 일반시내버스 20-1, 25, 25-1 25-2, 45, 112번 환승 → 화성행궁, 수원성지 정류장 하차

⑥ 강남역 2호선 7번출구 직행버스 3000번 탑승 → 팔달문 정류장 하차

⑦ 사당역 4호선 4번출구 직행버스 7000번 또는 7001번 탑승 → 경기대 후문, 수원박물관 정류장 하차 → 일반시내버스 700-2, 7-2, 60, 660번 환승 → 화성행궁, 여민각 정류장 하차

2. 통영한산대첩축제(Tongyeong Hansan Battle Festival)

(1) 통영

경상남도 남해안 중앙부에 있는 시로 북쪽으로 고성군, 동쪽으로 거제시, 서쪽으로는 남해군, 남쪽으로는 남해에 면한다. 지리적 특성상 육로보다는 해로교통이 일찍부터 발달하여 부산에서 여수를 잇는 항로의 중심지였으나 남해고속도로의 개통과 육로교통망의 확충, 그리고 1990년대 초반 마산·통영 간의 국도가 4차선으로 확장되고 자동차 보유대수가 급격히 늘어나면서 연안여객선은 차츰 사양길로 접어

들게 되었다.

고성반도 남쪽 끝에 자리 잡은 통영시는 3면이 바다로 싸여 있고 한산도(閑山島)·욕지도(欲知島)·사량도(蛇梁島)·미륵도(彌勒島) 등 41개의 유인도와 110개의 무인도로 이루어진 경상남도의 대표적 도서 지역으로 통영항은 한려해상국립공원의 동쪽 관문으로 험준한 산지가 그대로 침강하여 기암과 다양한 형태를 한 섬들로 아름다운 경관으로 우리나라 제일의 미항으로 알려져 있다.

⑵ 축제성격

통영한산대첩축제는 선조 25년(1592) 충무공 이순신이 한산도 앞바다에서 일본의 수군장 와키사카를 격파하고 승리한 전투를 기념하고, 충무공의 정신을 받들기 위하여 만들어진 축제로 경상남도 통영시에서 1962년 5월 1일 제1회 한산대첩기념제전으로 시작돼, 이순신 장군의 업적 및 구국정신을 널리 알리기 위해 통제영 및 병선마당, 이순신공원 등 동양의 나폴리라 불리는 아름다운 고장 경남 통영시 한산면에서 매년 8월 개최되는 문화제이다.

축제의 특징으로는 한산대첩의 역사적인 현장을 그대로 재현하는데, 조선시대 통제사가 경상, 전라, 충청의 삼도 수군을 통영 앞바다에 총 집결시켜 군사를 점검하는 군점 행사와 삼도수군통제사 이순신 장군 행렬, 한산대첩 재현 등이 영화 세트장을 방불케 하는 통영의 강구 안에서 화려하게 펼쳐지는 등 이순신 장군의 뛰어난 병법을 실감케 하는 멋진 광경이 연출된다.

나라와 겨레사랑의 대명사인 성웅 이순신장군의 거룩한 뜻을 받들고 구국의 상징인 한산대첩을 영원히 기념하기 위해 통영 시민들의 뜻과 정성을 모아 출발한 축제이다.

〈통영한산대첩축제〉

자료 : www.tongyeong.go.kr

(3) 행사내용

통영한산대첩축제는 해군 함정의 입항과 이순신 장군의 제사인 고유제로 시작되며, 축제의 메인 프로그램인 한산해전 재현은 이순신 장군의 가장 큰 승리인 한산대첩을 그대로 재현해 역사적 상황을 그대로 느낄 수 있으며, 조선시대 통제사가 통영 바다에 경상도, 전라도, 충청도 등 3도 수군을 집결시키는 군점 행사와 이순신 장군 행렬 등도 주요 볼거리이다. 아울러 다양한 여름 레포츠를 체험할 수 있는 한려수도 바다축제행사가 함께 열려 다양한 볼거리와 색다른 경험을 선사한다.

주요 프로그램으로는 충무공과 한산대첩을 주제로 한 대형 무대공연을 비롯하여 이순신 장군 행렬 및 거리 퍼레이드, 통제영 무과시험 체험마당, 모형거북선 만들기, 수군체험 노젓기대회 등 해양과 밀접한 다양하고 재미있는 프로그램과 통영오광대, 승전무, 남해안별신굿 재연 등의 민속공연을 재현한다.

이 밖에 특수 행사로 가장행렬과 어촌계(契) 대항 해상 경기대회(돛달고 달리기, 노젓고 달리기)와 임진왜란 때 군신호(軍信號)와 축하에 쓴 풍등(風燈) 띄우기 행사 등이 진행된다.

〈통영한산대첩축제〉

자료 : 한국관광공사

(4) 성과 및 여행정보

세계사적인 사건이 벌어진 이곳과 그 주역을 기리어 그 정신을 이어받고, 남해의 수려한 경치를 즐기며, 여러 가지 다양한 전통과 현대문화의 만남이 이루어지는 한산대첩축제는 그 규모만큼 역사도 깊어 거룩한 정신을 천추로 이어받고 그 드높은 공훈을 되새겨 민족의 지표로 삼아 만대에 보답하고자하는 축제정신과 주민과 방문객이 중심이 되어 이루어질 때 진정한 의미의 일상의 일탈이 확보되고 살아난다는 사실을 각인시키는 축제로 올해로 57회를 맞이하며 문화체육관광부 지정 우수축제로 선정되는 등 지속적인 가능성을 제시하는 성공적인 축제로 자리매김하고 있다.

주요관광지는 충무공이순신유적지, 병선마당거북선, 충렬사, 한산도, 이순신공원, 동피랑벽화마을, 통영케이블카, 장사도해상공원, 박경리기념관, 통영전통공예관 등이 있으며 대표음식으로는 충무김밥, 통영꿀빵이 있다.

(5) 찾아가는 길 안내

① 통영시외버스터미널 승차 → 중앙시장 정류장 하차 중앙시장 방면 → 문화마당 도착

② 진주역입구 → 진주시외버스터미널 → 통영종합버스터미널

③ 마산역입구 → 마산 남부시외버스터미널 → 통영종합버스터미널

④ 사천공항 → 사천시외버스터미널 → 통영종합버스터미널

⑤ 김해공항 → 부산서부버스터미널 → 통영종합버스터미널

3. 평창효석문화제(Hyoseok Cultural Festival)

(1) 평창

강원도 남부에 있는 군(郡)으로 동쪽으로 정선군, 북동쪽으로 강릉시, 북쪽으로 홍천군, 서쪽으로 횡성군, 남쪽으로는 영월군에 접해 있으며, 북쪽에는 오대산과 동북쪽에는 대관령이 위치한다. 영동고속국도의 개통 이후 축산단지 조성 사업에 힘입어 국립종축장을 비롯한 삼양축산 · 한일목장 · 명지목장 등 대단위 목장이 조성되었고, 겨울철 고랭지 기후를 이용하여 명태덕장에서 황태를 생산하고 있다.

주요 관광지는 오대산국립공원 · 대관령 일대 · 용평스키장 · 휘닉스파크 등이 있으며, 계절별로 평창산꽃약풀축제, 메밀꽃오페라문화체험축제, 무이아트페스티발, 강원감자큰잔치, 노성제, 오대산불교문화축제, 효석문화제, 대관령눈꽃축제, 정월대보름축제 등 다양한 축제가 개최된다. 특히 효석문화제와 오대산불교문화축제, 대관령눈꽃 축제는 지역 특성에 알맞은 행사로 각광을 받고 있다.

(2) 축제성격

강원도 평창군 봉평면 문화마을 일원에서 매년 9월 개최하는 이효석 문화제로, 1999년 제1회를 시작으로 가산 이효석의 문학을 알리고, 문학인과 국민들의 정서적 풍요로움을 고양시키기 위해 이효석의 대표작인 〈메밀꽃 필 무렵〉의 배경이자 생가가 위치한 봉평에서 축제가 개최되며 효석문화제위원회가 주관한다.

2004년부터 전국 규모의 축제를 지향하여 여울목 · 노루목 고개, 문학비 유품전시장, 가산공원, 물레방아 생가를 연결하는 작품 배경지 답사코스를 마련하고, 1930년대의 봉평 재래장터를 재현하여 전통 먹을거리 코너를 개설하는 등 지역 관광산업과도 연계하고 있다.

가산 이효석 선생님의 문학의 가치를 드높이고 가산문학의 토양을 기반으로 많은 문학인이 함께 공감하고 문학의 즐거움을 국민과 함께함으로서 국민적 정서의 풍요함에 의미를 두고 있으며, 이효석문학선양회의 30여년 동안 선양사업을 기초로 문학 관광지로의 부상과 지역주민의 자발적 참여와 봉사로 지역의 부가가치 창출에 이바지하고 있다.

〈봉평효석문화제〉

자료 : 한국관광공사

(3) 행사내용

효석문화제는 자연과 문학이 함께하는 축제로 메밀과 소설의 내용을 담은 다채로운 행사로 축제를 찾은 관광객들의 눈과 귀를 즐겁게 해준다. 축제 프로그램은 문학프로그램, 자연프로그램, 체험프로그램 등 세 가지로 나뉘어 진행된다. 문학프로그램으로는 백일장, 문학의 밤, 시화전, 메밀꽃 그림전, 거리백일장, 독서쉼터, 작가와 함께가 진행되며, 자연프로그램은 메밀꽃 필 무렵에 등장하는 메밀꽃밭 둘러보기, 봉숭아 물들이기, 섶다리 건너기, 메밀꽃 열차여행 체험 등이 있다. 마지막으로 체험프로그램으로는 전통 재래장터 재현, 전통민속놀이, 지경다지기, 농사놀이, 흙으로 빚는 소설 속 인물체험, 우마차 타기, 전통 메밀음식 만들기 등으로 이루어진다. 축제장 주변에 이효석 생가와 문학전시관도 있어, 소설가 이효석에 대한 심도 있는 이해가 가능하며, 주변에 있는 이효석 생가, 이효석 문학 전시관 등을 둘러볼 수 있다.

주요 행사로 전국의 초·중·고·일반인을 대상으로 시·산문·사생·서예 부분에서 치러지는 효석백일장, 문학심포지엄 문학강좌, 거리콘서트, 문학의 밤, 국제민속공연, 소리음악회 등이 열린다.

〈봉평효석문화제〉

자료 : www.hyoseok.com

(4) 성과 및 여행정보

1999년 주민들이 자발적으로 메밀꽃을 심어 가꾸고 마을을 알리기 위해 개최하기 시작한 평창효석문화제는 2014년부터 4년 연속 문화체육관광부의 우수축제와 2018년 문화관광축제 최우수 축제로 선정되는 등 이효석 선생의 문학정신을 기리기 위해 시작한 선양사업이 축제를 통해 평창군 대표 관광지로 발돋움하는 성과를 이루고 있다.

봉평이 가지고 있는 자연적, 문화적, 지리적 여건과 축제를 통해 향기 있는 문학마을을 만들고 21C 새로운 축제의 비전을 제시하여 청정 관광지로의 이미지 부각을 통한 지역 경기 활성화 및 먹거리, 잘거리, 볼거리, 체험거리, 즐길거리 등 5거리가 동시에 충족될 수 있는 4계절 관광타운 형성을 실현하고 있다.

주요 관광지로는 가산공원, 대관령삼양목장, 대관령황태덕장마을, 오대산국립공원, 용평리조트, 용항리유원지, 이효석문화마을, 천제당유원지, 한국자생식물원, 합천소유원지, 휘닉스 평창 등이 있으며 메밀국수와 평창한우가 유명하다.

⑸ 찾아가는 길 안내

① 영동고속도로(강릉방향) → 면온IC나 평창IC에서 봉평방향 6번국도 → 효석문화제 행사장
② 동서울터미널(장평행 시외버스) → 효석문화제 행사장
③ 청량리역 → 원주역 → 원주시외버스터미널(장평행) → 효석문화제 행사장
④ 서울역(강릉KTX) → 평창역 → 장평행 시외버스 → 효석문화제 행사장

05 자연생태 축제

1. 진도 신비의 바닷길축제(Jindo Miracle Sea Festival)

(1) 진도

'보배의 섬'이란 뜻의 진도는 서해와 남해가 만나는 한반도 서남쪽 바다의 230여 개 섬으로 이루어져 있다. 바람신이 지배하는 민속의 보고로 북쪽에 장산도·상태도·하태도, 남서쪽에 조도 등 많은 군도가 섬을 둘러싸여 있으며 우리나라에서 제주도·거제도 다음으로 큰 섬이다.

사실상 진도가 가진 보배에는 노래, 놀이, 굿, 그림과 같은 무형의 전통으로 오늘날 진도에서는 강강술래, 남도들노래, 씻김굿, 다시래기 등 네 종목이 국가 지정 중요무형문화재와 진도 만가와 북놀이가 전라남도 지정 무형문화재로 지정되어 있으며 그 기능을 보유한 인간문화재도 10여 명에 이른다.

진도 8경에는 명량전첩지로 유명한 울돌목 해안, 신비의 바닷길, 관매8경, 해안일대의 기암절벽, 진도 남도진성, 운림산방, 진도 용장성, 금골기암이 있으며, 진도 3보에는 진돗개(천연기념물 제53호), 구기자, 자연산 돌미역과 홍주가 유명하다. 특히 금골기암과 신비의 바닷길이 유명하여 해마다 음력 2월 그믐에는 한국판 모세의 기적으로 널리 알려진 신비의 바닷길축제와 영등제가 개최되어 수많은 외지 관광객이 몰려든다.

(2) 축제성격

진도 신비의 바닷길 축제는 농어촌에서 일반적으로 봉사되는 풍신제인 영등제(靈登祭)에서 유래되었으며, 매년 음력 2월 초 또는 보름에 조수간만의 차로 회동마을에서 모도마을까지 2.8km의 바닷길이 40여m의 폭으로 바닷길이 갈라지는 신비로운 현상이 축제로 변하기 시작한 것은 주한 프랑스 대사를 지낸 피에르 랑디(Pierre

Landy)가 1976년 프랑스 신문에 '한국판 모세의 기적'이라고 소개한 데서 비롯되어 일본 NHK-TV가 세계 10대 기적으로 소개하면서 국내외 관광객이 지속적으로 모여들기 시작했다.

이를 계기로 영등제는 회동마을 사람들과 진도군 지역 인사 및 진도군청과의 협의를 거쳐 진도 영등살놀이라는 축제로 발돋움하게 된 진도 신비의 바닷길 축제는 1978년 시작된 이래 1984년 제7회 축제 때 진도 영등제로 명칭을 바꾸어 개최되었으며, 1985년 축제 때는 외국 6개국 대사 및 26개국 외교 사절이 방문하였고 2000년 3월 14일에 전라남도 명승 제9호로 지정되어 진도군에서 관리하고 있으며, 2005년부터 신비스러운 자연현상을 보다 적극적으로 반영하여 부각시키기 위해 진도 신비의 바닷길축제라 부르기 시작했다.

〈진도 신비의 바닷길축제〉

자료 : www.tour.jindo.go.kr

(3) 행사내용

진도 신비의 바닷길축제 초기에는 영등제의 연원이 된 뽕할머니 제사가 중심이었다. 그러나 축제를 거듭하면서 뽕할머니 제사 이외에 강강술래, 진도 만가, 진도 다시래기, 남도 들노래, 도살풀이, 소포걸군농악 등 진도군의 대표적인 민속 문화를 소개하는 자리가 되었다.

축제의 메인 프로그램으로 신비의 바닷길 체험, 새벽 바닷길 횃불 퍼레이드, 영등살 놀이(뽕할머니 전설 재현), 전통 민요·민속 공연(진도 무형문화재 및 전통 극악단 공연), 해상 선박퍼레이드가 있으며, 참여·체험 프로그램으로 진도 무형문화재 체험, 소원·소원띠 달기, 뽕할머니 소망 돌탑쌓기, 진도전통민속 주막, 신비의 해수 족욕탕 체험, 국견 진돗개 체험 등이 있으며 외국인 관광객 프로그램으로는 글로벌 투게더, 글로벌 전통 민속 씨름 대회, 신비의 섬 모도 탐방 등의 부대행사와 다양한 프로그램들이 방문객들을 만족시키고 있다.

(4) 성과 및 여행정보

진도 신비의 바닷길 축제는 바닷길을 체험한다는 점과 진도군을 대표하면서 전통 민속공연이 펼쳐진다는 점에서 체험·민속관광축제의 대명사라고 할 수 있다. 2003년 이후부터 진도군청의 주도로 축제가 진행되면서 축제 기간이 확대되었고 내용이 다양해졌으며, 행사에 대한 역할 분담이 세분화되면서 내용이 충실해지고 축제가 보다 체계적인 모습을 갖추게 되었다.

문화체육관광부 지정 5년 연속 대한민국을 대표하는 최우수 축제로 선정된 신비의 바닷길축제는 점차적인 프로그램 확대로 대규모 지역축제로 그 위치를 확고히 하고 진도의 풍부한 문화자원을 널리 알리는데 기여하여 국내·외 방문객 증가로 명실상부한 세계적인 축제로 발전하고 있다.

경제적 수익 창출을 위한 자유이용권(오천원) 판매로 진도군의 축제를 통한 직·간접적인 경제 효과는 수십억원에 달하고 있으며, 한국관광공사 해외 지사를 통해 국내·외 홍보도 강화하는 등 우리나라를 대표하는 글로벌축제로 자리잡기위한 지속적인 노력을 기울이고 있다.

(5) 찾아가는 길 안내

① 자가용

- 서해안고속도로 → 목포IC → 영암방조제 → 금호방조제 → 77번국도 → 우수영 → 진도
- 대전 → 호남고속도로 → 무안광주고속도로 → 목포IC → 영암방조제 → 금호방조제 → 77번국도 → 우수영 → 진도
- 부산 → 남해고속도로 → 순천 → 서영암IC → 삼호 → 영암방조제 → 금호방조제 → 77번국도 → 우수영 → 진도

② 고속도로 휴게소 환승정류소 안내

- 고양, 용인, 수원, 의정부, 상봉, 인천, 안산, 시흥, 천안, 안성 지역은 정안 휴게소에서 진도행 고속버스 환승

③ 관광 여행사

- 진도관광여행사(사무실 : 544-4411)
- (유)진도땅끝리무진여행사(542-3666)
- (유)나라고속관광여행사(544-8889, 544-8133)
- 국제관광여행사(542-9007)

2. 보령머드축제(Boryeong Mud Festival)

(1) 보령

충청남도 서부에 있는 시로 동쪽은 청양군·부여군과 접하고 서쪽은 서해에 면하며, 남쪽은 서천군, 북쪽은 홍성군과 접하고 있다. 해안경관이 아름답고 유서 깊은 유적지가 많아 관광자원이 풍부하다.

남포면에는 남포읍성·진서루·최고운 유적 등이 있고, 신라시대의 사지로 유명한 성주면 성주사지 낭혜화상탑비·성주사지 서 삼층석탑 성주사지 중앙 삼층석탑 등 문화재와 오천면 외연도리에는 동백나무와 후박나무의 울창한 상록수림이 천연기념물로 지정되어 아름다움을 자랑하고 있다.

해안관광지로는 신흑동의 대천해수욕장, 웅천면의 무창포해수욕장, 오천면의 원산도 해수욕장 등이 널리 알려져 있으며 이들 해수욕장은 백사장의 모래질이 좋고 울창한 송림이 바다와 조화를 이루어 경관이 아름다우며, 숙박시설 및 부대시설도 비교적 잘 갖추어져 있으며, 바다낚시도 즐길 수 있어 여름철이면 많은 피서관광객들이 모여든다.

(2) 축제성격

매년 7월에 개최되는 지구촌 최대의 여름축제로 일상을 잊고 삶의 유희를 온 몸으로 느낄 수 있는, 젊음과 열정을 제대로 표출할 수 있는 화끈한 축제로 축제에 참여하는 순간부터 국적, 인종, 언어, 연령의 구분 없이 모두가 하나가 되어 즐기는 대표적인 체험형 축제이다.

1998년 1회 만세보령문화제가 지역민 중심의 행사에서 보령의 특산품인 머드 홍보와 대중화로 상징성을 추구하여 건전한 여름 관광 축제로 정착 및 차별화된 관광상품으로 국제적인 축제로 승화시켜 보령머드화장품 및 대천해수욕장을 비롯한 관내 관광명소를 홍보하고자 여름 성수기에 대천해수욕장에서 처음으로 개최되었다. 점차 수입금 증대 및 지정기부 확대로 재정자립도가 높아지고 SNS 홍보 등 홍보 마케팅 강화로 방문객이 증가했으며, KBS 현장 생중계를 비롯해 그린그루브 연계공연 등 색다른 연계프로그램 유치·운영으로 관광객 참여와 볼거리를 제공하는 것으로 평가되어, 2011년 자생력을 갖추기 위해 재단법인을 설립하고 일부 프로그램을 유료화 하는 등 보령머드축제는 글로벌 축제로서의 명성을 견고히 하고 있다.

〈보령머드축제〉

자료 : www.boryeong.chungnam.kr

(3) 행사내용

대한민국의 대표적인 추억 · 웰빙 축제로 패각분 백사장을 자랑하는 대천해수욕장에서 해수욕과 동시 머드축제 참여가 가능하다. 체험행사로 갯벌게임체험, 갯벌장애물마라톤대회, 머드체험관(머드탕, 마사지), 머드슬라이드, 머드키즈랜드 등이 있으며, 연계행사로 공군블랙이글스에어쇼, 머드마임 캐릭터 퍼포먼스, 보령머드 세계여자비치발리볼대회, 머드키드짱페스티벌 등과 야간행사로 7080콘서트, 불꽃 판타지, 보령시민 열린음악회, 머드몹씬, 세계 머드 뷰티페스티벌, 힙합레이브파티, EDM페스티벌 등의 로맨틱하고 다채로운 프로그램을 진행하고 있다. 부대행사로 보령머드축제 사진전시, 보령 특산물, 공예품 전시판매와 머드분말을 활용한 무료 머드마사지 등 다양한 체험을 비롯해 대천해수욕장 인근 갯벌에서 해병대식 갯벌극기체험, 갯벌체험 마라톤대회 등 이색적인 행사가 진행된다.

방문객 편의를 위해 보령시 관내 주요관광지 City Tour Bus를 운행하여 다양한 프로그램을 연계하고 있으며, 사랑스럽고 친근한 귀여운 캐릭터 개발로 보령의 이미지를 알리고 머드 축제의 이벤트성을 부각시키고 있다.

〈보령머드축제〉

자료 : www.boryeong.chungnam.kr

(4) 성과 및 여행정보

우리나라에서 가장 신나는 축제, 국내축제 중 외국인이 제일 많이 참여하는 축제인 보령머드축제는 수도권에서 2시간 거리 위치해 있고 전국 어디서나 교통이 편리해 접근성이 용이하고 2008년, 2009년, 2010년 '대한민국 대표축제' 선정되었고 2011년부터 2014년까지 '대한민국 명예 대표축제'로 선정되었으며, 2015년, 2016년, 2017년 문화체육관광부 지정 '대한민국 글로벌육성축제'로 지정되어 명실상부 대한민국 대표 글로벌축제로 도약하였다.

머드하우스와 연계한 행사장의 일원화로 축제 집중도 상승과 해변셀프마사지, 머드왕 선발대회 등 축제의 주제성을 나타낸 프로그램을 다변화 하였으며 캐릭터 상품개발, 전시판매장 운영과 함께 머드와 미용이란 테마를 도입하여 머드박물관을 만들고 서해안에서 생산되는 머드에 대한 설명과 머드화장품 제조과정 및 머드제품 전시판매, 보령머드스파, 머드샤워장(머드팩 마사지체험) 등의 시설을 갖추고 전국 머드피부미용 경진대회를 개최하는 노력으로 외국인 관광객의 현격한 증가와 외지 관광객이 93%의 비율을 차지하는 여름의 대표적인 축제로 자리 잡았다.

(5) 찾아가는 길 안내

① 자가용

- 센트럴시티버스터미널 → 보령버스터미널
- 동서울버스터미널 → 보령버스터미널
- 고양종합터미널 → 보령버스터미널
- 성남터미널 → 보령버스터미널
- 인천터미널 → 보령버스터미널
- 대전(복합)버스터미널 → 보령버스터미널
- 경부고속도로(서초IC) → 천안 → 온양 → 홍성 → 광천 → 대천
- 서서울IC → 안산 → 매봉 → 비봉 → 발안 → 서평택 → 송악 → 당진 → 서산 → 해미 → 홍성 → 광천 → 대천
- 대전 → 유성 → 공주 → 청양 → 대천
- 광주 → 전주IC → 익산 → 군산 → 서천 → 대천

- 대구 → 대전 → 유성 → 공주 → 청양 → 대천
- 부산 → 대전 → 유성 → 공주 → 청양 → 대천

② 열차 : 용산역 → 대천역(무궁화호, 새마을호)

3. 함평나비대축제(Hampyeong Butterfly Festival)

(1) 함평

전라남도 북서부 서해안에 있는 군으로 광주광역시와 목포시에 인접하여 인구유출이 두드러지게 나타나는 지역이다. 군내에는 국가지정문화재로 함평 구 학다리역 급수탑, 기각리 붉가시나무 자생북한지, 월호리 일본식 가옥과 창고, 함평성당, 향교리 느티나무 · 팽나무 · 개서어나무 숲, 고막천 석교가 있다.

함평 8경에는 함평나비대축제, 대한민국국향대전, 함평자연생태공원, 용천사 꽃무릇공원, 돌머리해수욕장, 황금박쥐전시관, 함평 고막천 석교, 함평 양서 · 파충류 전시관이 있으며 특히 석성리에 있는 돌머리해수욕장은 송림이 울창하고 긴 백사장이 매력적으로 많은 관광객이 방문하고 있으며, 나비축제가 열리는 함평엑스포공원과 함평자연생태공원도 함평군의 주요 관광지이다.

토산품으로는 과거에 손불면의 옹기, 학교면의 질 좋은 가마니와 함께 왕골돗자리가 전국적으로 유명하고, 특산물로는 함평천지한우, 나비쌀, 복분자와인 레드마운틴과 양파가 유명하다.

(2) 축제성격

세계 최초로 살아있는 나비와 곤충, 자연을 소재로 새롭게 시도된 우리나라의 친환경대표축제로 평가받고 있는 나비축제는 매년 5월경에 함평전역의 꽃밭에서 수만 마리의 나비들이 어우러져 만들어내는 생태계의 아름다움과 소중함을 체험하는 다양하고 이색적인 프로그램으로 구성된다.

1999년 처음 개최된 함평나비대축제는 유명한 관광지나 역사유적지 등 내세울 만한 관광자원이 없는 전형적인 농업지역인 함평의 지역경제 활성화 방안의 일환으로 나비와 자연을 소재로 벌이는 생태학습축제를 시작하게 되었고, 전국적으로 '나비'를 소재로 하는 유일한 축제로 푸르른 함평천지 1,090,000m^{2}의 유채꽃 물결 사이로 수만 마리의 나비가 어우러지는 장관을 연출하며 생태자연축제의 대표사례가 되었다.

축제를 통해 다양한 생태체험학습과 친환경농업체험, 전통놀이 등을 즐길 수 있는 기회를 제공하며, 나비와 꽃, 곤충을 주제로 한 다양한 전시회 등 풍성한 문화예술 한마당을 마련해 관광객들의 발길을 사로잡고 있다.

〈함평나비축제〉

자료 : 한국관광공사

(3) 행사내용

행사 내용은 꽃, 나비, 곤충을 소재로 한 전시, 문화, 체험행사로 생태체험학습과 문화예술행사로 나누어진다. 나비 · 곤충 생태관에서는 국내에 서식하는 60여 종의 나비가 알에서부터 애벌레, 번데기로 이어지는 변태과정을 보여주고 각종 곤충이 애벌레에서 성충으로 변하는 과정을 소개하고, 300여 평 규모의 나비연못에서는 개구리 · 도마뱀 · 거북이 등을 관찰할 수 있으며 환경 농업 체험장에서는 오리 방사의 기회를 가질 수 있다.

또한 살아있는 나비생태관 운영, 나비날리기 깜짝이벤트, 나비곤충조형물 전시, 나비와 함께 추억 남기기, 미꾸라지 잡기 체험장, 전통 가축몰이 체험장, 나비표본 제작하기, 나비공예품 만들기, 꽃나비 그림그리기 등 친환경 자연속에서 뜻 깊은 추억을 만들어 갈 다양하고 신선한 프로그램들로 가득하다.

그밖에 경축 길놀이, 환경 푸른음악회, 국내외 나비 · 곤충 · 조류 표본 전시, 나비 사진 전시, 나비 도예학습장 운영, 마당극 공연, 사물놀이패 공연, 전통 민속놀이, 국악 공연, 농업 심포지엄, 함평 천지 투우대회 등의 다채로운 행사가 준비되어 있으며, 나비 날리기는 국내에 서식하는 4과 70종 5만 마리의 나비를 날리는 메인 프로그램으로 장관을 이룬다.

(4) 성과 및 여행정보

함평은 식량 증산이라는 미명 아래 농약과 비료의 대량살포로 자연생태계가 파괴되고 박토로 변해버린 토질을 복원하기 위한 방안으로 함평천 주변 6km 구간에 유채꽃을 심고 농경지 800만여 평에 자운영을 파종하여 관광산업과 친환경농업을 동시에 충족시키기 위해 인간에게 친근감을 주는 나비를 선택하여 나비축제를 기획하였다.

함평엑스포공원 약 115만m^2에 달하는 공간을 수놓은 나비들의 수는 무려 10만 마리가 넘고, 함평천 둔치와 엑스포 수변공원에는 유채꽃을 비롯한 안개초, 꽃창포, 자색채 등 아름다운 봄꽃이 만발해 형형색색의 환상적인 꽃 세계를 연출하여 관광객들에게 체험과 볼거리를 제공하여, 방문객 입장수입과 임대료, 기념품 판매 수입 등은 해마다 증가하고 있으며, 지역 홍보 및 농축산물 홍보 효과 등 간접비용을 포함한 부가가치 창출은 지역 활성화에 이바지하고 있다.

문화체육관광부 지정 우수, 최우수축제를 거쳐 대표축제를 졸업한 함평나비대축제는 '대한민국 글로벌육성축제'로 지정되어 명실상부 지역축제를 넘어 세계적인 축제로의 도약을 진행하고 있다.

(5) 찾아가는 길 안내

① 자가용

- 서해안고속도로 안산IC → 평택 → 당진 → 서천 → 군산 → 고창 → 함평IC
- 경부고속도로, 호남고속도로 → 천안IC → 논산 → 전주IC → 정읍IC → 선운사IC → 함평
- 남해고속도로서 부산 → 순천 → 동광주IC → 광주외곽순환 고속도로 → 광주대IC → 나주 → 함평 · 무안방면 → 함평
- 광주 · 대구 고속도로 → 고서분기점(호남고속도로) → 동림IC에서 우측 고속도로 출구 → 평동산단 방면 우측방향 → 무안 · 광주고속도로 → 동함평IC
- 호남고속도로 → 동림IC에서 고속도로 출구 → 평동산단 방면 우측방향 → 무안 · 광주고속도로 → 동함평IC
- 영동고속도로, 중부고속도로, 호남고속도로, 영동고속도로 → 호법분기점(중부고속도로) → 남이분기점(경부고속도로) → 회덕분기점(호남고속도로) → 동림IC에서 출구 → 평동산단 방면 우측방향 → 무안 · 광주고속도로 → 동함평IC
- 무안 · 광주고속도로 동광산IC → 무안 - 광주고속도로 → 동함평IC 국도 이용 → 광주
- 외곽순환고속도로 → 광주대IC → 나주(1번국도) → 함평 · 무안방면 → 함평
- 광주 → 함평공용 버스터미널
- 서울 → 함평공용 버스터미널

② 열차 : 용산(KTX) → 오송 → 익산 → 관주송정 → 함평역

06 지역특색 축제

1. 제주들불축제(Jeju Fire Festival)

(1) 제주

제주특별자치도는 세계적으로도 유명한 화산섬인 제주도와 그 주변 도서를 포함하는 행정 구역으로, 인구는 적으나 가장 큰 권한을 가진 특별자치도이다. 대한민국 섬 중에서 가장 큰 제주도와 마라도, 우도, 추자군도 등을 포함한 유인도와 무인도로 구성되어 있으며, 2002년에는 생물권보전지역 지정, 2007년에는 세계자연유산등재, 2010년에는 세계지질공원인증으로 세계에서 유일하게 유네스코자연과학분야에서 3관왕을 달성한 아름다운 섬이다.

주요 관광자원으로는 성산일출, 녹담만설, 구십구곡, 안덕계곡, 천지연폭포, 정방폭포와 용두암, 외돌괴 등의 기암, 만장굴, 협재굴 등 용암동굴, 비자림, 동백군, 구상나무군 등의 수림, 산방산, 산굼부리 등 360여 개의 기생화산, 한란, 왕벚나무, 문주란 등 1,635여 종의 식물, 꿩, 노루 등 800여 종의 동물과 곤충, 협재, 표선 등 10여 개의 해수욕장, 서부두, 사라봉, 용두암 등의 낚시터, 이시돌, 송당, 제동 등의 목장 등 무한하다. 그 밖에 많은 지정 문화재와 민속 행사로는 한라문화제, 삼성사제 및 삼성혈제가 있다.

(2) 축제성격

제주들불축제는 제주의 대표적인 정월대보름들불축제로 소와 말 등 가축 방목을 위해 중산간 초지의 해묵은 풀을 없애고, 해충을 구제하기 위해 마을별로 늦겨울에서 초 봄 사이 목야지 들판에 불을 놓았던 '방애'라는 제주의 옛 목축문화를 현대적 감각에 맞게 재현하여 관광 상품화한 문화관광축제이다.

제주들불축제는 개최 초기 애월읍 납읍리와 구좌읍 덕천리 중산간을 오가며 개최되었으나, 2000년부터 축제광장 및 주차시설을 위해 주변 초지를 매입하여 매년 봄 경칩을 전후로 지금의 애월읍 새별오름으로 축제시기와 장소를 고정화하였다. 1997년부터 개최하기 시작해 2017년 20회째를 맞는 들불축제는 그 명성이 전국으로 확대되고 국외에까지 알려지게 되면서 2001년부터 지금까지 문화체육관광부 지정우수축제로 개최되고 있다.

불[火] · 말[馬] · 달[月] · 오름[岳] 등의 소재와 제주의 전통 민속자원을 극대화하여 축제의 의미를 부각시키고 있으며, 오름 전체에 불을 놓아 화산이 분출하는 것과 같은 웅장한 연출로 새봄을 알리는 희망의 축제로 인기를 모으고 있다.

〈제주들불축제〉

자료 : www.buriburi.go.kr

(3) 행사내용

메인프로그램인 오름불놓기 이외에도 개막식 성화점화, 내빈 횃불점화 및 달집 점화를 비롯해 공연프로그램인 들불축제 성공기원 음악회, 개막공연 및 제주도민 들불

프린지 무대, 희망기원 교류도시 특별공연, 세계문화 교류 특별공연(제주 · 중국 · 미국 · 독일), 콘서트 및 들불 음악회와 체험행사로 무사안녕 횃불 대행진, 제주의 소릿길 체험, 제주 전통음식 체험, 들불 연날리기, 오름트레킹 체험, 승마체험교실, 경연행사로는 청소년 어울림 한마당, 달집 만들기 경연대회(외국인 특별전 포함), 듬돌들기 경연대회(관광객, 외국인 특별전), 넉둥베기 경연대회 등을 진행한다.

기타행사로 외국인 전용 카페를 운영하고 오름 레이저 타이프 그래피티쇼, 제주 환타지(오름 정상 화산불꽃쇼), 묘목 나눠주기와 제주 농수축산물 장터 운영, 지역명품 홍보부스 운영, 향토음식점 운영으로 제주도의 다양한 특산품 전시판매와 먹을거리를 만날 수 있다.

⑷ 성과 및 여행정보

1997년부터 정월대보름을 전후해 개최되어 온 제주들불축제는 청정제주를 사수하기 위해 2011년 구제역이 전국을 강타했던 해를 제외하고는 매해 개최되었다. 당시 제주의 겨울철은 내세울만한 관광상품이 없어 관광 비수기에 접어들었으나 웅장한 불구경을 할 수 있는 축제가 소개되면서 제주들불축제는 지금까지 관광객 유치의 효자노릇을 하고 있다.

시작 첫 회부터 반응이 좋아 들불축제는 연례축제로 개최가 가능하게 되었고, 회를 거듭하며 축제기간도 하루에서 이틀로 다시 4일로 늘어났으며, 관광객들의 욕구에 부응해 볼거리, 먹거리, 즐길거리 등 프로그램을 더욱 다양화하며 업그레이드 되어왔다. 국내는 물론 해외까지 소문난 축제로 발전하면서 미국과 중국, 일본 등 교류도시 공연단을 초청하여 춤과 노래, 무예 등 외국의 문화예술 공연도 이어져 들불축제는 짧은 시간에도 불구하고 우리나라를 대표하는 국제적인 글로벌축제로 도약하게 되었다.

⑸ 찾아가는 길 안내

① 새별오름 - 제주시 애월읍 봉성리 평화로 새별오름관광목장 서북쪽에 위치
② 제주국제공항에서 자동차로 약 35분 소요
③ 제주들불축제기간 새별오름 임시정류소와 무료셔틀버스 운영
④ 제주 ↔ 서귀포 순환 781, 782번

⑤ 제주 ↔ 모슬포 750, 755번

⑥ 제주 ↔ 서귀포 터미널 800번

⑦ 제주 ↔ 제주공항 600번

⑧ 무료셔틀

- 탑동 ↔ 종합경기장시계탑 ↔ 한라대 행사장
- 서귀포시 ↔ 천제연 ↔ 행사장

2. 화천산천어축제(Hwacheon Sancheoneo Ice Festival)

(1) 화천

화천의 지명유래는 태백산맥의 서쪽사면에 있어 많은 하천이 이곳에서 합쳐진다는 의미에서 유래되었다. 민간인 수보다 군인 수가 훨씬 많은 화천은 군사도시로 분단과 한국전쟁, 냉전의 아픈 추억을 간직하고 있으며, 우리나라 호수 중 축조 연대가 가장 오래된 인공호수인 파로호(破虜湖)가 있으며 전국 제1의 낚시터로 유명하다.

문화유적으로는 유촌리 용화산에 맥국(貊國)시대에 축성했다는 산성터가 있고, 하남면 계성리에 계성사터 석등과 위라리 칠층석탑(강원도 유형문화재 제30호)이 있으며, 장군산 계산골 계성사터에 고려 초기의 뛰어난 석등(보물 제496호)이 있으나 군부대 훈련장이 들어서 있어 출입이 자유롭지 못하다.

화경9경으로는 파로호, 딴산, 비수구미, 평화의 댐, 용화산, 비래바위, 용담계곡, 화악산, 광덕산이 있으며 화천의 주요 관광지로는 토어어류생태체험관, 화천생태영상센터, 산소길, 평화의 댐, 세계평화의 종, 붕어섬, 월남파병만남의장, 이외수문학관, 동구레마을 야생화단지가 있다. 토산물로는 인삼 · 자초 · 벌꿀 등이 생산된다.

(2) 축제성격

평화의 댐 공사로 파라호로 밀려든 토사로 인해 급격히 관광객이 줄면서 화천은 경기침체 위기를 맞이한 시기에 대체상품으로 시작한 산천어축제가 뜻밖에 성공을 이루었다. 북한강 상류에 있는 화천군의 청정환경을 산천어와 연결하여 군의 이미지 홍보와 함께 누구나 즐길 수 있는 겨울축제로 2000년에 처음 시작한 '낭천얼음축제'를 2003년 새로운 테마와 이름으로 정비하고 빙판으로 변한 화천천에서 체험행사와 볼거리를 제공하는 겨울철 이색 테마 체험축제이다.

미국 CNN은 2011년 12월 1일, 강원 화천군의 산천어축제를 겨울의 7대 불가사의(7 Wonders Of Winter) 중에서 여섯 번째로 소개하면서, 세계적 여행 안내서인 〈론리플래닛(Lonely Planet)〉의 자료를 인용하여 '한국의 얼음축제(Korea's Ice Festival)'라는 제목의 기사에서 100만 명 이상의 관광객이 두꺼운 옷을 입고 얼음판에서 얼음 구멍을 통해 산천어 낚시를 즐기는 모습과 얼음물에 뛰어들어 맨손으로 산천어를 잡는 풍경들을 소개하였다. 1년에 100만 명 이상이 찾아오고 미국 시사주간지 〈타임〉이 보도할 만큼 산천어축제는 세계적인 축제가 되었다. 2004년부터 문화체육관광부축제를 시작으로 유망, 우수, 최우수축제를 거쳐 2014년부터 대한민국을 대표하는 관광축제로 지속되고 있다.

(3) 행사내용

산천어 얼음낚시를 위한 1만 2천 개의 얼음구멍이 있는 화천천은 수심 2m 정도의 맑은 강으로 얼음 밑을 들여다보면 강바닥에서 유영하는 산천어를 쉽게 확인할 수 있다. 산천어축제장에서 산천어를 잡기 위한 세 가지 방식으로 초보자도 쉽게 산천어를 낚을 수 있는 빙판 위 얼음낚시, 전문가들이 짜릿한 손맛을 즐기는 루어낚시, 헤엄치는 산천어를 맨손으로 잡아 올리는 맨손잡기가 있다.

주요 프로그램은 산천어얼음낚시대회, 창작썰매 콘테스트, 얼음축구대회, 빙상경기대회, 겨울철 레포츠 체험행사로 진행된다. 축제의 하이라이트는 화천천 낚시대회장에서 열리는 산천어 얼음낚시대회로, 전국에서 많은 낚시꾼들과 초보자가 얼음을 깬 구멍으로 견지낚싯대나 소형 릴낚싯대로 쉽게 산천어를 잡을 수 있어 가족관람객에게도 인기가 높다.

스노우펀파크는 눈을 활용한 다양한 체험과 눈조각, 이벤트 등을 통해 오감이 즐거운 종합 놀이공간으로 눈썰매, 스노우 스네이크, 스노우 레이싱, 윈터트레킹, 얼곰이썰매 등과 대형 눈조각, 눈사람 그리고 미디어아트 작가와 조형 작가들이 펼쳐 보이는 아트갤러리가 있으며, 아이스펀파크는 얼음을 활용한 다양한 체험이 기다리는 곳으로 추억의 얼음썰매와 스피드에 몸을 맡기는 봅슬레이, 얼곰이자전거, 피겨스케이트, 얼음축구, 플로어볼(아이스하키, 농목장치기) 등 얼음 위에서 다양한 놀이를 즐길 수 있다.

〈화천산천어축제〉

자료 : www.narafestival.com

(4) 성과 및 여행정보

대한민국이 가진 새로운 문화유산, 세계 겨울 7대 불가사의, 세계 4대 겨울축제, 문화체육관광부가 선정한 대한민국을 대표하는 문화관광축제로 거듭난 화천산천어축제는 정부 지방재정 통합공개시스템에 의하면 3억원 이상 투입된 전국 기초자치단체 361개 축제 가운데 유일하게 흑자를 유지하는 축제로 인정받았다.

해를 거듭할수록 관광객 규모 자체도 크게 늘어나고 있으며, 면세점 설치, 야간 프로그램 확대를 통한 체류형 관광객 증가를 유도하여 지역경제 발전을 위한 지속적인 노력을 하고 있으며, 각종 체험프로그램을 구매 후 받게 되는 농특산물 상품권은 축제장 내 농·특산물나눔촌에서 청정한 화천의 농·특축산물을 구매할 수 있으며, 화천사랑 상품권은 화천관내 전역(소매점, 마트, 주유소, 식당, 농·특산물나눔촌, 매점, 기념품점)에서 일반 화폐처럼 사용하실 수 있는 상품권으로 관광객은 할인을 받고 지자체는 지역경제를 활성화하는 효과를 내고 있다.

축제기간 화천초등학교에서 우체국까지 이어지는 선등거리는 마치 산천어가 무리지어 유영하는 듯 한 착각이 들 정도의 분위기를 연출하여 또 다른 추억을 선사한다.

(5) 찾아가는 길 안내

① 시외버스

- 동서울 버스터미널에서 화천행 버스 이용
- 춘천 버스터미널에서 화천행 버스 이용

② 열차

- 청량리·용산 → 남춘천역(춘천 시외버스 터미널 → 화천행 시외버스)
- 청량리·용산 → 춘천역(춘천역 건너편 → 화천행 시외버스)

③ 자가용

- 서울양양 고속도로 → 춘천JC → 중앙고속도로 춘천 톨게이트 → 소양2교 → 화천
- 성산대교 출발 → 내부순환도로 → 구리 → 남양주 → 대성리 → 춘천 → 화천
- 천호대교 출발 → 북부간선도로 → 남양주경찰서 → 대성리 → 춘천 → 화천
- 강북 출발 → 구리 → 베어스타운 → 포천 일동·이동 → 광덕계곡 → 화천읍
- 중부고속도로 → 영동고속도로(강릉) → 만종분기점 → 중앙고속도로 춘천방향
- 경부고속도로 → 신갈분기점 → 영동고속도로 강릉방향 → 만종분기점(원주) → 중앙고속도로 춘천방향

3. 부산국제불꽃축제(Busan International Fireworks Festival)

(1) 부산

대한민국 제2의 도시이며 한반도 남동단에 있는 광역시로 우리나라 제1의 무역항이다. 동쪽과 남쪽은 바다에 면하고, 서쪽은 김해시 장유동과 창원시 진해구, 북쪽은 양산시 물금읍과 김해시 대동면, 동쪽은 울산광역시 서생면·온양읍에 접한다. 1876년 개항(開港)하여 주로 일본과 무역 거래를 하였고 한국전쟁을 거치면서 전쟁물자가 들어오는 항구, 많은 피난민이 거주하면서 임시 수도의 역할을 하였다.

부산은 우리나라의 관문이며, 온화한 기후에 해변을 따라 발달한 해수욕장과 경승지 및 온천·사찰·역사유적 등의 관광자원이 풍부하여 일년 내내 내국인은 물론 외국관광객이 찾아오는 국제적 관광지로 우리나라 10대 관광지에 속하는 경주권·제주권·한려수도권·지리산권 등의 관광권과 연결되는 관광거점도시로서의 역할을 하고 있다. 동백섬과 미포 사이에 위치한 해운대는 우리나라 최대의 해수욕장이자 백사장과 송림이 조화를 이루는 대한팔경의 하나로서, 1994년에 관광특구로 지정된 부산의 대표적인 관광지이다.

이 밖에 광안리·송정·송도·다대포·일광 해수욕장이 있으며, 특히 광안리해수욕장 일대에는 카페촌이 형성되어 젊은이들의 명소가 되었고, 충렬사·안락서원 등의 역사유적을 비롯한 누리마루 APEC하우스, 부산 아쿠아리움, 해월정, UN기념공원, 태종대, 자갈치시장, BIFF거리, 용두산공원, 동래온천, 충렬사, 금정8경, 을숙도 조각동원 등의 주요 관광지가 있다.

(2) 축제성격

광안리 해수욕장과 광안대교 일대에서 진행되는 국내 대표 불꽃축제로, 2005년 APEC행사 개최를 축하하기 위해 첨단 멀티미디어 해상쇼를 매년 10월에 개최해 대성황을 이룬 것에서 시작되어, 2006년 부산세계불꽃축제로 바꾸어 개최하면서 방문객의 규모도 커지고 불꽃도 더 화려해지면서 부산의 대표 축제로 자리 잡게 되었다. 2012년 부산세계불꽃축제에서 부산불꽃축제로 명칭을 변경하였다.

광안대교와 불꽃이 어우러져 장관을 연출하는 이 축제에는 부산시민 뿐 아니라 해외관광객, 사진작가 등 전국에서 몰려와 매년 100만명 이상의 관람 기록을 세우는 축제이다. 매년 다양한 불꽃뿐만 아니라 화려한 레이저 쇼 등을 테마에 맞는 음악과 함께 선보이며, 특이한 모양의 불꽃뿐만 아니라 초대형 불꽃도 선보이고 있다.

대부분의 관광객들은 광안리 백사장에서 불꽃축제를 관람하지만, 2015년부터 광안리 해수욕장 뿐만아니라 동백섬, 이기대 앞까지 "3포인트"에서 불꽃이 연출되어 전국 최대 규모의 불꽃축제를 자부하고 있으며, 백사장 중앙 일부 구역은 관광 상품석으로 좌석을 지정하여 판매하는 방식과 음악과 스토리, 나이아가라, 드론을 활용한 불꽃연출 등 이전보다 한층 풍성한 볼거리와 편의를 제공하고 있다.

〈부산불꽃축제〉

자료 : www.bfo.or.kr

(3) 행사내용

세계인과 함께하는 부산불꽃축제는 한류나눔 콘서트를 비롯한 각종 축하 공연과 세계적으로 유명한 팀들을 초청한 해외불꽃경연대회, 부산 멀티불꽃쇼 등으로 구성되어 있으며, 무엇보다도 불꽃 연출 방식의 변경을 위한 노력과 규모의 확대, 불꽃 쇼 진행 공간 확대 등 해를 거듭할수록 성장하고 변모를 위한 노력으로 풍요로운 볼거리를 기대하게 한다. 불꽃을 보기 좋은 자리를 선점하기 위해 이른 시간부터 모여든 사람들을 위해 오후 2시부터 젊은 예술가들이 거리 공연을 진행으로 밴드, 댄싱, 타악, 디제, 잉류팡, 엘피에스타, 저글맨, 마술사, 변검술사, 오오씨어터 등 광안리 해수욕장을 따라 다양한 프로그램들의 진행으로 행사 전 분위기를 고조시킨다.

메인행사의 시작순서는 불꽃 BUSKING을 시작으로 사전불꽃쇼, 불꽃토크쇼 - 불꽃 아카데미, 불꽃토크쇼 - 클래식 아카데미, 개막선언,

해외초청팀 불꽃쇼를 이어서 불꽃 축제의 하이라이트인 부산멀티불꽃쇼가 펼쳐지고 마지막으로 밤에는 불꽃거리공연이 진행된다.

〈부산불꽃축제〉

자료 : www.bfo.or.kr

(4) 성과 및 여행정보

부산불꽃축제는 매년 10월 부산광역시 광안리 해수욕장과 광안대교 일대에서 개최되는 아시아 최대의 불꽃축제로, 이 축제를 보기 위해 국내외에서 매년 100만명 이상의 관람객이 광안리 해수욕장을 찾는다. 불꽃축제를 유람선 위에서 관람할 수 있는 여행상품이 만들어지고, 행사장 주변의 호텔, 음식점, 주점 등의 매출은 평소보다 몇 배에 이른다.

부산광역시 단위 축제구분에서 문화관광형 축제에 포함되는 부산불꽃축제는 해마다 증가하는 관람객으로 성장하는 축제로 평가를 받고 있으며, 10년 이상 축척해온 경험을 바탕으로 불꽃 연출과 진행 방식에 지속적인 변화를 추구하며 연출에 집중도를 높이는 방식으로 축제의 중심인 불꽃 쇼를 더욱 화려하게 만들어 가는 노력을 기울이고 있다. 또한, 백사장 중앙 일부 구역에 좌석과 테이블을 배치하여 지정좌석 유료화 판매 실시로 수익구조 개선을 위한 노력과 외국인 관광객은 물론 부산 이외의 지역 예매율이 높아지고 있어 전국 단위의 불꽃축제로 성장할 가능성을 보여주고 있으며, 지자체 축제는 수억에서 수십억원이 들어가는 낭비성 이벤트라는 지적을 받고 있는 현실에서 부산불꽃축제의 유료화 변신은 축제 수준을 높이고 무분별하게 열리는 축제 구조조정에 모범사례가 될 것이란 긍정적 평가를 받고 있다.

(5) 찾아가는 길 안내

① 광안리 해수욕장 : 38, 41, 42, 49, 62, 83, 83-1

② 남해고속도로 : 서부산 톨게이트 → 동서고가도로 → 황령터널 진입후 황령대로 → 대남교차로 → 수영로 → 광안리해변길 → 광안리해수욕장

③ 경부고속도로 : 구서인터체인지 → 번영로 → 수영 강변대로 → 광안대교 → 광안리해수욕장

④ 도시철도 2호선 금련산역(3번, 5번 출구), 광안역(3번, 5번 출구) 하차 → 도보 10~15분

참고문헌

참고문헌

- 2007년도 주요관광행정현황(제주특별자치도, 2007)
- 2011 부산 지역 축제 평가 보고서(부산광역시 · 부산문화관광축제조직위원회, 2011)
- 4th of July fireworks(www.macys.com)
- blog.naver.com/Yijuhw Redirect
- CCTV ; 2017.1.12
- KTV국민방송
- SBS 뉴스 ; 2016.12.16
- 고종원, 세계관광, 대왕사, 2003.
- 강릉시통계연보(강릉시, 2005년~2008년)
- 가평군(www.gp.go.kr)
- 강경젓갈전시관 [江景-展示館] (한국향토문화전자대전, 한국학중앙연구원)
- 강릉시(한국민족문화대백과, 한국학중앙연구원)
- 경향신문 : 2013.5.7.
- 김규원, 축제 세상의 빛을 담다, 시공아트, 2006.
- 김제지평선축제(한국향토문화전자대전, 한국학중앙연구원)
- 김인희(2004), 민속학연구 제14호, 507-528(22 pages)
- 김춘식 · 남치호, 세계축제경영, 김영사, 2002.
- 김희진(2016), 일본 전통축제 마츠리의 이해와 사례, 한울.
- 나승만, 영등제의 전승과 축제화
- 남치호, 안동국제탈춤페스티벌 추진과정, 성과 및 발전과제, 2003년
- 네이버 국어사전
- 네이버 뉴스
- 네이버 영어사전
- 네이버 지식백과
- 뉴멕시코 주(위키백과)
- 뉴멕시코 주(New Mexico Business Weekly)

- 뉴욕 주(네이버 두산백과)
- 뉴욕 주(위키백과)
- 뉴질랜드관광청
- 대한민국구석구석 여행이야기, 한국관광공사
- 대한민국여행사전
- 데일리 투머로우. 2018.3.30
- 두산백과 http://www.doopedia.co.kr
- 로시니 오페라 축제 http://www.rossinioperafestival.it/?IDC=16&ID=357
- 루이지애나 주, 뉴올리언스(위키백과)
- 류정아 · 오애리, [네이버 지식백과] 세계의 축제 · 기념일 백과. 다빈치 출판사
- 레저산업진흥연구소, 호텔용어사전, 백산출판사, 2008.
- 론리플레닛매거진
- 리우데자네이루(두산백과)
- 리우 카니발의 역사(네이버 세계의 축제, 기념일 백과)
- 리우 카니발(네이버 백과사전)
- 록펠러센터 크리스마스 트리 점등식(www.justgo.kr)
- 말레이시아 관광청 http://www.malaysia.travel/ko-kr/kr
- 문경시(www.gbmg.go.kr)
- 뮌스터조각프로젝트 http://www.biennialfoundation.org/biennials/skulptur-projekte -muenster/
- 문화체육관광부 관광콘텐츠과, 2017
- 박진태외 9명(2004), 세계축제와 공연문화, 대구대학교출판부
- 박종호 · 박종호의 황홀한 여행, 웅진지식하우스, 2008.
- 박종호, 유럽 음악 축제 순례기, 한길아트, 2005.
- 베네치아카니발(Carnevale di Venezia) http://www.carnevale.venezia.it/
  https://it.wikipedia.org/wiki/Carnevale_di_Venezia
- 베니스베엔날레 http://www.labiennale.org/en
- 베로나오페라 https://www.arena.it/arena/en
- 베르디오페라페스티벌 https://www.parmaincomingtravel.com/events-parma/festi val-verdi-2018-preview.aspx

- 보령시(http : //boryeong.chungnam.kr)
- 브레겐츠 페스티벌 http://bregenzerfestspiele.com/en
- 볼츠 노베르트, 놀이하는 인간, 윤종석 외 역, 문예출판사, 2017.
- 브리티시컬럼비아 주(다이제스트 100)
- 브리티시컬럼비아 주(네이버 두산백과)
- 빅토리아주관광청
- 사바나 기후(자연지리학사전)
- 삿포로 눈 축제 공식 웹사이트, http : //www.snowfes.com
- 세계 7대 경관 보물섬 제주 7경 선정, 작성자 다복
- 세계의 축제 · 기념일 백과, 다빈치 출판사, https://terms.naver.com/list.nhn?searchId =pv294
- 세계일보, 2006.9.29 추수감사절 축제 열리는 인도
- 수원문화재단
- 수원시(www.suwon.ne.kr)
- 수원화성문화제 (지도로 배우는 우리나라 우리고장)
- 수원화성문화제 [水原華城文化祭] (한국세시풍속사전, 국립민속박물관)
- 싱가포르 관광청 http://www.visitsingapore.com/ko_kr/
- 스페인 부뇰 시의 토마토 축제(La Tomatina) http://latomatina.info/la-tomatina/ https://en.wikipedia.org/wiki/La_Tomatina
- 스페인 산 페르민 축제 http://www.sanfermin.com/en/ https://en.wikipedia.org/wiki/San_Ferm%C3%ADn
- 시공사, 저스트고(Just go) 관광지
- 아비뇽 페스티벌(Festival d'Avignon) http://www.festival-avignon.com/fr/
- 아이스와인(소믈리에타임즈 "고재윤 교수의 와인 커뮤니케이션")
- 아시아뉴스통신 ;
- 아주경제, 2011.2.11.
- 안동국제탈춤페스티벌조사연구, 1997년~2005년
- 안동축제관광조직위원회(http://www.aftf.or.kr)
- 안동탈춤공원 (한국향토문화전자대전, 한국학중앙연구원)

- 알굴렘 국제 만화 페스티벌 공식 웹사이트 http://www.bdangouleme.com/
- 에든버러 프린지 축제 https://www.edfringe.com/ https://www.eif.co.uk/
- 앨버커키 국제 열기구 축제(www.balloonfiesta.com)
- 앨버커키 국제 열기구 축제(위키백과)
- 앨버커키 국제 열기구 축제(Economic Impact Study, 2009 International Balloon Fiesta)
- 오마이뉴스 : 2017.5.15.
- 오카나간 와인 축제(www.thewinefestivals.com)
- 오타와(ko.wikipedia.org)
- 오타와(www.Doopedia.co.kr)
- 온타리오 주(www.doopedia.co.kr)
- 옥토버페스트(Octoberfest) 공식 웹사이트 https://www.oktoberfest.de/en/ https://en.wikipedia.org/wiki/Oktoberfest
- 앨버타 주(네이버 두산백과)
- 앨버타 주(위키백과)
- 우리는 아비뇽에 가지 않을거야(Nous n'irons pas à Avignon) http://www. gareau-theatre.com/spectacle.php?id=1683
- 유경숙, 세계축제연구소
- 유경숙, 유럽 축제 사전, 멘토르, 2011.
- 유정아, 축제 이론, 커뮤니케이션북스, 2013.
- 이데일리, 2016.06.12.
- 이정학(2008), 축제이벤트, 대왕사
- 외교부 http://www.mofa.go.kr
- 위키백과 https://ko.wikipedia.org
- 이천쌀문화축제(대한민국 여행사전, 2009. 3. 20)
- 인도 관광청 https://incredibleindia.org/index.php/travel
- 일반재단법인 지역활성기구 이사 토시아키(一般財団 法人地域活性機構 理事 亀和田 俊明). 2018. Glocal Mission Times.
- 잃어버린 도자문화의 재현을 꿈꾸는 땅(답사여행의 길잡이)

- 전국 일주에 도전하라-한국지리, 2009
- 전원(2013), "관광 지역 이미지가 관광객 만족도 및 재방문에 미치는 영향에 관한 연구 : 낙양 모란꽃축제를 대상으로", 배재대학교 대학원, 석사학위논문.
- 정구조, 진도 영등축제의 개선방안에 관한 연구
- 잘츠부르크 페스티벌 https://www.salzburgerfestspiele.at/summer
- 제28회 진도 신비의 바닷길 축제 평가보고서(진도군, 2005)
- 제주도 [Jeju Island, 濟州島] (한국민족문화대백과, 한국학중앙연구원)
- 제주들불축제 [Jeju Fire Festival, 正月大一祝祭]
- 중요무형문화재지정자료, 19 강릉단오제, 임동권, 1966
- 중앙일보, 2011.10.07 강물에 담기는 인도 두르가 여신상
- 진도통계연보(진도군, 2010)
- 진도군지(진도군 · 전남대학교 호남문화연구소, 2007)
- 진도군지(진도군, 2007)
- 진도신비의바닷길축제(한국민족문화대백과, 한국학중앙연구원)
- 진도통계연보(진도군, 2010)
- 추수감사절 퍼레이드(네이버 두산백과)
- 춘천문화원(www.ccmunhwa.or.kr)
- 춘천백년사(춘천시, 1996)
- 춘천시청(www.chuncheon.go.kr)
- 카셀 도큐멘타 http://www.documenta14.de/en/
- 카이와 로제, 놀이와 인간, 이상률 역, 문예출판사, 1994.
- 캐나다 튤립 축제(Blissinottawa.tistory.com)
- 캐나다 튤립 축제 소개(http://www.rideau-info.com)
- 캐나다 와인산지(더 와인바이블)
- 캘거리 스탬피드(서영진, [주간한국]캐나다 캘거리, 북미 최대 카우보이 축제를 만나다)
- 캘거리 스탬피드(김춘식, 세계 최대 카우보이 축제 캘거리 스탬피드의 성공 비결, 문화 · 관광 너울, 210호, 한국문화관광연구원, 2009년)
- 캘거리 스탬피드(www.calgarystampede.com)
- 캘거리 스탬피드(http://kr-keepexploring.canada.travel 주한 캐나다관광청 공식 홈페

이지)

- 투모로우랜드(Tomorrowland) https://www.tomorrowland.com/en/festival/welcome
  https://www.tomorrowland.com/global/
- 태국 관광청 www.visitthailand.or.kr
- 태지호, 공간형콘텐츠 축제, 20014.4.15
- 통영시(www.tongyeong.go.kr)
- 투어코리아&투어뉴스, 2017.2.21.
- 푸치니 페스티벌 공식 웹사이트 & 박스 오피스 http://www.puccinifestival.it/
  https://www.puccinifestival.it/en/ticketoffice/
- 프렌치 쿼터 페스티벌(www.fqfi.org)
- 피지 관광청
- 필리핀 관광청 한국사무소 http://www.itsmorefuninthephilippines.co.kr
- 한국민족문화대백과사전, 한국학중앙연구원, http://encykorea.aks.ac.kr/
- 한국관광신문, 2017.4.17. ; 23면
- 한국지명유래집, 전라 · 제주편, 국토지리정보원, 2010
- 허은진(2017), 중국 문화정책의 맥락에 입각한 국제공자문화제와 백성유학제의 비교, '글로벌문화콘텐츠학회 하계학술대회', 2017.6, 35-38(4 pages)
- 호이징하 요한, 호모 루덴스, 김윤수 역, 까치, 2003.
- 호주 현지여행사 엘라호주
- 화성문화제[水原華城文化祭] (한국민족문화대백과, 한국학중앙연구원)

참고 사이트

Hiroyuki Ozawa. THE GREAT FESTIVALS OF JAPAN

Naver 지식백과, https://terms.naver.com/

http://www.osaka-info.jp/

https://www.welcometojapan.or.kr/

http://www.snowfes.com

http://www.125tour.com

http://korean.cri.cn

http://kfef.co.kr/sub

http://boomup.chosun.com

https://terms.naver.com

https://ko.wikipedia.org/wiki

https://www.google.co.kr

http://friendlyshandong.co.kr

https://blog.naver.com/chinasisa

https://blog.naver.com/pallas1016/10176552741

http://blog.naver.com/teqkorea

http://endic.naver.com

http://osen.mt.co.kr

http://news.naver.com

http://krdic.naver.com

http://commbooks.com

http://terms.naver.com

m.dailytw.kr/news/artic

tostmarinborough.co.nz

http://www.aucklandnz.com

http://www.auklandseafoodfestival.co.nz

http://www.dawinfestival.org.au

http://www.fawc.co.nz

http://www.festivalsadlaide.com.au

http://www.HappyFjJi.travel

http://www.israel-festival.org/en

http://www.kreeffeeslambertsbaai.co.za

http://www.kmib.co.kr

http://www.ningaloowhaleshackfestival.com

http://www.nmbt.co.za

http://www.ohmynews.com

http://www.ktv.go.kr

http://www.queensland.or.kr

http://www.sydneyfestival.org.au

http://www.whalefestival.co.za

www.jarasum.net

Jarasum International Jazz Festival 네이버 이미지

http://ejejucom.blog.me/220951087347

저자소개

고 종 원

- 경희대학교 국제경영 전공(경영학 박사)
- 한국여행발전연구학회 회장
- 한국관광서비스학회 부회장 / 편집위원
- 국제관광무역학회 수석부회장 / 편집위원
- 안동국제탈춤페스티발 평가위원 역임
- 금수산 산악마라톤 축제 평가위원 역임
- 한국능률협회 등록전문위원 역임
- 보건복지부, 보건산업진흥원 한의약 글로벌 헬스케어 전문위원 / 특화프로그램 평가위원
- 안양시 관광협의체 위원
- 연성대학교 호텔관광전공 교수

김 경 한

- 고려대학교 문학석사
- 경희대학교 관광학 박사
- 서울프라자호텔 연회웨딩 팀장
- ㈜투어리즘코리아 대표이사
- 한국와인소믈리에학회장
- (사)한국국제소믈리에협회 부회장
- (사)한국호텔외식관광경영학회 부회장
- 건양대학교 글로벌호텔관광학과 교수

주 성 열

- 세종대학교 회화과 겸임교수
- 파리 1대학 예술철학 기초박사
- 성균관대 공연예술 박사 수료
- 모던라이프 아트디렉터
- 단국대 서양화과 겸임교수 & 산학연구원
- 연성대학교, 극동대학교 호텔관광 외래교수

조 문 식

- 동국대학교 관광경영학과 학사
- 경기대학교 관광경영학과 석사
- 경기대학교 관광경영학과 박사
- 관광경영학회 편집위원장
- 관광서비스학회 편집위원장
- 컨벤션기획사 및 필기시험 출제위원
- 세명대학교 항공서비스학과장

임 선 아

- 경기대학교 관광전문대학원 여행 · 항공 · 크루즈전공 졸업(관광학석사)
- 경기대학교 일반대학원 이벤트 · 국제회의전공 졸업(관광학박사)
- 연성대학교 호텔관광과 겸임교수
- 내일투어 해외마케팅팀 부장
- (사)한국호텔관광학회 이사
- (사)관광경영학회 이사
- 한양도성문화제 기획위원
- 서울시 민간보조사업 심의위원
- 동작구 지방보조금심의 위원
- 오산시 축제추진위원회 위원
- 서울시 축제평가위원
- 제주시 들불축제 연출감독
- ㈜한화 불꽃프로모션 자문교수

이 혜 승

- 세종대학원 호텔관광경영 박사과정
- 세종대학원 관광경영 석사
- 연성대학교 호텔관광과 겸임교수
- 용인송담대학교 비서경영과 겸임교수
- 신구대학교 항공서비스과 외래교수
- ㈜사람과 서비스 교육팀장
- 전) 중국동방항공 객실승무원
- 전) 호텔신라 VIP회원관리 리셉션

김 민 경

- 서강대학교 경영전문대학원 글로벌서비스경영학과 졸업(경영학 석사)
- 경희대학교 일반대학원 호텔경영학과 관광학 박사과정
- 현) 용인송담대학교 경영사무과 겸임교수
- 현) 아세아항공전문대학 항공운항과 외래교수
- 현) 연성대학교 관광과 외래교수
- 현) ㈜한국리모텍 서비스사업부 CS컨설턴트
- 현) ㈜사람과서비스 선임강사
- 전) ㈜대한항공 객실승무부 국제선승무원
- 한국여행발전연구학회 회원

세계의 축제와 관광문화

인쇄 2018년 9월 1일
발행 2018년 9월 5일

공저자 고종원 · 주성열 · 김경한 · 조문식
임선아 · 이혜승 · 김민경

발행인 임영철

발행처 도서출판 신화전산기획
주소 / 서울특별시 성동구 마조로 3나길 28
전화 / (02) 833-5145~6
팩스 / (02) 848-2498
등록 / 301-2010-034
홈페이지 / www.shj.co.kr

값 20,000원 ISBN 978-89-5534-222-2 93380